农户民事主体法律制度研究

佟彤——著

NONGHU MINSHI ZHUTI FALü ZHIDU YANJIU

法律出版社
LAW PRESS CHINA
北京

图书在版编目（CIP）数据

农户民事主体法律制度研究 / 佟彤著. -- 北京 : 法律出版社, 2024. -- ISBN 978 - 7 - 5197 - 9866 - 6

Ⅰ. D923.04

中国国家版本馆 CIP 数据核字第 2024AV6252 号

农户民事主体法律制度研究

NONGHU MINSHI ZHUTI FALÜ ZHIDU YANJIU

佟　彤　著

策划编辑　魏艳丽
责任编辑　魏艳丽
装帧设计　贾丹丹

出版发行　法律出版社
编辑统筹　法商出版分社
责任校对　王晓萍
责任印制　胡晓雅
经　　销　新华书店

开本　710 毫米 × 1000 毫米　1/16
印张　17　　**字数**　218 千
版本　2024 年 12 月第 1 版
印次　2024 年 12 月第 1 次印刷
印刷　北京建宏印刷有限公司

地址：北京市丰台区莲花池西里 7 号（100073）
网址：www.lawpress.com.cn
投稿邮箱：info@lawpress.com.cn
举报盗版邮箱：jbwq@lawpress.com.cn

销售电话：010 - 83938349
客服电话：010 - 83938350
咨询电话：010 - 63939796

书号：ISBN 978 - 7 - 5197 - 9866 - 6　　**定价**：68.00 元

凡购买本社图书，如有印装错误，我社负责退换。电话：010 - 83938349

前　言

以“户”为单位分配承包地和宅基地是我国农村社会土地财产权配置的重要特色。利用农户的团体性构造完成身份识别,能够维系集体经济组织成员共同经营和居住关系,落实农地的社会保障功能。但是,以个体本位的民法观视之,这种相对模糊的团体权利设计使成员个人对土地支配趋于权能残缺和弱化。特别是在集体资产股份合作制改革背景下,集体土地所有权的完善趋势是以契约性的财产法规则改造身份性的组织法规则。“集体—个人”的农地权利主体结构,使个体成员的集体权益持分明晰化、确定化,将集体财产利益的赋权落在个体这一主体的“最小单位”。此种改革方向对农户的主体性地位产生了冲击。

在土地公有制语境中,立法通过创设集体所有权概念使主体制度与财产权制度杂糅。农户的直接经验对象是农村家庭,但法学视角的农户概念需要基于特定的价值需求进行规范性剪裁。除涵盖家庭关系这一实质要件以及将户籍登记作为外部识别要素外,尚需突出农户界定的私法路径,即在土地集体所有权功能实现中的承接地位。由此,农户概念的主体性蕴意是由为集体经济组织成员提供生存保障的价值预设所塑成的,这亦决定了农户参与的法律关系具有限定性。

我国农户民事主体制度的立法调整呈现粗疏性、分散性和附带性特征。以“户”为单位配置承包地和宅基地的制度规范形成如下立法问题：第一，农户概念具有不确定的开放结构，其成员资格尚未得到立法规定。诸如亲缘关系标准、共同生活标准、户籍登记标准、保障标准彼此交错且存在一定冲突，并集中体现为新增成员予以家庭保障或集体保障的选择难题。第二，农户是否具有民事主体地位存在解释争议。取向“人人有份”的集体经济组织成员权平等赋权与取向团体进路的按户整体分配承包地和宅基地均存在现行法依据，由此留下了农户能否作为集体与个人之外独立主体的解释空间。第三，在扩权赋能的农村土地承包制度和宅基地制度改革背景下，以“户”为单位的权利配置模式要求农户以统一而明确的意思与外部主体建构法律关系。但现行法并未针对农户内部意思的形成规则及其对外效力、农户财产范围的确定依据、农户代表人的选取及其代表权限等关涉农户权利行使的主体性事项作出规定。进一步地，农户民事主体法律制度的立法问题在司法实践中更趋于放大，并集中表现为以下法律问题：涉农户民事纠纷的诉讼主体为农户、户主或农户内部全体成员的确定分歧；农户内部法律关系模糊导致个体成员农地财产权益持分及依据不明；超越家庭承包经营和宅基地分配使用法律关系，将农户参与的农地法律关系予以泛化性司法扩张；等等。

农户应在土地承包经营权和宅基地使用权中被赋予民事主体地位。证立农户主体地位的理论依据主要包括以下两方面：一方面，在取向“目的性建构”的民事主体弹性开放的总体趋势下，民法因应团体的特定社会功能，接纳“具体人格”的民事主体实质化判定标准；另一方面，就农户本身而言，家庭共同体衍生的交互式关怀伦理及家庭作为财产载体的保障性价值需求为农户的民事主体资格判定贡献了特殊的人格基础。农户的财产关系本质是家庭共有权。基于家庭的先定性和稳定性，农户因特殊的纽带而结成了主体法上人的组织体。由此，农户成员的财产份额并不具有量化的独立分割属性,而是潜在抽象的价值归属。土地作为农户劳作和生存的自然领域,农户成员内部无法依据空间四至另行确定自己排他支配的实际地块。农户土地财产权所指向的承包地和宅基地是民法上的“一物”。客体的不可分割性特质形成了财产支配中的团体法律人格。

在赋予农户民事主体地位的前提下,以现有的“三元论”民事主体结构对农户进行归入,存在一定的非适应性。农户的法律性质应定位为以土地资源为生存保障的地域性家庭合伙。农户家庭的伦理属性与以土地资源为核心的财产共享实践彼此形成互促的耦合效果。农户本质上是由土地这一保障性资源财产的组织形式所塑成的主体形态。在第一层次上,合伙兼具人合的团体性和权利义务归属的非完全独立性,这一“个体—团体”互涉的主体结构基本能够适应农户的民事主体定位需求。在第二层次上,农户是家庭成员在家庭财产支配中所形成的主体形态,属于家庭合伙。家庭合伙并不处于契约型合伙以及主体型合伙企业的两端,在民事合伙谱系中应予以独立。家庭结合关系构成农户成员财产权益实现的限制性来源。在第三层次上,农户是一种地域性家庭合伙。集体经济组织以身份为基础进行建构,是一定地域范围内基于血缘因素的代际传承机制而更新的共同体,农户为集体经济组织的延续提供动力机制。集体土地资源的保障功能对农户成员财产权益的保有施加特殊的限定效果。

为映衬农户的地域性家庭合伙定位,应当引入“内部分配与外部赋权”互嵌的主体构造形态。农户包括成员层面的“分配资格个体化赋予”与农户层面的“权利整体行使”复合构造,并且这一构造是彼此互涉的嵌套式存在。一方面,集体经济组织在确定成员资格时,并非严格实行个体化配置逻辑,而是以“户”为主体单位进行份额的预留性配给。另一方面,在农户已经成为权利主体后,该农户土地财产权保障的成员范围并未固定,仍处于变动之中。这一嵌套式的主体构造体现了土地稳定利用政策导向下,对农户家庭互助共济功能的法律确认。

农户的民事主体地位系基于家庭伦理性规范效力、农地保障性功能约束等目标建构而来，这决定了农户民事主体法律规范有赖于追逐这些目标的制度设计及其形成的体系效应。对此，规范路径上，应在解释论层面充分利用《民法典》《农村土地承包法》等现有立法资源挖掘农户民事主体地位的解释空间，同时借助《民法典》中引致条款对民事特别法的链接效力，在立法论层面进行如下规则设计。一是完善农户成员资格的认定制度，以厘定主体范围；二是完善物权登记项下的农户权利主体登记制度，对农户成员及其权益状态进行外部公示；三是准用代表制度确立户主的农户代表人身份，并对户主代表权进行概括授权，以明确农户意思的对外表达渠道；四是通过构建户内成员承包权益的限定继承、同居家庭成员之于宅基地房屋的法定居住权、农户主体分立及土地分割限制等农户成员财产权限制制度，以促进农户整体支配土地状态的稳定。

目　录 Contents

第一章　绪　　论

第一节　研究的缘起

一、问题的提出

在目前我国的农地权利体系中,农户是土地承包经营权和宅基地使用权的基本分配单元,这构成了农村社会土地财产权配置的重要特色。农户概念形成了民法对于家庭调整的二元结构,农村家庭借助“户”的概念获得了主体性蕴意。其法律表现是:国家以“户”为单位配置土地承包经营权和宅基地使用权。农户内部成员不能针对承包地和宅基地享有独立的权利主张,只能基于农户内的特定身份,对农户土地用益物权享有法定的权益。农地权利的户化配置导致特定成员个体对土地承包经营权和宅基地使用权支配效力的弱化以及继承、分割等权能的残缺。因此,对于农户内的个体成员而言,这是一种模糊的权利关系。

农户的民事主体地位一直是民法理论关注的重要问题。现代民法崇尚个体本位的权利观,主张个人主义是建构私法评价体系的价值基点和方法基础,力求将权利化约为归属个人的简明形态,而共同体价值只是投在个人身上的价值之和。伴随城镇化进程的推进,个人脱嵌于农户,打破了原有农户的形态完整性。个体成员的流动性增强后,其行为动机和逻辑呈现个人主义导向,进而产生农户成员与农户团体的利益分化和独立的行权诉求。从原《民法通则》时期开始,学者即在解释论和立法论的不同层面对农户的实然民法地位以及应然存废形成鲜明的分歧。《民法典》沿循原《民法通则》对农村承包经营户的调整路径,在总则编的自然人主体内部对其进行规定。农户以农村承包经营户的形式进入《民法典》;但农村承包经营户作为直接源自社会生活的法律概念,指向具体的经验事实,在立法技术上与经抽象提炼的民事主体存在差异。此外,《民法典》物权编在土地承包经营权和宅基地使用权的定义条款中仅笼统使用"土地承包经营权人""宅基地使用权人"的空洞称谓,回避了权利主体的立法选择。这需要从理论上释明农户是否应具有民事主体地位及其判定依据。

在农村集体资产股份合作制改革背景下,农户的主体性危机加剧。为有效解决农民集体所有权主体的虚置问题,集体经济组织成员权制度的完善趋势是以契约性的财产法规则改造身份性的组织法规则,将成员权的归属落在个体这一主体的"最小单位",显化个体成员的集体权益。以此为目标,集体资产股份合作制改革谋求集体成员权从传统的概括指向集体财产的共有权利具体化为成员的个体权利;通过将农村集体资产,特别是经营性资产以股份或者份额形式量化到本集体成员,明确成员之于集体资产的持分,并将其作为参加集体收益分配的基本依据。典型做法是,在集体资产折股量化到人的基础上,按照一人一股的原则设置人口股,即户口在本村且在本村生产、生活人员可享受人口股,按每人一股配置,随人进行动态管理。可见,集体经济组织成员权的实现基于股权量化,以个体形态呈现。在这一改革趋势下,学界出现了应当废除土地承包经营权和宅基地使用权中的农户主体,直接构建"集体—个人"的农地权利主体结构的理论主张。为此,有必要澄清农户的主体地位和按户分配承包地及宅基地的制度价值。

在农村土地承包制度和宅基地制度改革中,2018 年修正的《农村土地承包法》第 9 条明确农户可以保留土地承包权,流转其承包地的土地经营权。土地经营权的分设引入土地要素的市场配置机制,使农户的土地权利从实物形态的现实支配转为价值形态的利益占有,土地承包经营权的财产属性得到强化。同时,2018 年中共中央、国务院《关于实施乡村振兴战略的意见》从政策层面提出的宅基地所有权、资格权、使用权“三权分置”改革探索引发了宅基地使用权是否应定位为具备流通性的财产权的争论。这一定位在弱化家庭保障功能的基础上,基于财产利益的可分性,将凸显从农户到个人的权利配置趋势。

然而,农户主体地位研判的“危”与“机”并存。农户作为农村社会中的事实性存在,始终是农地权利配置的基本单位和改革中坚守的主体形态。《民法典》制定过程中,2015 年中国法学会民法典编纂项目领导小组《中华人民共和国民法典·民法总则专家建议稿(提交稿)》在农村承包经营户之外增设一条专门规定即第 55 条“作为宅基地使用权主体的户”,主张在民事基本法层面明确农户的主体地位。进入乡村振兴阶段后,党的十九大报告提出了“小农户和现代农业发展有机衔接”的农村发展主要议题,并由 2021 年 6 月 1 日起实施的《乡村振兴促进法》正式入法。这表明经营规模偏小的农户在我国将作为主导的经营主体长期存在。具体来说,农户的主体性蕴意表现如下。(1)在集体资产权益“量化到人”的改革探索之外,广东省、上海市等地实行“按户持有、生不增、死不减”的静态固化管理模式;从农户到个人的二次分配,则由农户内部自行解决。这甚至超越了以土地承包经营和宅基地使用为核心的土地利用法律关系,而将农户参与的法律关系扩张至集体经济组织成员权行使法律关系。(2)供给侧结构性改革推动的农业转型并非完全摒弃农业生产经营中的家庭要素,而是对农户这一主体形态予以承继性改造。以家庭农场为代表的新型农业经营主体塑造了农户行为的经营属性,即以农户组织体为载体,通过商事人格的拟制完成经营主体的法律形塑。(3)无论是承包地还是宅基地的“三权分置”改革,均要求为活化的使用权配备安全阀,在顺应土地要素市场化配置规律的同时为农户保留家庭安全的制度底线。这集中体现为在集体土地所有权和扩权赋能后的流通性财产权之间接入“农户承包权”和“农户资格权”。土地承包经营权承担“耕者有其田”的生产保障功能,并赋予农户作为生产活动基本决策单位的地位。宅基地使用权承担“居者有其屋”的生活保障功能,并巩固了农户作为生活及消费基本决策单位的地位。二者的权利主体均设定为农户,不仅提升了农业生产活动的组织性,而且增强了权利类型的对称性和体系协调性。

主体明晰是任何民事权利的最基本要求,缺乏主体,权利则毫无意义;主体模糊不清,权利无法真正发挥作用。上述农户主体地位研判的“危”与“机”深刻反映了取向个人主义的民法自由价值浸润、城乡一体化改革所主张的平权诉求与农户的“伦理和经济共同体”特质及农村土地保障性功能预设之间的内在冲突。这亦构成本书撰写的问题关切和逻辑起点。

二、选题的意义

(一)理论意义

1. 完善民事主体资格的判定理论

我国建立了“自然人—法人—非法人组织”的民事主体结构形式。民事主体资格判定是以诸如意志独立、财产独立、责任独立等为代表的规范要件设定,其正当性在于对个体本位下的自由价值保护。社会团体被赋予主体资格的实质依据在于交换正义的财产法原理下,以交易保障为目标的自愿结合意志的尊重保护。但是,这些规范要件对于识别农地权利主体缺乏适应性。在这里,主体制度的独特性在于与财产权制度形成深入的交涉和互动关系。本书基于家庭共同体对团体法律人格判定的伦理价值补足、土地静态占有支配中的保障功能确认等团体主义进路的理据,提出农户这一特殊团体的民事主体资格判定标准,丰富了民事主体判定的理论基础。

2. 对民法的团体自治理论予以类型化

私法自治的人设基础是个人主义所描述的原子化、异质性个体,自然人以外的团体被视为法律拟制技术的产物。不同于公司、行业协会等合意性团体,农户团体的本质属性是家庭。家庭团体是解释私人权利的社会根基。作为一种天然的合作共同体,农户的伦理性特质、交往式关系理性衍生的合作需求、家文化孕育的责任感以及纠纷的非对抗本质等,均导致这种独特的团体与个体契约性结合的团体存在不同的合作基础和利益诉求。其内部构造和成员间关系的运转无法运用个人本位下的权利机制得到妥当解释。本书通过对农户民事主体制度的研究,对团体自治理论的类型化提供了阐释依据。

(二)实践意义

1. 从主体进路为农地使用权改革提供法律保障

在农地使用权改革背景下,《农村土地承包法》从立法层面表达“三权分置”政策并赋予农户流转土地经营权的权利;《土地管理法》提出集体经营性建设用地可以入市、宅基地使用权自愿退出等创新性规定。不可忽视的是,承包地“三权分置”改革的前提是稳定农户承包权,并保障家庭经营的基础地位;宅基地“三权分置”改革的前提是保障户有所居。基于这一认识,生存保障作为集体经济组织成员权的重要价值取向,是以“户”为单位得以落实的。但是现行法律规范和理论研究侧重关注改革中的权利类型、权利属性和权利的外部流转问题,忽视权利的主体形态以及农户内部成员的权益分配。本书从权利主体的角度,为农地使用权改革的推进提供理论支撑和规则设计。

2. 妥善平衡农村土地资源的社会保障目标与经济效率目标之间的权重配置

当前无论是集体资产的折股量化改革还是扩权赋能的“三权分置”改

革实践,法理均在于意思自治原则的贯彻和物权财产属性的强化。但是,这存在侵蚀集体经济组织的保障功能、危及农地关系稳定的制度弊端。农户包含了集体经济组织成员更替的两个最重要的连接要素:与现有成员具有血缘或姻亲关系以及取得集体经济组织所在农村户籍。集体土地所有权对成员的保障功能主要依赖农户的主体性预设得以实现。本书虽在主体法律制度范畴展开,但农户的主体资格赋予必将产生关涉农地用益物权构造的体系化效应。

第二节 国内外相关研究现状述评

一、国内研究现状梳理

(一)农户界定的基础问题研究

1. 学者对于法学视角下农户概念界定存在不同侧重

"家"与"户"有着不同的动机和行为目标。"家"是体现身份性的血缘、姻缘单位,偏重自然性、自治性;"户"是行政、管理和生产单位,侧重行政性。① 王跃生认为,"户"是中国农村社会的基本单元和最小单位,家庭的概念无法突出中国农户的特质。② 王金堂提出,农户是居住在农村并从事农业生产的、以血缘或婚姻关系为基础组成的具有当地农业户籍的家庭。③ 与之相对,王利明、李永安等侧重农户的家庭关系本质,认为农户即

① 参见徐勇、邓大才:《社会化小农:解释当今农户的一种视角》,载《学术月刊》2006 年第 7 期;鲁晓明:《从家户并立到家庭统摄——我国民事法上家户制度的问题与出路》,载《法商研究》2018 年第 5 期。

② 参见王跃生:《中国当代家庭、家户和家的"分"与"合"》,载《中国社会科学》2016 年第 4 期。

③ 参见王金堂:《农户视阈下的土地承包经营权归属问题研究》,载《青岛科技大学学报(社会科学版)》2015 年第 4 期。

农村自然户，是以血缘和婚姻关系为基础组成的农村最基层的社会单位。[①] 另有部分学者关注到了农户隶属于特定的集体经济组织，具有地域共同体的性质。温世扬、申惠文认为，集体经济组织成员资格和家庭成员的判定并非完全一致，丧失成员资格的农民基于原本“户”的存在而保留了其土地权利，集体经济组织的功能存在弱化的风险。[②]

2. 农户与农村承包经营户的关系研究

因我国形成了在民事主体法中独立规定“两户”的制度特色，袁震、王洪平等将具有法学意义的农户概念等同于农村承包经营户，即仅在土地承包经营语境中使用农户，并主张由于家庭结合成户作为承包的单位，故家庭才具有民法意义上的主体性含义。[③] 而肖立梅认为，农户与农村承包经营户不同，农村承包经营户是在农户的成员基础上承担特定经济职能的社会组织，更强调其商事主体的特性。[④] 李爱荣提出，农户是集体经济组织成员权的行使主体，其主体地位在土地承包经营权、宅基地使用权、集体资产股份制改革中均有所体现。[⑤]

---

① 参见李永安：《农村承包经营户法律地位问题的立法探究》，载《广西政法管理干部学院学报》2010 年第 3 期；王利明：《物权法研究》（上卷）（第 3 版），中国人民大学出版社 2013 年版，第 67 页。

② 参见申惠文：《论农村承包经营户的死亡》，载《河南财经政法大学学报》2016 年第 2 期；温世扬、梅维佳：《土地承包经营权主体制度的困境与出路》，载《江西社会科学》2018 年第 7 期。

③ 参见袁震：《论“户”的主体构造及相关土地承包经营权益冲突》，载《河北法学》2013 年第 9 期；王洪平：《权益主体视角下农户家庭成员土地承包权益研究》，载《现代法学》2020 年第 3 期。

④ 参见肖立梅：《我国农村土地家庭承包经营权的权利主体探究》，载《法学杂志》2012 年第 4 期。

⑤ 参见李爱荣：《“户”作为集体经济组织成员权的行使主体探析》，载《当代法学》2019 年第 6 期。

(二)农户的民事主体定位研究

1. 农户是否具有民事主体地位的观点分歧

关于农户是否具有民事主体地位,具体有否定论和肯定论两类观点。否定论观点从社会主体与法律主体的区分角度,认为以农户名义取得的农村承包经营权和宅基地使用权仅是户籍制度下以“户”为治理单元的逻辑结果,社会治理单元无法成为判断私法主体资格的依据。[①] 具体来说,朱广新、刘敏主张,农户的规范含义是自然人进入农业领域进行经营的一种形式,其本身并不具有独立的法律主体地位。[②] 高圣平认为,宅基地使用权的主体并非农村中的“户”,“一户一宅”是从宅基地管理的角度强调村民的一户与宅基地的一处相对应,是对宅基地使用权初始取得的限制。[③] 从农户作为自然人结合的产物角度,李开国、蔡立东提出,农户是否存在及范围如何是一个事实问题,作为合同主体的农户只是相应自然人的组合,其并不具有独立承担民事责任的能力,属于特殊的自然人主体。[④] 从农地权利主体的应然设定角度,耿卓、徐国栋、申惠文提出,农户土地承包经营权需要向农民个体农地使用权转型;家户遮蔽了内部的个体成员,需要破除家户,才能彰显家庭成员的独立主体地位,应当根据具体经营形式分别适用合伙、非法人团体或者独资企业、婚姻法等规定;不规定“两户”,才能好消散城乡二元制格局。[⑤]

① 参见朱庆育:《民法总论》(第 2 版),北京大学出版社 2016 年版,第 476 页。

② 参见朱广新:《论土地承包经营权的主体、期限和继承》,载《吉林大学社会科学学报》2014 年第 4 期;刘敏:《土地承包经营权继承的解释论——兼评〈最高人民法院公报〉所载“李维祥诉李格梅继承权案”》,载《政治与法律》2014 年第 11 期。

③ 参见高圣平、刘守英:《宅基地使用权初始取得制度研究》,载《中国土地科学》2007 年第 2 期。

④ 参见蔡立东:《宅基地使用权取得的法律结构》,载《吉林大学社会科学学报》2007 年第 3 期。

⑤ 参见耿卓:《家户视角下的妇女土地权利保护》,载《法学》2016 年第 1 期;徐国栋:《我国民法总则制定中的四个问题》,载《暨南学报(哲学社会科学版)》2017 年第 2 期;申惠文:《集体土地用益物权农户主体问题研究》,载《河北法学》2020 年第 2 期。

与之相反，肯定论观点主张农户作为农村社会的规模性存在，应赋予其相应的民事主体地位。从农地使用权的功能定位角度，陈锡文、梁伟发认为，保留农村承包经营权，也应保留农村承包经营户，这是创新农业经营主体的前提条件。陶钟太朗认为，农地权利的身份属性虽然会对权利的流通性和配置效率造成减损，但正是权利身份性有效防范了外来资本挤压农民基本生存的空间。[①] 与之相似，焦富民提出，农地“三权分置”之下土地承包经营权的身份属性更趋显化，承载着“耕者有其田”的成员权功能，确认并巩固了农户的权利主体地位。[②] 董新辉提出，宅基地制度建立之初保障功能就是主基调，宅基地的制度设计应严格遵循保障农民基本居住权的理念。[③] 从家庭的民事主体地位确立角度，只要在社会生活中仍以“家户”为计算单位和对外交往的主体形式，法律就无法回避这样的实践。[④] 宁清同、周子良提出，经过户籍登记后的“家”具有了“户”的法律形态，不仅获得了公法上的主体资格，同时应被赋予民事主体的资格。这不仅是维持家庭生存、实现家庭社会职能的客观需要，而且符合民法理论规定的民事主体的一般构成要件，并在具体的民事法律规定中已经拥有基本的依据。[⑤] 从农户作为特殊主体的本土化确认需求角度，农户的主体地位是由历史底蕴、政策基础及法律依据共同塑成的。[⑥] 高宽众、李永军主张，土地承包经营户是针对中国特殊土地所有权制度采取的主体制度，以“户”为单位的承

① 参见陶钟太朗、杨遂全：《农村土地经营权认知与物权塑造——从既有法制到未来立法》，载《南京农业大学学报（社会科学版）》2015 年第 2 期。

② 参见焦富民：《“三权分置”视域下承包土地的经营权抵押制度之构建》，载《政法论坛》2016 年第 5 期。

③ 参见董新辉：《新中国 70 年宅基地使用权流转：制度变迁、现实困境、改革方向》，载《中国农村经济》2019 年第 6 期。

④ 参见李拥军：《“家”视野下的法治模式的中国面相》，载《环球法律评论》2019 年第 6 期。

⑤ 参见宁清同：《家庭的民事主体地位》，载《现代法学》2004 年第 6 期；周子良：《中国传统社会中“户”的法律意义》，载《太原理工大学学报（社会科学版）》2010 年第 1 期。

⑥ 参见丁文：《论“三权分置”中的土地承包权》，载《法商研究》2017 年第 3 期。

包是中国本土化的典型。[①] 同时,因农户在实践中不具有普遍性,可由民事单行法对其法律地位和权利义务作出具体规定。[②]

2. 农户民事主体性质定位问题研究

在认可应当赋予农户民事主体地位的前提下,对于其主体性质的定位,学界形成了不同的观点。这些学理讨论分别在解释论和立法论的不同层面展开。解释论层面,包括非法人组织体说[③]、商自然人说[④]以及法人说[⑤]。立法论层面,则引入了全新的主体标准,包括类似合伙的独立组织体说[⑥]、新型主体说和行使主体说。新型主体说主张,农户具有自身的特殊性,是自然人、法人和非法人组织体以外的新型具体民事主体。[⑦] 行使主体说则认为,农户是集体经济组织成员权行使的规范主体。集体经济组织的成员身份以"户"为表现形式,集体经济组织成员所享有的土地承包经营权、宅基地使用权以及部分条件下的股权等,都以"户"为主体,个人不能单独行使这些权利。但是,农户所具有的主体地位并不能否定集体经济组织

---

① 参见高宽众:《我国农户法律地位初探》,载《法学研究》1984 年第 2 期;李永军:《我国未来民法典中主体制度的设计思考》,载《法学论坛》2016 年第 2 期。

② 参见李永安:《农村承包经营户法律地位问题的立法探究》,载《广西政法管理干部学院学报》2010 年第 3 期。

③ 参见房绍坤主编:《民法》(第 3 版),中国人民大学出版社 2014 年版,第 53 页;沈文朋:《农村承包经营户:从独立民商事主体到适当的有限责任》,载《华南师范大学学报(社会科学版)》2012 年第 3 期。

④ 参见王利明主编:《民法》(第 5 版),中国人民大学出版社 2010 年版,第 45 页;朱庆育:《民法总论》(第 2 版),北京大学出版社 2016 年版,第 479 页。

⑤ 参见孟丽、钟永玲、李楠:《我国新型农业经营主体功能定位及结构演变研究》,载《农业现代化研究》2015 年第 1 期;徐勇、张茜:《公平与效率:中国农村组织制度变迁的内在机理》,载《探索与争鸣》2016 年第 6 期。

⑥ 参见彭万林主编:《民法学》(第 7 版),中国政法大学出版社 2011 年版,第 98 页;袁震:《论"户"的主体构造及相关土地承包经营权益冲突》,载《河北法学》2013 年第 9 期;彭诚信、畅冰蕾:《论农村土地承包经营权的主体》,载《山东社会科学》2016 年第 11 期;张力、王年:《"三权分置"路径下农村宅基地资格权的制度表达》,载《农业经济问题》2019 年第 4 期。

⑦ 参见佘能斌、马俊驹主编:《现代民法学》,武汉大学出版社 1995 年版,第 140 页。

成员地位的独立性。集体经济组织成员是土地承包权的基本配置主体,以公平为价值导向;农户是土地承包权的现实行使主体,以效率为目标定位。[①]

(三)农户主体地位判定的理论基础研究

1. 私权的团体属性研究

在以个人本位为价值基点和方法基础的私法评价体系之外,学者关注到家庭共同体迥异于个体经济理性人预设的独特伦理性规范效力,并试图从不同视角予以论证。在个体原子化的主观理性之外,贺来提出以"关系理性"去理解个人的存在方式和生活意义,克服个人封闭和孤立的实体性,从而为形成一种承认个人的自由人格,同时又为生成人与他人之间的"共同感"提供可能性。[②] 通过体察私权的动态生成过程,熊丙万认为应当确立合作主义的私权观,重视私权的共同合作创造过程。[③] 李拥军指出西方话语下的个体本位权利观虽有助于规则意识的启蒙,但其贡献的地方性知识匮乏。家文化蕴含的是沟通、互助、合作的理念,否定的是个人主义的单方性原则。家庭这一生活模式贡献了推进我国治理现代化和支援当代中国法治建设的特有资源。[④] 冉克平提出,家庭法作为"情感—经济共同体"与财产法判然有别,具有工具主义倾向的意思自治受到成员间伦理、共同体维护等理念的制约。[⑤]

---

① 参见李爱荣:《"户"作为集体经济组织成员权的行使主体探析》,载《当代法学》2019 年第 6 期;丁文:《论"三权分置"中的土地承包权》,载《法商研究》2017 年第 3 期;王立争:《农户主体地位的法政策学辨思》,载《中南大学学报(社会科学版)》2015 年第 2 期。

② 参见贺来:《"关系理性"与真实的"共同体"》,载《中国社会科学》2015 年第 6 期。

③ 参见熊丙万:《私法的基础:从个人主义走向合作主义》,载《中国法学》2014 年第 3 期。

④ 参见李拥军:《"家"视野下的法治模式的中国面相》,载《环球法律评论》2019 年第 6 期。

⑤ 参见冉克平:《论意思自治在亲属身份行为中的表达及其维度》,载《比较法研究》2020 年第 6 期。

2. 民事主体判定的实质功能论观点

尹田提出，自然人之外的团体人格只能产生于法律的选择，而法律选择则决定于实定法从法律政策的角度所给予的价值判断。① 龙卫球认为，主体需要往往不是绝对统一的，主体规范的抽象化和概念化导致内部具体化空间非常有限，应就主体概念的僵化予以松弛。② 马俊驹、宋刚更是明确提出，对于任何一项社会存在，当它只有参加民事法律关系才能更好地发挥和体现自己的社会功能时，法律即应赋予其民事主体地位。③ 进一步地，陈小君指出，在土地公有制语境中，财产法渗入了人法因素。④ 当财产的支配因身份要素及共同生活而受到人合关系的制约时，需要调整主体法与财产法严格区分的传统观念。⑤

3. 农户应予整体保护的其他观点

从时序意义的制度演进角度看，在中国，围绕着家的存续而存在家产制的历史传统。俞江阐释了家产的公有性：家是不可分割的概念，家或家户必须作为一个整体来看待，如果非要给家产找一个归属，那么只能说家产归属于家或户，而不归属于任何个人。⑥ 汪超在实证分析的基础上，指出构成农民行为动机的利益是家户主义导向的。⑦ 从组织演进和制度变迁角度，高强认为农户主体的存在保证了制度演进过程中的弹性机制。⑧ 从制

---

① 参见尹田：《民事主体理论与立法研究》，法律出版社2003年版，第153页。

② 参见龙卫球：《民事主体的观念演化、制度变迁与当下趋势》，载《国家检察官学院学报》2011年第4期。

③ 参见马俊驹、宋刚：《民事主体功能论——兼论国家作为民事主体》，载《法学家》2003年第6期。

④ 参见陈小君：《我国农民集体成员权的立法抉择》，载《清华法学》2017年第2期。

⑤ 参见王泽鉴：《民法物权》，北京大学出版社2009年版，第161页。

⑥ 参见俞江：《家产制视野下的遗嘱》，载《法学》2010年第7期。

⑦ 参见汪超：《村民自治：何以失落？以何落地？——以家户制传统为分析线索》，载《东北师大学报（哲学社会科学版）》2020年第3期。

⑧ 参见高强、刘同山、孔祥智：《家庭农场的制度解析：特征、发生机制与效应》，载《经济学家》2013年第6期。

度成本的经济分析角度，黄宗智提出农户内部成员的利他性动机减少了生产过程中的组织成本和监督成本。① 罗必良认为，均包制下的土地权益个体化配置形成产权的分散性，伴随土地的常态化调整，内生预期不足与分散化的制度缺陷将诱发短期行为。②

（四）农户内部成员权益实现问题研究

1. 农户内部成员间法律关系性质研究

农户对外法律关系的展开以内部成员关系的明确界定为必要前提。在农户是否应当作为民事主体这一讨论进路之外，部分学者力求从内部成员权利义务关系的界定实现主体讨论的实益。鲁晓明认为，农户成员之间成立共同共有关系，财产只落实到家庭，成员拥有的份额并不清晰。③ 与之相反，白呈明提出，因土地承包经营权具有“人人有份”的成员权性质，权利存续期内成员得行使共有土地的分割请求权，并比照按份共有财产的分割规则进行分割。④ 对于享有特定土地用益物权的成员范围，张晓滨、袁震认为，土地承包经营权是承包时家庭成员共同共有的土地权利，即脱离家庭的某一成员不自动丧失该权利，进入家庭的人员亦不自动取得该权利。⑤ 但是，孟光辉、祝之舟主张农户成员范围因应家庭成员的新增而具有伸展性，承包合同一方是开放性的，应根据合同属性增加合同主体，后来入户的

---

① 参见[美]黄宗智：《“家庭农场”是中国农业的发展出路吗?》，载《开放时代》2014 年第 2 期。

② 参见罗必良：《农地确权、交易含义与农业经营方式转型——科斯定理拓展与案例研究》，载《中国农村经济》2016 年第 11 期。

③ 参见鲁晓明：《从家户并立到家庭统摄——我国民事法上家户制度的问题与出路》，载《法商研究》2018 年第 5 期。

④ 参见白呈明：《“农户”内部法律关系解析》，载《法学论坛》2003 年第 5 期。

⑤ 参见袁震：《论“户”的主体构造及相关土地承包经营权益冲突》，载《河北法学》2013 年第 9 期；张晓滨、叶艳姝、靳相木：《土地家庭承包经营权主体及农户内部关系研究》，载《中国土地科学》2017 年第 3 期。

成员应视为法定加入承包合同的主体。①

2. 农户成员资格认定问题研究

关于农户成员资格的取得标准是以亲属法意义上的家庭关系(自然事实)为供给渠道还是引入自治因素(加入意思)、共同经营及居住等事实,存在争议。温世扬主张,严格以出生、婚姻及户口迁入为标准。与之相对,李爱荣、蔡科云肯定"户"的建构性和拟制性,强调农户不再仅以血缘和身份关系为基础,而应以共同的经营目标为基础重构身份。② 戴威主张,具有行政管理性质的户籍登记与民事团体成员资格的私法登记应进行区分,家庭成员不能简单等同于集体经济组织成员。③

3. 特定种类的农户成员权益保护问题研究

耿卓、彭诚信等对于外嫁女的权益保障问题予以具体关注。④ 朱广新、陈甦从个体成员权利保障角度,探讨了土地承包经营权是否应成为继承权客体。⑤

4. 农户成员财产权行使限制的相关研究

对于土地承包经营权继承制度的限制性规定,汪洋提出应建立有优先继承资格的继承人遴选规则。⑥ 从强化发包方对土地承包经营权流转的审核权利角度,张晓滨提出审核权的行使应溯及承包地的分割,并实施鼓励

---

① 参见孟光辉:《承包土地经营权的抵押登记问题探析》,载《中国农村经济》2016 年第 10 期;祝之舟:《农村新增集体成员土地权益实现机制的完善》,载《农村经济》2020 年第 5 期。

② 参见李爱荣:《"户"作为集体经济组织成员权的行使主体探析》,载《当代法学》2019 年第 6 期;蔡科云:《我国家庭农场的商事人格与商事信用论——以家户视角切入》,载《湖北大学学报(哲学社会科学版)》2018 年第 2 期。

③ 参见戴威:《农村集体经济组织成员资格制度研究》,载《法商研究》2016 年第 6 期。

④ 参见耿卓:《家户视角下的妇女土地权利保护》,载《法学》2016 年第 1 期;彭诚信、畅冰蕾:《论农村土地承包经营权的主体》,载《山东社会科学》2016 年第 11 期。

⑤ 参见朱广新:《论土地承包经营权的主体、期限和继承》,载《吉林大学社会科学学报》2014 年第 4 期;陈甦:《土地承包经营权继承机制及其阐释辨证》,载《清华法学》2016 年第 3 期。

⑥ 参见汪洋:《土地承包经营权继承问题研究——对现行规范的法构造阐释与法政策考量》,载《清华法学》2014 年第 4 期。

代耕制度。[①] 袁震主张,通过赋予原家庭成员对脱离农户成员份额的强制购买权、设定法定次级承包经营权等方式调整成员之间的权利冲突。[②]

二、国外研究现状梳理

(一)家庭共同体的法律属性研究

萨维尼从个体的伦理性价值补强角度,指出家庭关系被确定为一个持续的存在,是对于自身不完整性的完善。在家庭中,个人不再被视为一个独立的完全外在的存在,而是一个不完整的、需要在一个大的自然关联中加以完善的存在。较之财产权,家庭权更类似于原权。[③] 黑格尔注重从财产基础及其物质载体作用的角度界定家庭。他指出家庭具有实体性人格,在家庭中个体的特殊需要转变为对共同体的关怀和增益,各成员通过家庭财富这一外在形式表现他们之间的伦理关系。财富是家庭作为人格的定在,唯有在财产中,家庭才有外部的实在性。[④] 亚里士多德区分了致富术与家户管理,认为前者是通过自由交换获取财富,后者则只是获取必要的生活资料。[⑤] 中川善之助指出,家庭关系先在地存在,其所构造的人伦秩序早于法律规范的设定及评价。[⑥] 对于农户的行为逻辑及其价值取向,通过将

---

① 参见张晓滨、叶艳姝、靳相木:《土地家庭承包经营权主体及农户内部关系研究》,载《中国土地科学》2017 年第 3 期。

② 参见袁震:《论“户”的主体构造及相关土地承包经营权益冲突》,载《河北法学》2013 年第 9 期。

③ 参见[德]萨维尼:《当代罗马法体系Ⅰ:法律渊源·制定法解释·法律关系》,朱虎译,中国法制出版社 2010 年版,第 263 ~264 页。

④ 参见[德]黑格尔:《法哲学原理》,范扬等译,商务印书馆 2011 年版,第 203 页。

⑤ See H. W. C. Davis, *Aristotle Politics*, Dover Publications, 2000, p. 154.

⑥ 参见[日]中川善之助:《新订亲族法》,青林书院 1966 年版,第 24 页。转引自张作华:《认真对待民法中的身份——我国身份法研究之反思》,载《法律科学(西北政法大学学报)》2012 年第 4 期。

农户团体与遵循经济理性的组织体进行对比，A. V. Chayanov 指出农民家庭经济作为一个独立的经济系统，遵循与企业主不同的行为逻辑与动机；小农经济行为受制于“生存伦理”，表现出以“安全第一”为准则的特征，关注自己所在家庭的福利及安全。①

（二）权利主体界定的方法论研究

从社会关系的视角，C. Hardy 等强调行动者不仅是抽象的理性人的加总，还是镶嵌在社会关系中的行动者，财产关系是镶嵌在社会制度中的。②从功能主义的视角，D. Herlihy 认为家庭的存在必要性、组织形态及法律地位始终与一定的社会经济条件相联系。③ 弗朗茨·维亚克尔指出为矫正自由主义的弊端，私法超越个人自治的目标，开始接纳“具体人格”并致力于实现实质正义。④

（三）家庭共同权的法律性质研究

施蒂尔纳指出：“某一‘共同共有人’在属于共同共有财产之单个客体上所享有的份额，在物权法上是无法触觉的，而一般共有人的共有份额本身就是所有权，共有人对它可以像对单纯所有权那样自由地处分。”⑤维尔纳·弗卢梅认为，共同共有发挥了主体法意义上的共同体塑造作用，是人合共同体。这种共同体虽然不是法人，但仍获得了一种有限的特有法律主

---

① See A. V. Chayanov, *The Theory of Peasant Economy*, University of Wisconsin Press, 1986, p. 72.

② See C. Hardy et al., *Institutional entrepreneurship as embedded agency: An introduction to the special issue*, Organization Studies, Vol. 28:7, p. 962 (2007).

③ See D. Herlihy, *Medieval Households*, Harvard University Press, 1985, p. 86.

④ 参见［德］弗朗茨·维亚克尔：《近代私法史：以德意志的发展为观察重点》（下），陈爱娥、黄建辉译，上海三联书店 2006 年版，第 588 页。

⑤ ［德］鲍尔、［德］施蒂尔纳：《德国物权法》（上册），张双根译，法律出版社 2004 年版，第 35～36 页。

体地位。[①] 拉伦茨指出家庭共有权既是身份法上的制度又是财产法上的制度,是家庭以财产法上的组织形式出现的一种人的共同体。[②]

（四）家庭的独特规范效力研究

1. 通过利用家庭的整体保障特征及其对个体成员的粘连效果,达成农地之上的公共约束目标。农户的团体性集合构造有助于抑制土地的细碎化分割倾向。对此,意大利和葡萄牙均规定了“最小耕种单位”制度。《德国农庄单独继承法》中规定了一人单独实物继承制度,以维持农庄的规模化经营。瑞士在农地转让时设置了亲属先买权制度,旨在维护农业生产经营中的家庭因素及其连续性。作为农庄农地交易的私法限制,农庄所有权人欲转让农庄时,其子女、兄弟姐妹遵行一定顺位和前提条件,可行使先买权取得农庄。

2. 基于家庭所蕴含的规范效力,为维护同居家庭成员的居住利益,通过赋予居住权对房屋所有权人的处分权利予以限制。例如,《法国民法典》第 633 条规定:“居住权仅以为其利益设定此种权利的人及其家庭成员满足居住需要为限,以限制住房所有人的权利。”从继承权的限制角度,《意大利民法典》第 540 条第 2 款规定,“有其他人参加遗产分配的,如果用作居所的房屋和家具的所有权属于被继承人或者属于配偶双方,则房屋的居住权以及使用家具的权利属于配偶”[③]。

3. 农业经营中以家庭为占有土地基本组织载体的正向效果。家庭是土地资源等生产要素的实际占有者和所有者,也是实际参与生产过程的劳动者,实现了生产决策、实施及劳动成果分配的主体同一性。此种同

① 参见[德]维尔纳·弗卢梅:《合伙与合手》,金晶译,载王洪亮、张谷等主编:《中德私法研究 14:共同共有》,北京大学出版社 2016 年版,第 65 页。

② 参见[德]卡尔·拉伦茨:《德国民法通论》(上册),王晓晔等译,法律出版社 2013 年版,第 193 页。

③ 《意大利民法典(2004 年)》,费安玲等译,中国政法大学出版社 2004 年版,第 139 页。

一性的构造使土地的收益与劳动力紧密结合,因要素归属同一主体,不存在“剥削问题”,而是自主决策下的“自我开发”。从制度实施成本的经济分析角度,Armen A. Alchian 和 H. Demsetz 认为一个经济组织的效率取决于它对每个人投入与报酬的计量能力。制度对行为的激励效果应关注产权得以实现的经济组织的结构与效率问题。家庭是农业生产经营的基本单位,这一组织层次和形态更有利于努力和报酬实现关联,内部的计量和监督成本极低。[①] Y. Hayami 和 Vernon W. Ruttan 指出,美国的农业经营者分为四类:自有型、分成型、经理型、佃农型。其中自有型、分成型系以家庭为农业经营的主要载体。[②] 作为日本农地制度的核心,1952 年制定的《日本农地法》确立了土地所有权和使用权相结合的自耕农体系。其作为一种小规模家庭占有和经营土地的模式,保障了家庭在农业经营中的基础地位。

三、既有研究成果的评析

农户是具有中国特色的农地权利配置主体,国内学者围绕农户的主体地位、农户内部成员的法律关系及权益保障、农户土地财产权的行使等问题进行了广泛且深入的研究。国外学者关于家庭共同体的独特法律属性、家庭共有权的组织性构造、私法实质化倾向下取向具体人格的民事主体判定等理论学说,为研判农户的主体地位提供了丰富的资源。此外,代表性国家保障家庭成员居住利益的居住权制度、抑制农地细碎化分割的一人单独实物继承制度、农业经营的家庭组织形态等制度设置及现实实践,为完善我国的农户民事主体制度供给了有益借鉴。总体上说,现有成果在以下

① See Armen A. Alchian & H. Demsetz, *Production, Information Costs, and Economic Organization*, 2 IEEE Engineering Management Review 38 (1975).

② See Y. Hayami & Vernon W. Ruttan, *Agricultural Development: An International Perspective*, The Johns Hopkins University Press, 1985, p. 163.

三方面尚存在继续研究的空间。

1. 研究视角上，并未在农地权利体系化的语境下对农户问题予以特殊关注。在农地使用权的市场化改革背景下，学者围绕农地的保障性资源功能与经营性资产功能展开广泛讨论。但多数研究在权利定性和权能构造层面进行，对于家庭的规范构造及其与农地保障性功能定位的互利耦合关系缺乏关注，导致主体法层面研究不足。特别是农户的地域性特质及其与集体经济组织成员的承接关系在研究中并未得到应有重视。此外，社会学和经济学中关于家庭共同体特质的说明并未在法学研究中得到充分转化。

2. 研究对象上，集中于农村承包经营户，未统合现行法上的相关农户民事主体法律制度，对法学中的农户概念予以凝练并展开的专门性研究略显薄弱。多数学者针对“两户”之下的农村承包经营户予以法教义学层面的研究，关注其主体定位问题。同时，因农村承包经营户是土地承包经营权的主体，部分研究系在土地承包经营权项下的附带性研究。这些研究注重在解释论层面展开，通过挖掘法律文本的规范语义、运用某种解释方法化解条文内在的矛盾和冲突，但对农户主体地位的界定缺乏系统的理论论证和多视角的分析说明。

3. 研究内容上，侧重农户内部个体成员的权利配置，尤为关注诸如以外嫁女为代表的弱势家庭成员、农户成员继承人的继承权益实现及脱离农户成员的权利份额流转等问题。这映衬了农户成员流动性增强的农村社会变迁趋势，着重对农户内部个体成员的财产权保障进行规则构建。这些问题意识的形成具有鲜明的个体本位导向，并未考虑到个体成员行为逻辑的家户隐喻和导向，进而忽视农户的整体性保护及其制度设计。作为对个人自治的适度矫正，实质正义观辐照下的私法规则关注亲属上的老人、妇女等特殊主体的倾斜保护；这虽实现了对家庭关系的间接确认，但是并未对家庭整体性及其产生的财产支配效果予以足够关注。这均导致对于农户主体范围的厘定、农户代表人的选取及权源基础、农户内部成员的意思形成规则及其效力、以农户整体保护为基点的成员财产权限制规则、“户”

的私法效力及其功能等问题的研究略显薄弱和粗糙。

第三节 研究的主题

本书的研究主题为“农户民事主体法律制度”,以我国实定法所塑造的农户概念为核心,探讨农户在民法上的主体定位及实现规则,主要在民事主体法律制度的范畴内展开。但是,基于农户主体的特殊性,农户民事主体法律制度的研究需要在以下三方面予以进一步说明。

1. 本书所探讨的农户是两人以上家庭成员所组成的团体形态,而不包括“一人户”这一特殊情形。

2. 农户的民事主体地位需要在具体的权利语境中进行探讨。在私法制度中,基于个人本位的中立化价值预设及其衍生的法律人格平等原则,民事主体法律地位平等和财产权平等保护内在要求主体制度与财产权制度各成相对独立的体系,彼此自洽运行。立法者在确立私法主体时,不必考虑各类主体分享权利之范围;在规划私法权利时,也不必局限于特定主体。① 但是,在土地公有制语境中,财产法渗入了人法因素。这就需要在具体的农地使用法律关系中证立农户的主体地位及其性质。

3. 农户民事主体法律制度研究将不可避免地涉及与主体制度密不可分的、直接关系到主体地位实现的特殊财产权行使制度。民事主体制度集中见于《民法典》总则编的规定。但是,从体系化的角度观之,尚需考察民事法律制度中其他具有人法内容的领域,②乃至习惯法中事实上发挥人法规范效果的正当性习俗。在我国农地权利体系中,财产的支配因身份要素及共同生活而受到“人合”关系的制约,需要调整主体法与财产法严格区分

---

① 参见陈小君:《我国农民集体成员权的立法抉择》,载《清华法学》2017 年第 2 期。

② 参见[德]迪特尔·梅迪库斯:《德国民法总论》,邵建东译,法律出版社 2013 年版,第 778 页。

的传统观念。[①] 具体到本书中,这主要表现为基于农户主体地位实现而对个体成员财产权作出的必要限制亦属于农户民事主体法律制度的重要组成部分。

本书采取“点、线、面”相结合的思路展开撰写。在“面”上,以“现行农户民事主体法律制度”为总体研究对象,对农户民法调整的立法问题和司法问题进行分析和提炼;在“线”上,以农户“民事主体地位的证立”与“民事主体性质的定位”为两条主要线索,以此展开农户民事主体定位及其构造的理论论证和分析阐释;在“点”上,从“农户成员资格认定”“物权登记中的农户主体登记”“户主对外代表权”“农户内部成员财产权限制”等方面对农户民事主体制度进行系统化的规范表达。

第四节 研究的方法和主要创新

一、研究的方法

1. 规范分析方法。规范分析是法学中的典型研究方法。法律中的诸多法律规范,彼此之间并不是单纯并列关系,而会以多种方式相互指涉,只有彼此交织及相互合作才能形成规整作用。[②] 法律命题作为规范性语句,适恰的研究应针对其有效性而非正确性。研究者通过规范分析才能理解法律规范的相互作用及其意义关联。当前农户民事主体法律规范具有设置的粗疏化、布局的分散化、在具体物权项下进行附带性规定的特点。本书在系统梳理、统合全国性和代表性地区农户民事主体法律规范的基础上,运用规范分析方法对现行农户民事主体法律制度的调整特点和存在的主要问题进行提炼和总结,为后续制度完善提供规范依据和解释论基础。

---

① 参见王泽鉴:《民法物权》,北京大学出版社 2009 年版,第 161 页。

② 参见[德]卡尔·拉伦茨:《法学方法论》,陈爱娥译,商务印书馆 2003 年版,第 144 页。

2. 类型化分析方法。类型化分析是体现法学品格的重要方法。拉伦茨指出,将大量本身彼此不同而且极度复杂的生活事件以明了的方式予以归类,正是法律的任务所在。类型具有意义性;类型思考作为一种价值导向的思考,有助于反映特定法律规范背后的评价基础。本书对农户主体定位的研究并非一般性的概括探讨,而是在特定的农地法律关系中具体展开。对农户参与法律关系的范围限定以根据集体资产的不同功能展开的分类调整为基点。

3. 案例分析方法。从民法的裁判规范性质和功能角度考量,在立法对农地权利主体的规定存在规范模糊和解释争议时,司法视角是有益的补充。因裁判大前提获取的适格性根源于其合法性,法官总是在"法条主义"下寻求纠纷在法律上(而非道德上或公共政策上)的法律解决方案。在这个意义上,司法裁判是研判法律规范的适当场域。典型案例的分析有助于更加清晰地展现农户民事主体法律制度在运行中的实践面貌,揭示更为具体的实践问题。本书以近年来发生的涉农户民事土地权益纠纷为主要样本,通过争议性事实的梳理以及典型案例间的对比性分析,剖析农户权利救济中存在的程序法障碍以及由此反射的实体法律问题,从而为抽象的理论研究和具象的规则设计填充丰富而真实的案例素材。

4. 比较研究方法。代表性国家和地区关于家庭共同体和家庭共有权的法律性质,以及农业家庭经营形态及其法律保障的诸多理论研究成果和先进立法经验对我国而言具有重要的参考意义,在相应部分的研究中应当注重挖掘其借鉴价值。同时,应对域外立法经验的制度价值及对我国的适应性保有客观认识。比较研究方法的运用需兼顾我国农村土地权利配置的特殊语境和家文化的"本土化"议题,并非舶来品皆好。因此,本书并未构建独立的比较法章节,而试图在理论分析和制度构建中对其进行针对性的吸纳。

5. 跨学科的其他研究方法。农户作为中国特色的主体形态,是历史路径、社会实践、政策调整、法律确认等多重因素塑成的结果。这需要多学科的研究成果提供支撑,以弥补法学分析的视角局限。本书吸纳了社会学研究中“结构—功能”理论、关系产权理论、财产权的社会关系嵌入性等观点；运用制度经济学的相关理论，对农户家庭从事农业生产的主体优势从管理成本、监督成本等方面进行经济分析和论证；运用历史研究方法针对传统中国家户制度和同居共财的家产制、家长权威治理、分家习惯等进行纵向时序演进意义上的研究。

二、研究的主要创新

1. 提出农户民事主体资格的规范性判定标准，并将农户定位为地域性家庭合伙；在既有以个体为基础的民事主体要件之外，基于农户的团体特质，丰富团体获得民事主体资格的具体标准及依据。本书提出，农户本质上是由土地这一保障性资源财产的组织形式塑造而成的主体形态。本书通过释明民法接纳“具体人格”的主体资格实质化判定标准，结合具体的权利类型及其功能定位对农户的主体地位予以限定性探讨；论证家庭共同体推衍出的关怀伦理及作为财产载体的保障性价值需求为农户的主体地位贡献了重要的人格基础；同时，运用家庭共有权的组织性构造、物的特定性理论等对农户的主体地位进行具体证立。在此基础上，本书将农户定位为以土地资源为生存保障的地域性家庭共同体；从合伙的个体与团体互涉的牵连性主体结构对农户的适应性、家庭结合关系对农户成员的结合效力、集体土地资源的保障功能对农户成员施加的特殊限定效果等方面对这一主体性质定位进行具体说明。

2. 提出农户具有“内部分配与外部赋权”的嵌套式主体构造。为映衬农户的地域性家庭合伙定位，本书提出农户主体在内部成员层面的“土地权利分配资格个体化赋予”与外部农户层面的“权利具体行使”复合结构是互相牵涉的嵌套式存在。这一主体构造体现了对农户家庭互助共济功能的法律保护，能够缓和成员资格动态变化所导致的土地实物形态即时调整的人地支配关系不稳定性。

第二章　农户民事主体法律制度概述

法律蕴含着一个国家数个世纪发展的故事，我们不能像对待仅仅包含定理和推论的数学教科书一样对待它。要理解法律是什么，我们必须了解它以前是什么，以及它未来会变成什么样子。

——奥利弗·温德尔·霍姆斯(Oliver Wendell Holmes)

第一节　"户"的主体形态考察

"户"虽然不是我国立法所确立的一类民事主体，但是以"户"为单位配置民事权利、实施行政行为的法律规范及制度实践广泛存在，由此赋予其主体性意涵。"户"的主体性存在集中体现为"农户"。"农户"是我国正式立法所采纳的实定法律概念。在以土地承包经营权和宅基地使用权为核心的农地使用权中，集体经济组织成员以所在农户为单位，受领集体分配的承包地和宅基地。《民法典》在民事主体制度的一般性规定中，直接对农村承包经营户进行法律调整。不限于此，农村集体资产股份合作制改革的地方实践出现了集体经济组织成员权益的"户"化行使趋势。此外,“户”作为国家政权对社会民众进行治理的基本单位,基于户籍管理的公法效力,在行政补偿、补贴、征税等行政行为中,均存在以“户”为边界确定权利主体的规范依据。

一、家庭承包经营中的承包户

在我国现行法中,《农村土地承包法》在家庭承包经营中直接采纳了“农户”概念。该法第 16 条第 1 款规定:“家庭承包的承包方是本集体经济组织的农户。”①此外,对于家庭承包经营中的主体形态,我国民事基本法亦进行了规定。《民法典》延续了原《民法通则》的立法模式,在总则编的“自然人”章对个体工商户和农村承包经营户分设定义条款和债务承担规则。《民法典》第 55 条规定:“农村集体经济组织的成员,依法取得农村土地承包经营权,从事家庭承包经营的,为农村承包经营户。”第 56 条第 2 款规定:“农村承包经营户的债务,以从事农村土地承包经营的农户财产承担;事实上由农户部分成员经营的,以该部分成员的财产承担。”但是,对于《农村土地承包法》中作为承包方的农户,与民事主体法中的农村承包经营户是否具有同一的意义指涉,学者存在不同认识。多数学者对此持否定观点,即认为农村承包经营户是以商品经营为目的的商事主体,而农户是计算土地承包经营权和宅基地使用权的基本单元。② 进一步地,文义解释上对以家庭方式取得的土地承包经营权的权利主体规定存在一定的规范冲突:《民法典》中集体经济组织的成员得依法取得土地承包经营权;但《农村土地承包法》将承包方规定为农户,农户内家庭成员享有的仅为承包土地的权益。对于这一问题的深入探讨,容后再述。

---

① 现行法上,农村土地承包方式包括农村集体经济组织内部的家庭承包方式和招标、拍卖、公开协商等其他承包方式。农户是家庭承包中的承包方。如无特别说明,本书所探讨的土地承包经营权限定于以家庭承包方式取得的土地承包经营权。

② 参见朱庆育:《民法总论》(第 2 版),北京大学出版社 2016 年版,第 475 ~ 476 页。

二、宅基地分配中的居住户

农户主体的规范射程并不限于家庭承包经营中的承包户。现行法虽未明确宅基地使用权配置法律关系的一方主体为农户，但设定了以“户”为单位的宅基地分配规则。《土地管理法》第62条第1款规定：“农村村民一户只能拥有一处宅基地……”据此规定，我国宅基地使用权的分配遵行“一户一宅”原则。实践中，农村村民以“户”的名义向村民委员会或集体经济组织提出用地申请，经乡（镇）人民政府审核及县级人民政府批准后，由集体经济组织向申请者提供宅基地使用权。不同于土地承包经营权，在宅基地使用权的设定过程中，行政审批是必备程序。这决定了宅基地使用权的设权规范具有鲜明的公私法交融调整性。户籍登记中的“一户”成为确定权利主体范围的权威依据。对于“一户一宅”的解释，学者存在不同认识。一种观点认为，宅基地使用权是农村居民以“户”的名义享有的权利，即农民家庭享有的权利，而非个人权利。[①] 这在国家规范性文件中得到确认。例如，2014年国务院《关于进一步推进户籍制度改革的意见》第12条中“土地承包经营权和宅基地使用权是法律赋予农户的用益物权”的规定从政策层面明确了农户的权利主体地位。与之不同，有学者主张，“户”是为了申请和管理的便利而由国家或集体认可的单位。“一户只能拥有一处宅基地”从宅基地管理的角度强调“一户”与“一宅”之间的对应关系，是初始取得的限制。[②]

三、行政管理中的家庭户

“户”的一般性法律调整主要见于行政法律规范，并以户籍管理制度所

---

① 参见孙宪忠编著：《物权法》，社会科学文献出版社2005年版，第274～275页。

② 参见高圣平、刘守英：《宅基地使用权初始取得制度研究》，载《中国土地科学》2007年第2期。

确立的家庭户为基本单元。正如学者主张的，"户"是一个源于行政法的涉及户籍管理的概念，并非一个严格意义上的民法概念。① "户"是国家推行社会治理的基本单位；得益于户籍制度的设立，家庭的外延范围得以确定并具备了"户"的法律形态。编家为户的做法，体现的是国家运用法律手段进行行政管理，实现对基层的控制。②

"户"是依据公法规范建构起来的社会管理工具，"户"的主体性意涵广泛见于行政行为的实施之中。在征收补偿方面，2001 年《上海市城市房屋拆迁管理实施细则》（已失效）第 20 条明确对于被拆迁人和房屋承租人均按"户"进行补偿安置。在农村房屋征收中，"被征收户"常被确定为征收补偿的给付对象。例如，2024 年《永州市集体土地与房屋征收补偿安置办法》第 24 条规定，"按照'一证一户'的原则，在同一栋房屋中居住，无论是否分户、分家，均只对原合法批准或登记的权利人进行补偿"。这与国有土地上房屋征收补偿规则基本一致，体现了以"户"为单位落实居住权保障的立法意旨。在土地用益物权的征收中，"户"被作为补偿款的受领主体。例如，2023 年修订的《山东省土地征收管理办法》第 28 条第 2 款规定："农民集体所有的土地全部被征收或者征收土地后没有条件调整承包土地的，土地征收补偿安置费的 80% 支付给土地承包户，主要用于被征收土地农民的社会保障、生产生活安置，其余的 20% 支付给被征收土地的农村集体经济组织，用于兴办公益事业或者进行公共设施、基础设施建设。"在行政救济、补贴等授益行为方面，2009 年财政部等《家电下乡操作细则》（已失效）第 3 条规定："享受补贴的每类家电下乡产品每户农民限购 2 台（件）。"2010 年四川省人民政府办公厅《关于切实做好汶川地震灾区城镇重建住房分配安置工作的通知》（已失效）明确补助资金、购（租）安居及廉租房屋等均以家庭户为给付对象。

---

① 参见房绍坤、张旭昕：《我国民法典编纂中的主体类型》，载《法学杂志》2016 年第 12 期。

② 参见李伟：《"家"、"户"之辨与传统法律表征》，载《政法论丛》2015 年第 6 期。

在房屋限购、征税等管制行为方面,2010 年住房和城乡建设部、中国人民银行、原中国银行业监督管理委员会联合发布的《关于规范商业性个人住房贷款中第二套住房认定标准的通知》确立了“以家庭户为单位,认房又认贷”的规则。其中第 1 条规定:商业性个人住房贷款中居民家庭住房套数,应依据拟购房家庭(包括借款人、配偶及未成年子女)成员名下实际拥有的成套住房数量进行认定。2010 年北京市人民政府《贯彻落实国务院关于坚决遏制部分城市房价过快上涨文件的通知》率先规定每户家庭只能新购一套商品房。在征税方面,2011 年《上海市开展对部分个人住房征收房产税试点的暂行办法》规定的征税对象为本市居民家庭在本市新购且属于该居民家庭第二套及以上的住房和非本市居民家庭在本市新购的住房。亦有观点提出个人所得税的征收单位应当确定为家庭。① 这均体现了将整体的“户”作为行政行为的承受主体。

四、集体经济组织成员权益的“户”化配置

家庭是构成村庄共同体的基本单位,是个体利益在村庄中实现的现实中介。② 以血缘和地域为基础的身份关系基本由农户这一共同生活单位供给,以“户”为单位行使成员权不仅在《村民委员会组织法》等调整的村民自治领域存在规范依据,而且在近年来广泛开展的集体资产股份制改革方面形成实践基础。依据成员权的复合性权利内容,成员权法律关系包括基于共益权行使而形成的法律关系和基于自益权行使而形成的法律关系。

① 以家庭为单位征收,即以家庭中夫妻双方共同所得进行联合申报纳税,申报时根据纳税人家庭中赡养、抚养、就业和教育等不同情况,确定不同的扣除数。参见薛慧卿:《人大代表:建议以家庭为单位征收个人所得税》,载人民网 2021 年 2 月 10 日,http://politics.people.com.cn/GB/70731/17331856.html。

② 参见朱林方:《论中国法上的“家”——以古今家国之变为线索》,西南政法大学 2016 年博士学位论文,第 136 页。

前者诸如重大事项决定权、知情权等，是为了集体利益的实现而参与的民主性权利。这类权利以集体经济组织成员为参与主体。《农村土地承包法》在承包方案的通过、发包方因特殊情形个别调整承包地及对外发包等情形中均规定了依法经本集体经济组织成员的村民会议 2/3 以上成员同意的表决规则。同时，从权利行使的便宜性和效率出发，涉及集体事项决策时，法律亦认可以“户”为单位配置表决权的实践。在村民会议或成员大会的召开场合，立法确定了由法定数量的“成员”或“户的代表”参加这两种召开标准。例如，2013 年修订的《广东省农村集体经济组织管理规定》第 10 条规定“农村集体经济组织成员大会，应当有本组织具有选举权的成员的半数以上参加，或者有本组织 2/3 以上的户的代表参加”。同时，《村民委员会组织法》规定了村民会议或村民小组会议在“本村十八周岁以上村民的过半数，或者本村三分之二以上的户的代表参加”时方可召开。按照学者的观点，“派性”对村庄治理有着重要的作用，在派性中小亲族是关键。小亲族是指以血缘关系为基础形成的一个既对内合作，又对外抗御的家庭联合单位。[①] 农户作为村民自治的基本表意单位，以家庭为边界呈现成员权益，更加具有稳定性和可操作性。就此而言，在事关集体经济组织内部公共利益的重要事务方面，农户成员之间的身份紧密性使其形成利益一致的整体，以农户为表决权的行使主体提高了集体决策的效率。

在集体资产收益分配领域，伴随集体资产产权股份制改革的推进，出现了自益性成员权的户化配置实践。为了完成“集体”的民事主体转换与表达任务，《民法典》总则编将集体经济组织定位于特别法人，以期通过法人治理规则有效化解集体所有权“虚置”的问题。在集体资产管理方面，2014 年原农业部《积极发展农民股份合作赋予农民对集体资产股份权能改革试点方案》提出“要将集体资产折股量化到人、落实到户……以‘户’为单位向其出具股权证书”。具体管理和操作路径上，存在两种主要模式。

---

① 参见陈柏峰：《北方村庄的派性政治与日常生活》，载《开发研究》2008 年第 1 期。

一是将集体资产折股量化到人，随人进行动态管理。例如，根据 2020 年广西柳州市《阳和工业新区农村集体产权制度改革股权设置指导意见》第 1 条第 3 款第 2 项、第 3 条第 2 款的规定，该地区农村按照“一人一股”的原则设置人口股，即户口在本村且在本村生产、生活人员可享受人口股，按每人一股配置；新增人口得从集体股份额内购买股份，自愿退出人口由集体经济组织购回其全部股份。二是实行“按户持有、生不增、死不减”的静态固化管理模式，户内股权不进行量化。例如，2014 年浙江省在股份合作制改革中提出“股权坚持‘权跟人（户）走’，生不增、死不减”。[①] 2015 年广东省佛山市南海区实行的集体经济组织股权改革提倡户内股权均等化，明确以“户”为单位进行股权登记和股份分红，以“户”代表为股权登记主体，每户发放一本佛山市南海区集体经济组织户内股权证；农村集体经济组织只需要负责由村到“户”的一次股权分配即可，至于从“户”到个人的二次分配则由村民家庭内部自行解决。[②] 相似地，2018 年《上海市农村集体资产监督管理条例》在规定集体所有的经营性资产应当以份额形式量化到本集体经济组织成员的基础上，于第 10 条第 2 款进一步明确除章程另有规定外，农村集体经济组织成员享有的份额，应当以“户”为单位记载。土地的农民集体所有权通过集体经济组织内个体农民的成员权得以实现。[③] 上述改革趋势显化了成员权益以农户进行配置及行使的主体特点。

五、“户”的其他主体性意涵

在有些法律制度中，“户”虽不是法律明确规定的权利配置、利益受领

---

① 参见浙江省人民政府办公厅《关于全面开展村经济合作社股份合作制改革的意见》（已失效）第 2 条第 4 款。

② 参见曾春花、黄文冠：《南海集体经济组织股权将确权到户 户内股权数永久不变》，载《南方都市报》2015 年 3 月 30 日，第 4 版。

③ 参见韩松：《论农民集体土地所有权的管理权能》，载《中国法学》2016 年第 2 期。

或管制对象，但是通过解释技术的运用可以推知立法者以“户”为主体性单位的意图。例如，《民法典》第 732 条规定：“承租人在房屋租赁期限内死亡的，与其生前共同居住的人可以按照原租赁合同租赁该房屋。”这表明立法认可房屋租赁合同虽以自然人个人为缔约主体，但房屋承租权系用于维护一户之内共同居住人员的整体利益。又如，根据 2015 年最高人民法院《关于限制被执行人高消费的若干规定》第 3 条第 7 项的规定，被执行人为自然人的，被采取限制消费措施后，子女不得就读高收费私立学校。因被执行人的子女与其同属一户，二者在消费行为上存在高度的利益关联而被视为整体。再如，2013 年最高人民法院、最高人民检察院《关于办理盗窃刑事案件适用法律若干问题的解释》第 8 条规定：“偷拿家庭成员或者近亲属的财物，获得谅解的，一般可不认为是犯罪；追究刑事责任的，应当酌情从宽。”对此规定，有学者解释为盗窃者并非独立于家庭的主体，而是家庭财产的共有人，“盗”自己的财产不构成盗窃。[①] 据此，家庭作为天然的共同体初级组织形态，基于亲缘的伦理性亲密关系施以成员间特殊的结合因素，其所产生的利益一致孕育了家户被予以整体对待的立法需求。

第二节　民法上农户的法学特征

一、以家庭关系为实质供给要素

概念的种属关系上，农户是家户的下位概念，特指农村中的家户。农户在我国源远流长，可以追溯至西周中后期私有土地开始出现之时。[②] 其

---

① 参见徐国栋：《我国民法总则制定中的四个问题》，载《暨南学报（哲学社会科学版）》2017 年第 2 期。

② 参见李永安：《农村承包经营户法律地位问题的立法探究》，载《广西政法管理干部学院学报》2010 年第 3 期。

产生的社会事实基础就在于家庭成为农业生产的组织形式。农户是特定范围内具有亲属关系的成员共同居住、维持家计的社会生活团体。家的最初含义是居住之地。《易·家人》的释文为:“人所居称家,是家仅有居住之意。”《康熙字典》所录《说文》对“家”的解释为:“豕居之圈曰家,故从宀从豕,后人借为室家之意。”“庭”则指“厅堂”,为“正房前的空地”。[①] 其后,家的含义扩大为婚姻的产物,如《周礼》郑玄注:“有夫有妇,然后有家。”《辞海》对家庭的诠释是“由婚姻、血缘或收养而产生的亲属间的共同生活组织”[②]。可见,关于家庭的界定主要包含“亲属关系”和“共同居住事实”两个核心要素。家庭是共同维持家计的生活共同体。但是,法学中尤其是私法语境中的家庭,因伴有对家庭成员之间人身财产关系上的权利义务设定,因而强化了家庭的财产意蕴。家庭包含人和财产两个方面;除了共同保持家计的自然人结成的亲属团体,同时意味着支撑这一团体生活的财产总体。自定居农业时代以来,土地逐渐成为人类赖以生存的生产资料,无论是部落共同体、家族公社还是个体家庭,均是天然的共同体,这不是共同占有和利用土地的结果,而是其前提。[③] 通过家庭化的生产,农户以家庭成员的同居共财发挥土地的生活保障作用,稳定并延续共同生活的事实关系。[④] 这特别适用于认知农村社会,人和土地的结合是中国农村家庭的发展动力。土地作为一种主要的成员间“共财”形式为家庭提供保障性的生产和生活资料。

家庭具有相对独立于其内部成员的社会实在性。依据系统论的观点,任何系统都是一个独立的事物,具有组成该系统的元素所没有的特征和功能。家庭具备系统的主要特征,其承担的社会职能并不能完全为家庭成员的个体行为所替代。古罗马法中,家族人格并不以家父或家子的自我性和

---

① 张文霞、朱冬亮:《家庭社会工作》,社会科学文献出版社 2005 年版,第 12 页。

② 夏征农主编:《辞海》,上海辞书出版社 2000 年版,第 1236 页。

③ 参见《马克思恩格斯全集》,人民出版社 1979 年版,第 379 页。

④ 参见[日]滋贺秀三:《中国家族法原理》,张建国、李力译,商务印书馆 2013 年版,第 60 页。

个人性为起点，而是以家族的单一性为起点。① 萨维尼在分析家庭权的独特属性时曾指出，家庭关系被确定为一个持续的存在，是对于自身不完整性的完善。在家庭中，个人不再被视为一个独立的完全外在的存在，而是一个不完整的、需要在一个大的自然关联中加以完善的存在。较之财产权，家庭权更类似于原权。② 对于家庭的立法界定，我国台湾地区将家庭定义为"以永久共同生活为目的而同居之亲属团体"。③ 我国《民法典》第1045条第3款采纳了"有限的亲属关系和共同生活"的叠加标准，将家庭成员界定为"配偶、父母、子女和其他共同生活的近亲属"。在这里，塑造家庭共同体的社会基础不是成员之间利益互惠之上的自愿性合意，而是以婚姻、血缘等自然性亲情关系结合而成的黏附性更强的伦理团体。社会学认为，大社会中存在彼此重合的若干"部分性社会"，个人除了作为大社会的成员，还可能是众多自生自发的次级秩序的成员。④ 家庭的出现及其运行是自发形成的社会秩序，是法社会现象的基本谱系。无论是诸多亲属等特定身份关系的形成还是共同居住事实的存续，皆不是法律制度建构和适用的结果，而是社会事实的自发形成与展开。考虑到家庭的社会实在性，立法仅能在尊重现实中既有的家庭实体及其结构的基础上予以规制。⑤ 例如，《瑞士民法典》第二分编"亲属关系"中设专章对"家庭共同体"进行立法调整，体现了遵从习惯与家庭成员意思自治的立法精神：设立家庭共有财产的契约，非经公证并由全体共有人或其代理人签名，不生效力（第337

---

① 参见龙卫球：《民法总论》，中国法制出版社2001年版，第197页。

② 参见［德］萨维尼：《当代罗马法体系Ⅰ：法律渊源·制定法解释·法律关系》，朱虎译，中国法制出版社2010年版，第263～264页。

③ 参见2010年修订的我国台湾地区"民法"第1122条："称家者，谓以永久共同生活为目的而同居之亲属团体。"

④ 参见［英］弗里德利希·冯·哈耶克：《法律、立法与自由》（第1卷），邓正来等译，中国大百科全书出版社2000年版，第68页。

⑤ See Martin Löhnig, *The Evolution of the Concept of Family and the Special Protection of Family and Marriage in German Law*, 10 Journal on European History of Law 168 (2013).

条);家庭共同财产以农业经营为用途者,其通知终止,仅得依当地习惯,在春季或在秋季为之(第338条);共有人得选任共有人中之一人,作为家庭共有财产的管理人(第341条)。[①] 对于家庭关系的法律调整充分体现了私法的规范特质。即作为调整性规范,只要未逾越基于公序良俗设定的刚性边界,私法规范承认民事主体自我规制的正当性和优先适用性。

二、以户籍登记为形式识别要素

在我国,"家庭"与"户"具有较大程度的通用性。"户"是国家征收赋税的单位、财产所有权的主体,也指家庭。[②]《唐律疏议·户婚律》中"诸户主皆以家长为之",立法取向是将私法的"一家"作为"一户"来规制。家庭组织体依托"户"的外观得以呈现,并借助户籍管理制度获得公法性意涵,体现了农户法律调整的公私法复合性。

一方面,"户"以客观场所将具有共同居住关系的家庭成员进行范围限定。作为自然形成的共同体形态,家庭并没有严格的团体界限,该社群中的分子可以依需要,沿亲属差序向外扩大。[③] 对家庭范围的识别主要通过"户"予以实现。现行法上,对于"户"的规范意涵,"入户抢劫"案件的两个司法解释进行了明确。"入户抢劫"是《刑法》设定的抢劫罪加重处罚情节,但该法本身未对"户"作出规定。2000年最高人民法院《关于审理抢劫案件具体应用法律若干问题的解释》第1条第1款将"户"界定为"他人生活的与外界相对隔离的住所,包括封闭的院落、牧民的帐篷、渔民作为家庭生活场所的渔船、为生活租用的房屋"。2005年最高人民法院《关于审理抢劫、抢夺刑事案件适用法律若干问题的意见》在前述司法解释的基础上,

---

① 参见《瑞士民法典》,戴永盛译,中国政法大学出版社2016年版,第127~128页。

② 参见王圣诵:《中国乡村自治问题研究》,人民出版社2009年版,第76页。

③ 参见费孝通:《乡土中国》,上海世纪出版集团2007年版,第445页。

对“户”进行功能性限定,即“户”不仅是客观可识别的、与外界相对隔离的居住场所,而且必须具有“供他人家庭生活”的功能特征。两个司法解释的区别在于,前者主张从客观的住所角度对于“户”应取向《宪法》上“中华人民共和国公民的住宅不受侵犯。禁止非法搜查或者非法侵入公民的住宅”这一条款的意旨进行合宪性解释;[①]而后者认为“户”与家庭具有同质性,作为社会管理对象的“户”以家庭户为主。通常而言,一户代表一家,户口主要用于登载家庭成员的基本情况及相互关系,以“户”为单位延续家庭关系、维持家庭生活。据此,应当在居住场所的基础上对“户”进行功能主义的限缩性解释。立法应通过“户”的界定维护家庭这一社会生活中最为重要的法益,只有实际封闭的、用作家庭成员日常生活居住的场所,才能被认定为“户”。[②] 换言之,共同生活成员之间的家庭关系对应“户”这一概念的实质范畴。

另一方面,“户”具有公法上的行政管理意义。以户籍制度为载体推进的国家编户是进行家庭管控的重要手段。从明确性的角度看,家庭作为一个社会组织体,其以婚姻、血缘及二者结合的自然性事实为源泉,辅以收养这类拟制血亲关系,其团体界限并不明晰。通过国家的户籍管理制度对家庭范围予以客观限定。《户口登记条例》第 5 条规定:“户口登记以户为单位。同主管人共同居住一处的立为一户,以主管人为户主。单身居住的自立一户,以本人为户主。居住在机关、团体、学校、企业、事业等单位内部和公共宿舍的户口共立一户或者分别立户。户主负责按照本条例的规定申报户口登记。”在这个意义上,“户”具有建构性,是以户籍管理制度为核心的公法规范所构造出来的法律概念。在现代社会,户籍制度的本原功能主要包括两个方面:其一,私法效果上,户口登记的直接效力是证明公民身

① 参见杜强强:《论宪法规范与刑法规范之诠释循环——以入户抢劫与住宅自由概念为例》,载《法学家》2015 年第 2 期。

② 参见黄祥青:《论抢劫罪情节加重犯的认定与刑法限制解释方法的运用》,载《法律适用》2005 年第 8 期。

份,通过自然人个人信息及家庭关系的记载为民事活动提供依据;其二,政府职能履行上,户口登记是国家统计人口信息、制定经济社会发展计划、确定政府公共服务职能的合理规模和维持社会秩序的基本手段。但是,我国户籍管理制度在运行中负荷了背离初始目的的附加功能,被作为城乡区隔的管制手段。在第七次全国人口普查中,城镇居住人口占比63.89%,而户籍人口城镇化率为45.4%。① 户籍制度映衬城乡土地的二元所有制,在该户籍制度下,尽管农户部分成员外出务工,其生产生活空间在事实上转移,但因户籍无法迁入城市,最终这种迁移只能在剩余劳动力层面而非人口变动层面展开。这在一定程度上揭示了以户籍标准界定农户成员范围的弊端。

三、以集体经济组织成员资格为特别限定要素

通常意义上,农户被笼统地界定为农村家庭或农业家庭,但农户的民法界定增纳了集体经济组织成员资格的身份限定要素。依据现行农户民事主体法律制度的规范设计,农民个体具有双重成员身份:既是集体经济组织的成员,也是农户所在家庭的成员。无论是《民法典》还是《农村土地承包法》均明确,取得农户成员身份的法定前提是具备集体经济组织成员资格。这些下位法中的农户民事主体法律规范完成了《宪法》上"农村集体经济组织实行家庭承包经营为基础、统分结合的双层经营体制"的法律转化。这一转化主要依赖"所有权——用益物权"的物权派生性原理,将农户财产权建立在农民集体所有权之上。农户概念突出"集体经济组织成员资格"这一构成要素,正是由落实保障目标的农地权利功能所决定的。

对于集体经济组织成员资格的认定,国家层面的正式立法并未进行规定。地方立法实践中,"户籍"与"出生、结婚及收养等自然事实"的结合最

① 参见国家统计局:《第七次全国人口普查主要数据情况》,载国家统计局2021年5月11日,https://www.stats.gov.cn/sj/xwfbh/fbhwd/202302/t20230203_1901080.html。

为常见。[1] 因户籍登记客观上具有公示的效果,往往被作为认定成员资格的形式要件。此外,集体经济组织成员资格的认定主要依赖农户中的家庭要素,以家庭关系为主要供给渠道。集体经济组织不同于依成员自由意志结成的私法团体。从产生渊源看,集体所有权由农民对土地的私人所有在入社后转化而来,为保证让渡所有权的农民及家庭成员的生存权益,通过赋予其成员资格并通过家庭关系的延续实现组织的长久发展。这构成了成员的身份属性。但是,因成员资格的判定尚未实现法定化,在"户籍"和"家庭关系"之外,地方规范性文件针对集体经济组织成员资格的认定引入了多元化的判定标准,这不仅导致农户成员与家庭成员之间的非一致性,而且加剧了农户成员范围识别的困难。不限于此,因农户内部容纳双重成员身份,则隐含了一个现实问题,即对于农户所在家庭的新增集体经济组织成员,其土地权益主要依赖家庭的互助共济功能在家庭共同体内部实现,还是依赖期待性的集体经济组织成员权行使来实现。

四、以生存权保障为价值预设要素

法学中的主体具有特定的规范性语义,指参与一定法律关系的主体。基于民法的权利法定位,民法上的主体主要是指权利主体。农户的社会关系本质是家庭。在个人本位的民法价值及规则辐照下,组成家庭的个体成员是民事法律关系中的基本主体。但是,为了圆满实现家庭担负的其他社会功能,应当基于特别立法目的另外规定家庭的界定及其法律地位。[2] 农户概念的主体性蕴意是由为集体经济组织成员提供生存保障的价值预设

---

① 例如,2005 年《安徽省实施〈中华人民共和国农村土地承包法〉办法》第 8 条规定:"符合下列条件之一的本村人员,为本集体经济组织成员:(一)本村出生且户口未迁出的;(二)与本村村民结婚且户口迁入本村的;(三)本村村民依法办理子女收养手续且其所收养子女户口已迁入本村的;(四)刑满释放后户口迁回本村的;(五)其他将户口依法迁入本村的。"

② 参见朱晓峰:《民法家庭概念论》,载《清华法学》2020 年第 5 期。

所赋予及塑成的。

在民法的制度框架内,农户的主体性生成与集体经济组织成员的成员权实现存在推演关系。集体经济组织成员以"户"为单位承包集体的农用地,以"户"为单位获取集体的宅基地,正是农村土地归集体成员所有的制度落实。对于农村的土地,我国《宪法》确立了以集体所有为原则、国家所有为例外的土地所有权制度。《民法典》物权编明确了农民集体所有是指本集体成员所有。集体土地所有权的主体是本集体经济组织的全体成员,"成员资格"是个体获得成员权利、分配集体利益的基础。农民集体所有权应当服务于全体集体经济组织成员,而设立他物权的途径是其独特的实现方式。[①] 集体经济组织成员权的实现逻辑体现为,将家庭结合成"户"作为承包以及居住的基本单位。土地集体所有赋予了农民基于集体经济组织成员身份利用土地的资格,此种抽象的资格在向具体的权利转化后即产生了农户主体。由集体经济组织成员组成的农户分享集体土地所有权中占有、使用、收益的权能,取得土地承包经营权和宅基地使用权。

现行用益物权体系中,土地承包经营权和宅基地使用权是农民生存保障的基本手段。承包地"三权分置"改革强化了土地承包经营权的用益物权属性,运用权能拆分和新设原理,引导农民在自愿且有保障的基础上渐进性地有序退出承包地,并通过新型经营主体行使土地经营权以支配较大规模的农地。但这并未削弱土地承包经营权的保障功能,而通过具体实物性的生存保障向抽象价值性的生存保障的替代或补充,得以进一步丰富其实现方式。[②] 对于宅基地而言,宅基地的法定功能是建造房屋及附属设施用于居住,以居住空间平等保障农户成员的居住性基本权利。这具体体现为"两个结合":一是集体经济组织成员权与依此身份配给土地的结合;二

---

① 参见崔建远:《物权法》(第4版),中国人民大学出版社2017年版,第184页。

② 参见马俊驹、丁晓强:《农村集体土地所有权的分解与保留——论农地"三权分置"的法律构造》,载《法律科学(西北政法大学学报)》2017年第3期。

是农户自建房屋与土地载体的结合。福利性分配下的“有房可居”是农民生存权保障的物质载体。宅基地之上的住房是维护农民基本生存需要的物质场所。依据美国社会心理学家马斯洛提出的“人类需求层次理论”，人的需求包含五个不同层次：生理需要、安全需要、社交需要、受到尊敬的需要、自我实现的需要。实现规律上，人们首先满足最低层次的需要后，才会追求更高层次的需要。① 衣食住行等基本生存需要作为低层次的需求类型，是实现个人全面自由发展的基础和前提。农民住房用地的取得是集体经济组织对成员进行福利分配的结果。相较实行市场化配置的城市居民住房而言，市民可能拥有多套住房分别用于满足投资等差异化需求。在这种情况下，是否存在实际居住需要应具体判断。但是，“一户一宅”的宅基地分配原则确保农民所在的“户”只有一处住房能够受到合法性保护，且限于满足关乎生存权益的居住需要。

农村集体土地所有权的生存保障功能系于农户的主体设定。低个人化的农地制度可以利用农户的性质，完成身份识别，防止土地落入非农人口手中，实现农地的社会保障功能。② 取向个体本位的土地用益物权往往具有鲜明的私人财产权特征，其分割、继承等权能构造形态相对完善。相比之下，以农户为单位的共有产权设计能够产生积极的制度正效益。农户是以团体本位为出发点的共同体形态，能够较为稳定地维系共同经营和居住关系。

五、以特定民事法律关系为参与范围

基于民法的平等原则，民事主体分享的民事权利范围原则上不应当有

① 参见苏勇主编：《当代西方管理学流派》，复旦大学出版社 2007 年版，第 304 页。

② 参见张晓滨、叶艳姝、靳相木：《土地家庭承包经营权主体及农户内部关系研究》，载《中国土地科学》2017 年第 3 期。

所局限。但是,农户作为具有中国特色的社会存在,其主体地位需要在具体的民事法律关系语境中进行限定探讨。

当前农地权利的法律设计基本依循客体进路,基于集体资产的不同类型和功能,区别设置集体所有权差异化的实现方式,以农户为主体、以集体经济组织成员个人为主体的农地权利并存。依据属性及功能的不同,农村集体资产分为:农民集体所有的土地、草原等资源性资产,用于经营的房屋、农业基础设施、集体投资兴办的企业及其所持有的其他经济组织的资产份额、无形资产等经营性资产,用于公共服务的非经营性资产。[①] 农村经济体制改革以来,虽然生产层面的互助已被统分结合的家庭联产承包制取代,但在公共物品供给及集体经营性资产的收益分配方面仍保留集体经济组织的互助共益功能。对于资源性资产,通过设定土地承包经营权、宅基地使用权而为特定农户进行排他性的占有、使用和收益,农户内的成员个体系以“户”为单位进行财产权益的实现。对于未分配到户的资源性资产、集体统一经营的经营性资产以及公益设施等非经营性资产的运行管护等事项,则通过成员权的个体化行使予以回应。同时,为有效解决农民集体所有权主体的虚置问题,农村集体产权制度改革的重要目标是将集体成员权从传统的概括指向集体财产的共有权利具体化为成员的个体性权利;[②] 将以经营性资产为核心的集体资产量化到本集体经济组织成员,作为其行使收益分配请求权的依据。

现行法上,通过借助家庭的团体性人格特质,农户在土地承包经营权和宅基地使用权中被明确或隐含地赋予广泛的主体性蕴意。相较于以农户个体成员为主体的权利明晰化制度安排,这是“刻意的产权模糊制度设计”。[③]

---

① 参见2016年中共中央、国务院《关于稳步推进农村集体产权制度改革的意见》第2条。

② 参见郭洁:《论农村集体经济组织的营利法人地位及立法路径》,载《当代法学》2019年第5期。

③ 参见黄砺、谭荣:《中国农地产权是有意的制度模糊吗?》,载《中国农村观察》2014年第6期;刘灵辉:《农地产权模糊性问题及产权清晰化的实现路径研究》,载《河北法学》2023年第5期。

其具体体现如下。第一,以农户名义参与土地承包经营及宅基地配置法律关系,提高了权利的运行效率,减少了发包方的操作、管理成本以及权利流转中的交易成本。例如,根据《农村土地承包法》的相关规定,家庭承包的承包方是农户,农户依法享有承包地分配请求权,土地承包经营权的互换、转让权及土地经营权的流转权,在承包地被依法征收、征用、占用情形下的补偿请求权。第二,农户具有弹性化的特征,内部成员的变动不影响农户作为承包方的主体地位。《农村土地承包法》第28条第1款确立了"承包期内,发包方不得调整承包地"的一般性规则。在下轮承包之前,即使农户内部因婚丧嫁娶发生人员变动,承包主体的设定仍依附于农户,故不导致土地承包经营权权利主体的变化。此外,《农村土地承包法》设定了"继续承包"规则。该法第32条规定:"承包人应得的承包收益,依照继承法的规定继承。林地承包的承包人死亡,其继承人可以在承包期内继续承包。"据此,农户内某一成员死亡时,除林地之外的承包收益而非承包经营权本身是继承的客体。这意味着土地承包经营权在农户内部具有不可分割性和不可量化性,死亡成员所遗留的土地承包经营权益由其他成员继续行使。总体上,农户是农村最小的经济核算单位,它的信用系统建立在家庭的信用基础上。① 农户内部成员共同占有土地财产,有共同的收支预算,借助家庭的特性承担农业生产中的分工合作,以共同劳动及成果的家庭内部共享实现生计保障。

综上所述,农户并非泛化和抽象的主体形态。基于农地改革的阶段性现状,集体土地所有权蕴含的保障功能构成农户主体定位研判的特殊前提。在农村土地集体所有的公有制语境中,集体建设用地使用权由集体统一调配使用,土地承包经营权和宅基地使用权对农民而言是最基本的、可切实享有的农地物权。农户作为集体土地用益物权主体是我国目前农村集体土地产权的重要特征。② 为了集体经济组织成员切实地就集体所有权

---

① 参见张平华:《论土地承包经营合同》,载《中国农村经济》2002年第2期。

② 参见申惠文:《集体土地用益物权农户主体问题研究》,载《河北法学》2020年第2期。

而享受利益,由成员以农户为单位分享所有权中的占有、使用、收益权能,取得土地承包经营权和宅基地使用权,是集体土地所有权行使的表现。这揭示了农户财产权必然承接集体土地所有权的制度功能和规范意旨,也决定了农户主体相异于一般民事主体的生成逻辑。

六、小结:本书对民法上农户概念的界定

基于法学概念的价值指涉性,农户的概念界定不应视为追求正确性的定义过程,而应对其涵盖的核心要素予以归纳和提炼。通常意义上,农户是居住在农村从事农业生产、以血缘或婚姻关系为基础组成的当地农业户籍家庭。对这一日常界定可从广义和狭义予以不同尺度的把握。广义上,农户即农村自然户,是农村家庭组织。[①] 狭义上,农户是指从事农业生产经营活动的农业家庭。后者的界定重点是将农户等同于承包经营户,视农户为农业生产的基本组织体而非地域性的生活共同体,农户即在农村自然户的成员基础上承担特定经济职能的社会组织,更强调商事主体的特性。[②] 农户概念的广义与狭义之争,实际上反映了农户界定中侧重于农业生产的经营性抑或保障性的不同定位。现行农地法律和政策制度中,基本是在广义上使用农户概念。例如,承包地"三权分置"改革规范性文件将土地承包经营权的权利主体表述为农户,农户在分离经营权的情况下并非实际从事农地经营,而仅概括性地指代农村家庭。此外,农户并非仅限于土地承包经营的语境下指代农村承包经营户,还包括宅基地分配中的居住户。在这里,农户不同于《民法典》"两户"制度中的农村承包经营户。前者是承包地和宅基地配置的基本主体,后者是商品化经营中的行为主体。以交换为

① 参见高圣平、刘守英:《宅基地使用权初始取得制度研究》,载《中国土地科学》2007 年第 2 期。

② 参见肖立梅:《我国农村土地家庭承包经营权的权利主体探究》,载《法学杂志》2012 年第 4 期;李永安:《农村承包经营户法律地位问题的立法探究》,载《广西政法管理干部学院学报》2010 年第 3 期。

目的的农产品经营仅是土地承包经营权制度中农户的行为特征之一。农户作为集体经济组织与个体农民之间相对独立的主体层次,在“两户”中以农村承包经营户代替农户遮蔽了问题的主要面相。

法学视角下的农户概念通过引入集体经济组织成员资格标准及其蕴含的保障性功能,已经代替了农户是指农业家庭还是农村家庭的概念争论。可见,农户的法律意涵与这一日常生活中的通常含义存在一定的差异。以法学视角观之,农户是具备集体经济组织成员资格的人员所组成的家庭团体。同时,农户成员不同于农户所在家庭的成员。在取得土地承包经营权或宅基地使用权之后的新增家庭成员,并不构成农户成员。上述界定的特点有二:一是突出农户界定的私法路径及其功能预设。伴随集体经济组织成员资格界定标准的私法特征凸显,特别是农地“三权分置”改革的推进,诸如“实际从事农业生产”“户籍行政登记”等定义要件逐渐松动。二是将“农户”与“农户所在家庭”进行法学界定方面的区隔,突出农户在土地集体所有权实现中的权利主体地位,而非泛指通常的农村或农业家庭。

有必要指出的是,基于农户内部的分化及其产生的层次性差异,本书所探讨的农户在范围上有所限定。在传统农村社会中,农村、农业、农民具有高度的一致性和重合性。血缘是身份社会的基础,在稳定的社会中,地缘不过是血缘的空间投影。① 当土地是谋生的唯一生产资料时,农户成员与农户整体的利益高度一致。农户以家庭成员的共同生产生活为基本特征,务农收入是农户主要甚至唯一收入形式。城市化过程中,由于不同地域的农民所处区位、资源禀赋等现实条件的差异,农户的行为特征存在差异性。在农民“就地整体城镇化”或“自主城市化”②的少数工业型村庄中,农民并不从事农业生产,土地亦非由集体经济组织统一发包,而是通过土

① 参见费孝通:《乡土中国》,上海世纪出版集团2007年版,第67页。

② 参见贺雪峰等:《地权的逻辑Ⅲ:为什么说中国土地制度是全世界最先进的》,中国政法大学出版社2018年版,第131页。

地利用性质从农用地向建设用地的转变,将农地用于建设工厂或商业街,宅基地用于出租房用地。因这类农户对农地的保障性功能依赖较弱,将土地作为资本进而追逐其经济效益优势,故这类农户事实上具有市民的特征,不构成本书所探讨的典型农户。与之相对,广大普通农业型村庄中,农民的生存基础在于以农地为农业生产资料与农民的劳动力相结合而产出的农业剩余。这类农户构成本书研究的主要对象。

第三节　农户民事主体法律制度的演进

一、制度溯源:中国家户制传统的积淀

农户作为以家庭要素为核心的团体,其主体性存在具有深厚的历史底蕴。传统社会的产权单位是户,不是丁或口。① 在家国同构的治理模式中,共同体的塑造及其价值载体效用受到重视,而"共同体"哲学思想植根于小农社会的生存方式之中。法社会学认为,法规范的形成是社会事实的发现和表达过程,特别是经过长期历史演进并积淀的社会传统会对当今法律规范的路径产生嵌入性影响。② 以习俗为基础的家庭制度和以行政为支撑的户籍制度共同构成的家户制是我国的本源型传统,在长期历史进程中形成了"中国特性"。③ 承载农业文明的传统中国以小农经济为社会经济的基本形态,而家户制正是小农经济的组织载体。在商鞅变法实行"分户"政策

---

① 参见赵冈:《中国传统农村的地权分配》,新星出版社 2006 年版,第 56 页。

② 参见[奥]欧根·埃利希:《法社会学原理》,舒国滢译,中国大百科全书出版社 2009 年版,第 86 页。

③ 参见徐勇:《中国家户制传统与农村发展道路——以俄国、印度的村社传统为参照》,载《中国社会科学》2013 年第 8 期。

后,出现了以“户”为单位的权利主体,并取代了奴隶制时代的家族主体。[①]“几千年来都是个体经济,一家一户就是一个生产单位。”古代家与户含义基本相同,故常并用为“家户”。[②] 行为模式上,古代中国奉行家长制,家长由家内男性最尊者担任,只有家内无男性时,女性才可以成为家长。家长对外代表家庭开展事务,对内对家庭财产具有独立的支配权。家长制下,子女处于依附性的从属地位,其正当权利和利益均听从家长支配。依《唐律》规定,凡祖父母、父母在,子孙不得分立户籍和分异财产,否则构成“别籍异财”,处徒刑三年。[③] 家长权不仅包括私权的全部,并且具有公权的性质。其具体包括:指定家属居所之权、对家属婚姻之主婚权、掌管一家审判之权、卖却家属之权、管理一家财产之权。[④] 父权家长制下,家庭成员因此划分为有等差的家长和家属。[⑤] 这一具有身份等级色彩的家庭制度在西方亦有所体现。

事实上,从团体本位迈向个人本位是法律现代化改革的基本趋势,家制传统是制度演进之初的共性传统。“土地的私有与家庭的演化是同一的,这是早期人类社会的普遍发展规律。”[⑥]早期罗马法的法律主体单元到

---

① 参见王春梅:《民事主体的历史变革与当代发展》,黑龙江大学 2010 年博士学位论文,第 232 页。

② 明中期以后,户的性质和构成要素发生重要变化,从明朝的“一条鞭法”到清朝的“摊丁入亩”,土地逐渐成为赋税征收的主要依据或唯一标准。家、户分离,先前户籍中家庭人口登记的功能渐次减退,户可以是单纯的田地赋税的登记单位。国家典册中的一些“户”,或以田立户,或以丁立户,而不是以家立户。参见周子良:《中国传统社会中“户”的法律意义》,载《太原理工大学学报(社会科学版)》2010 年第 1 期;姚秀兰:《户籍、身份与社会变迁——中国户籍法律史研究》,法律出版社 2004 年版,第 73 页。

③ 参见张晋藩:《中国法制史》,群众出版社 1995 年版,第 322 页。

④ 参见马小红总主编、李伟主编:《法律文化研究第十二辑:家户法律传统专题》,社会科学文献出版社 2019 年版,第 6~7 页。

⑤ 参见戴炎辉、戴东雄:《中国亲属法》,台北,三民书局 1955 年版,第 456~457 页。

⑥ 梅夏英:《财产权构造的基础分析》,人民法院出版社 2002 年版,第 3 页。

家庭止,家父权利仅仅是表现家庭主体内容的技术。① 从奴隶、房屋再到土地的私有财产范围增扩过程中,所归属的“个人”或“私人”其实是以家父为代表的家庭。② 进一步地,家庭的构成基础虽是婚姻和血缘,但家庭关系首要表现为统治与被统治的关系。古希腊的家庭组织体中存在主奴、配偶和亲嗣三种关系,三种关系的运行均涉及权术,夫妻关系需要由一方对另一方表示尊重,父子关系类似严君之于臣民的性质。③ 对于古罗马的家庭制度,西塞罗指出没有权力便不可能存在任何家庭。④ 家长对妻子儿女及一定数量的奴隶形成占有、支配关系,对其享有人身和财产方面的处置权。整体性的家观念及家父的自然权威是家制传统的重要特征。

家户制在传统社会发挥重要的治理功能,具体如下。第一,家户是具有法律意义的最基本单位,负载法律关系主体的规范意涵。历代中国缺乏以个人为本位的意思自治和法律体系的生成土壤,个体成员对于家庭财产没有独立的支配权。“户”是以家庭为基础建构的社会主体,家户在经过户籍登记后获得民事主体的地位。家户对外以“户”的名义从事民事活动,对内享有财产权和人身权,这些社会参与行为事实上凸显了家户组织在个体意义上的主体地位。此外,家户作为纳税主体是基层治理的最小单位。古代中国社会设立“户部”,主管户口和财政。国家政权的基础是农业财政,有土地的家庭成为国家的税收单位。⑤ 第二,家户具有永续化的再生产功能,从而使这一主体形态得以存续。财产继承制度导致家户组织的不断衍生。“分家析产制”的推行使子代获得部分家产的专有权,分家带来家庭的

---

① 参见龙卫球:《民法总论》,中国法制出版社 2002 年版,第 97 ~ 98 页。

② 参见张力:《法人独立财产制研究——从历史考察到功能解析》,西南政法大学 2005 年博士学位论文,第 21 页。

③ 参见[古希腊]亚里士多德:《政治学》,吴寿鹏译,商务印书馆 1965 年版,第 36 ~ 37 页。

④ 参见[古罗马]西塞罗:《论共和国　论法律》,王焕生译,中国政法大学出版社 1997 年版,第 255 页。

⑤ 参见龙登高:《个体小农家庭经营方式的历史演变》,载《云南民族学院学报(哲学社会科学版)》1992 年第 2 期。

不断裂变,血缘身份与特定家产的结合促进继续繁衍生息。第三,家户内部的亲缘关系为自治提供独有的权威基础。乡土社会中,家庭是活动的基本单位,人际交往的秩序是扩大家庭形成的差序格局,个体的主体性特征不突出。这就"好像把一块石头丢在水面上所发生的一圈圈推出去的波纹",家庭则处于这个同心圆的最内部,从而形成一种有自身特点的群己关系,内部的界限虽不清晰,但是有效率的、稳定的,一切都能够自动发生。① 在交互性的关系认同中,形成了"诸父有善,诸舅有义,族人有序,昆弟有亲,师长有尊,朋友有旧"的伦理关系。自秦以后,皇权止于县政。在以家户为基础、凭借亲属差序格局形成的自然村中,乡村社会的公共事务依托于血缘、族缘结成的家族共同体中辈分最高的男性家长的人格化权威,以及伦理、情感、道德等自发形成的非正式制度工具形塑治理秩序。据此,家户制是中国农村社会依靠内生性自治力量进行治理的制度根据。整体性的家户而非个体性的成员,是传统社会的主体形态。

二、政策流变:从集体到农户的农地配置单元转变

无论是家庭承包的农业生产方式,还是"一户一宅"的生活居住方式,均非顶层的制度建构,而源于自下而上的社会自发秩序的国家确认。20 世纪 30 年代,华北农村只有 10% 的耕地是雇佣劳动的经营式农场,90% 是小家庭农场。在更高度商品化的长江三角洲,所有农场都是主要依赖家庭自身劳动力的小农场。② 与个体化雇工相比,这种经济组织形式展现了较强的经济效率和竞争力。但是,家户制传统在人民公社化运动时期被"农业集体化"彻底否定和切断,代之以人民公社、生产大队、生产队"三级所有、队为基础"的农业生产经营制度。在农业经营的组织形式方面,起初采取

① 参见费孝通:《乡土中国》,上海世纪出版集团 2007 年版,第 29 页。

② 参见[美]黄宗智:《华北的小农经济与社会变迁》,中华书局 2000 年版,第 59 页。

互助组形式,此后相继发展出初级合作社和高级合作社形式。其间经历了由4—5个农户到20—30个相邻农户再到全村范围的全面合作,集体化程度随之提高。但是这些组织形态在历史脉络中并非处于支配性的地位。长期领导中共中央农村工作的邓子恢早在1961年就指出:“农业生产是手工操作,是野外作业,农民瞒产机会很多,办法很妙。这方面除了采取包产,别无出路……这既符合农业生产特点,又是公私两利。”①改革开放以来确立“家庭承包经营为基础,统分结合的双层经营体制”的农业基本经营制度具有广泛的适应性,并奠定了农村改革的制度基调。

在农地承包经营的语境中,农户地位的政策调整经历了从“生产责任制的具体形式”到“承包制的经营层次”再到“土地承包经营权的配置主体”的演进过程(见表2-1)。

表2-1　土地家庭承包经营的政策调整变化

规范性文件名称	规范内容
1982年《全国农村工作会议纪要》	目前实行的各种责任制,包括小段包工定额计酬,专业承包联产计酬,联产到劳,包产到户、到组,包干到户、到组,等等,都是社会主义集体经济的生产责任制
1983年《当前农村经济政策的若干问题》	联产承包责任制迅速发展……它以农户或小组为承包单位……在这种经营方式下,分户承包的家庭经营只不过是合作经济中一个经营层次,是一种新型的家庭经济
1995年国务院《批转农业部关于稳定和完善土地承包关系意见的通知》	发包方与农户签订的合同,到期一批,续订一批,把土地承包期再延长30年。提倡在承包期内实行“增人不增地、减人不减地”
1998年中共中央《关于农业和农村工作若干重大问题的决定》	家庭承包经营是集体经济组织内部的一个经营层次……要切实保障农户的土地承包权、生产自主权和经营收益权,使之成为独立的市场主体
2014年《关于引导农村土地经营权有序流转发展农业适度规模经营的意见》	土地承包经营权属于农民家庭,土地是否流转、价格如何确定、形式如何选择,应由承包农户自主决定,流转收益应归承包农户所有

① 《邓子恢文集》,人民出版社1996年版,第39~40页。

续表

规范性文件名称	规范内容
2016 年《关于完善农村土地所有权承包权经营权分置办法的意见》	农户享有土地承包权是农村基本经营制度的基础……农村集体土地由作为本集体经济组织成员的农民家庭承包,不论经营权如何流转,集体土地承包权都属于农民家庭。任何组织和个人都不能取代农民家庭的土地承包地位,都不能非法剥夺和限制农户的土地承包权
2021 年《农村土地经营权流转管理办法》	土地经营权流转应当坚持农村土地农民集体所有、农户家庭承包经营的基本制度,保持农村土地承包关系稳定并长久不变……
2023 年《农村土地承包合同管理办法》	农村土地承包合同管理应当充分维护农民的财产权益,任何组织和个人不得剥夺和非法限制农村集体经济组织成员承包土地的权利……承包方承包土地后,享有土地承包经营权,可以自己经营,也可以保留土地承包权,流转其承包地的土地经营权,由他人经营

伴随党和国家工作重心转移到社会主义现代化建设之后,1979 年党的十一届四中全会通过的中共中央《关于加快农业发展若干问题的决定》提出"要集中精力使目前还很落后的农业尽快得到迅速发展"的首要工作任务。但是,这一时期仍明确提出不许分田单干;除某些副业生产的特殊需要和边远山区、交通不便的单家独户外,也不要包产到户。为充分发挥生产队的自主权,因地制宜发展多种经营,各地普遍建立了不同形式的生产责任制,具体包括"小段包工、定额计酬"和"包工包产、联产计酬"两大类。专业承包联产计酬责任制,就是在生产队统一经营的条件下分工协作,按能力大小分包各业;各业的包产,根据方便生产、有利经营的原则,分别到组、到劳力、到户。[①] 据此,包产到户是作为专业承包联产计酬责任制的一种形式存在。在这一阶段,包产(干)到户仅是众多责任制形态的一种,尚未发展成为相对独立且重要的经营层次。1983 年中共中央一号文件《当前农村经济政策的若干问题》明确以"联产承包制"替代"专业承包联产计酬

① 参见 1980 年中共中央《关于进一步加强和完善农业生产责任制的几个问题》第 5 条。

责任制”的概念,并指出“它以农户或小组为承包单位,扩大了农民的自主权,发挥了小规模经营的长处”,同时对其作出“分户承包的家庭经营只不过是合作经济中一个经营层次”的政策定位。在这一时期,联产承包制和家庭经营仍存在明显区分,未合并使用。直至1986年《关于一九八六年农村工作的部署》,才明确将家庭承包定为党的长期政策。有必要指出的是,农户的概念虽古已有之,但是家庭联产承包责任制改革后的农户与传统社会的农户赖以存在的经济基础已经发生根本变化。前者以公有制下土地农民集体所有为前提,保留集体经济的合作化优势,是统一经营和分散经营相结合的经营形式。后者建立在土地私有制的经济基础之上,是个体经济的实现形式。

我国农村宅基地使用制度自20世纪60年代创建起即包含着深刻的农村住房政策之内涵,是党和政府长期坚持的社会政策。① 宅基地政策确立之初就是在集体土地公有的基础上,社员使用集体土地建造住宅,享有房屋所有权从而保障居有其屋。② 在土地私有制时期,老宅老院往往作为私产由祖辈父辈遗留,土地与其上的房屋形成完全的整合。农村土地的社会主义改造始于耕地的集体化,住宅用地并没有纳入最初的公有化范围。我国的宅基地使用权制度诞生于人民公社时期。因宅基地属生活资料领域,相对隔离于支持社会主义工业化的生产资料集体所有,合作化进程中宅基地私有权制度未受影响。③ 1962年中共八届十中全会通过《农村人民公社工作条例(修正草案)》,将原属各农业合作社的土地和社员的自留地、坟地、宅基地等一切土地,连同其他生产资料全部无偿收归公社所有,完成了宅基地私有权向集体所有权的改造。农民失去土地的所有权后,身份性的成员权同时确立。因国家并未在农村建立社会保障制度,故成员权具有福

---

① 参见郑尚元:《宅基地使用权性质及农民居住权利之保障》,载《中国法学》2014年第2期。

② 参见韩松:《宅基地立法政策与宅基地使用权制度改革》,载《法学研究》2019年第6期。

③ 参见喻文莉、陈利根:《农村宅基地使用权制度嬗变的历史考察》,载《中国土地科学》2009年第8期。

利保障属性。其后,1963年中共中央《关于各地对社员宅基地问题作一些补充规定的通知》首次明确了宅基地使用权制度的基本内容:一是社员的宅基地归生产队集体所有,各户的宅基地使用权长期不变;二是社员有买卖或租赁宅基地之上房屋的权利,房屋出卖以后,宅基地的使用权即随之转移给新房主;三是以“户”为单位申请宅基地使用权,并经社员大会讨论同意。因此,宅基地使用权制度的政策确立过程体现了家庭成员同居共财的习惯基础和居住权益保障的政策意涵。

当前供给侧结构性改革推动的农业转型中,以家庭农场为代表的新型农业经营主体的培育塑造了农户行为的商事经营属性,即以农户组织体为载体,通过商事人格的拟制为经营主体的法律形塑预留了制度空间。城市化的推进客观上促成了农村人口的城乡流动,在原有农户成员脱离农村进入城市定居的过程中,促进了土地经营权流转而产生一定的规模效应。2013年中央一号文件首次对“家庭农场”作出了政策层面的界定:以家庭成员为主要劳动力,从事农业规模化、集约化、商品化生产经营,并以劳动收入为家庭主要收入来源的新型农业经营主体。这一文件初步明确了其营业展开的家庭成员权和财产权基础。在此基础上,2015年《关于加大改革创新力度加快农业现代化建设的若干意见》进一步提出“鼓励发展规模适度的农户家庭农场”,突出了以农户为组织载体进行家庭农场的改造和培育。有学者在论及家庭农场的经营规模问题时指出,适度规模的小农家庭农场应当是中国未来农业发展的主要力量,大规模家庭农场将面临劳动监督和管理边际成本不可控的商业风险。① 试点实践中,家庭农场的设立可基于经营的需要进行农户的联合。例如,2013年原湖北省工商行政管理局、原湖北省农业厅《关于做好家庭农场登记管理工作的意见》规定公司类

① 参见贺雪峰:《取消农业税后农村的阶层及其分析》,载《社会科学》2011年第3期;[美]黄宗智:《没有无产化的资本化:中国的农业发展》,载《开放时代》2012年第3期;李永安:《家庭农场发展规模与“小农”“大农”转化逻辑——社会资本理论的分析视角》,载《农业经济》2022年第11期。

型的家庭农场的股东不限于同一农户家庭成员，也包括具有亲属关系的不同农户家庭成员。家庭农场立基于农户的经营行为，根据试点省份的登记管理规范可依法选取个体工商户、个人独资企业、合伙企业、公司等组织形式。① 家庭农场通过重识土地这一资源的资产属性，拟制农户的经营组织人格，实现了部分农户由普通民事主体向商事主体的转化。

三、立法表达：农地使用权主体的法律生成

规范比重上，当前立法置重于农户参与的土地承包经营关系，并分别使用“农村承包经营户”和“农户”的概念对其予以规范。总体上，伴随土地承包经营权的物权化性质渐强趋势，农户的主体地位趋于显化。在家庭联产承包责任制迅速推行并占据主导地位后，农户成为基础性的土地承包单位。为了承包活动的规范化和承包关系的明确化，农户的经营主体地位在一定程度上实现了向法律主体的转化。

原《民法通则》不仅概括保护农村承包经营户的合法权益，而且于第80条第2款具体规定“公民、集体依法对集体所有的或者国家所有由集体使用的土地的承包经营权，受法律保护。承包双方的权利和义务，依照法律由承包合同规定”。从制度初衷看，农村承包经营户进入民事主体规范的调整范畴，源于农户在社会经济生活中的地位变化。包产到户、包干到户责任制成为党的一项长期政策后，从根本上改变了农村的商品生产形式。农户依照承包合同的约定获得对土地、农机具等生产资料的占有、使用和收益权，有权自主决定生产计划、劳动力配置和剩余产品的积累及消费比例。可见，农户事实上已在经济活动的各环节具有独立的地位和经济利益，是不同于个人和生产队的一类主体。这在客观上要求法律确认和保护此种经济活动中的独立自主性，于是法律上就出现了相应的权利

① 参见2016年《山东省家庭农场登记管理办法》第3条。

主体制度。[1] 原《民法通则》第 27 条对农户的立法界定是:"农村集体经济组织的成员,在法律允许的范围内,按照承包合同规定从事商品经营的,为农村承包经营户。"因该法制定于政策性文件的密集调整和频繁变动时期,囿于经济体制处于改革探索阶段的总体背景,形成了明显的沿循政策精神和意图进行法律规范设计的调整模式。其中,"在法律允许的范围内"体现了行政管制下具有计划经济色彩的义务本位治理理念。"家庭经营"和"个人经营"的分立,系因我国经济体制还在改革的过程中,关于农村土地承包问题的定性和走向还看得不是很清楚,此时的立法具有妥协性和策略性。[2] 在这一时期,土地承包经营权是一项合同权利,"按照承包合同规定从事商品经营"表明农村承包经营户是合同履行意义上的主体形态。

承包合同的经常化调整和发包方违约在土地承包经营权的债权定位下无从救济,相应地,仅赋予农户以合同主体的法律地位仍存在权利保障不足的缺陷。作为应对措施,1998 年中共中央《关于农业和农村工作若干重大问题的决定》首次在政策层面提出"要切实保障农户的土地承包权、生产自主权和经营收益权,使之成为独立的市场主体"。这意味着脱离承包合同的语境,独立地谈及农户对承包地所拥有的承包、自主生产、经营收益等具体权利内容,权利主体地位已见端倪。1999 年《宪法修正案》将"家庭联产承包为主的责任制"改为"家庭承包经营为基础",删除了"联产"和"责任制"的规范表述,提高了家庭的生产经营自主性,并赋予家庭承包经营在农业生产中的基础性地位。伴随承包经营关系的长期化趋势,经营主体地位的法律保护强度梯次递增,渐次完成了由经营主体向合同主体乃至物权主体的转化。

在宅基地领域,1986 年、1988 年《土地管理法》认可城镇非农业户口居

---

① 参见高宽众:《我国农户法律地位初探》,载《法学研究》1984 年第 2 期。

② 参见王立争:《农户主体地位的法政策学辨思》,载《中南大学学报(社会科学版)》2015 年第 2 期。

民享有使用集体所有的土地建住宅的权利。为遏制宅基地的无序扩张,1998年修订的《土地管理法》取消了该规定,并明确了"一户一宅"的宅基地使用权配置规则。此后该规定一直沿用,并通过物权法律规范中的引致条款强化其私法效力。2019年修正的《土地管理法》第62条规定:"农村村民一户只能拥有一处宅基地,其宅基地的面积不得超过省、自治区、直辖市规定的标准。人均土地少、不能保障一户拥有一处宅基地的地区,县级人民政府在充分尊重农村村民意愿的基础上,可以采取措施,按照省、自治区、直辖市规定的标准保障农村村民实现户有所居……农村村民出卖、出租、赠与住宅后,再申请宅基地的,不予批准。国家允许进城落户的农村村民依法自愿有偿退出宅基地,鼓励农村集体经济组织及其成员盘活利用闲置宅基地和闲置住宅。……"上述法律条文包括以下规范意涵:第一,农村集体经济组织成员的居住权以"户"为单位由本集体进行依法保障。居住权的保障并不限于"一户一宅"形式,而在满足户有所居目标下具有多种形式。第二,宅基地使用权作为以保障性功能为主的财产权利,其配置具有闭合性。宅基地使用权主体为农户,这不限于宅基地使用权的原始取得,亦包括宅基地的继受取得情形。第三,农户的宅基地使用权受到公法限制。通过面积限制和收回制度,以促进宅基地的集约和高效利用,防止宅基地的闲置和浪费。

由此可见,在土地公有制的中国语境中,作为回应农村社会内生性需求的主体形态,农户的法律形塑并非源于民法体系内部的自我演绎和逻辑建构,而是存在深刻的历史积淀和政策基础。其既延续了家户制的乡村社会治理传统,也是经过时间试错性检验之后的政策选择。这亦构成了对法学视角下农户民事主体地位探讨的前置性背景约束。

第三章　现行农户民事主体法律制度的评析

法律体系有外部体系和内部体系之别。内部体系为承载价值而建构，外部体系为涵摄而建构。

——卡尔·拉伦茨(Karl Larenz)

第一节　农户民事主体法律制度的框架与内容

一、农户民事主体法律制度的框架

规范的体系化工作在法学研究中一直占据着重要的位置，在某项制度的法治化初期及其后法治化进程的各个阶段中，制度的框架性、体系性梳理无疑具有首要的意义。[①]体系化是指法律构成以及实施的一致性，既包括对构成法律的概念、规范、原则之间的逻辑关系思索，也蕴含对法律实施的体系化要求；在法律拟制与实施的过程中，体系性要

---

① 参见张志铭：《转型中国的法律体系建构》，载《中国法学》2009 年第 2 期。

求是法治思维的指引,其与体系化结合,可表征法治实现的逻辑性。[①] 法律规范(Rechtsnorm)[②]构成了观察和梳理制度框架的基本出发点。在这一意义上,农户民事主体法律制度的框架由其所包含的法律规范集合构成,单个农户主体制度规范应被视为组成该框架体系的最小规则单元。从“框架”和“内容”的相对关系视角观察,制度框架与制度内容之间是“骨骼”与“血肉”的关系。通过对框架的总体把握以及内容的规则凝练,能够从不同视角展现我国农户民事主体法律制度的规范脉络和主要特点。

1. 我国农户民事主体法律制度的规范布局具有一定的特殊性,表现为民事一般法与民事特别法所共同构成的规范脉络。在“总—分”的立法结构下,我国《民法典》总则部分规定了包括自然人、法人和非法人组织在内的民事主体类型,在物权编的具体规则中,不再重复规定享有物权的民事主体类型及范围。这彰显了民法体系对民事主体的“一视同仁”态度,即只要属于民事主体则原则上应“无差别”地享有民事权利并承担义务。然而,农户参与的民事法律关系范围具有限定性和特定性,这不仅导致农户究竟是否具有民事主体地位的解释争议,而且表明如果在民事一般法中对农户的主体地位进行“过度规范”,则必然减损法典本身的普遍性特点。从更为严谨的角度考虑,因农户是否能被视为我国的一类民事主体尚无定论,这一问题本身就是本书的核心关切。因此,本书所述及的“农户民事主体法律制度”实际指向现行法中涉及农户主体性研判的相关法律规范。

农户民事主体法律制度之所以在规范架构上呈现特殊性,主要原因在于:我国农地权利体系中,主体制度与财产权制度进行了紧密的结合。在私法制度中,财产权制度与主体制度原本各成相对独立的体系,彼此能够

---

① 参见陈金钊:《作为法治原则之法律的体系性》,载《济南大学学报(社会科学版)》2024 年第 1 期。

② 应予说明的是,凯尔森使用的概念是“法律规范”,默克尔则更多使用“法条”(Rechtssatz),而无论法律规范和法条,其核心指向均是法律规则(Rechtsregeln)。参见雷磊:《适于法治的法律体系模式》,载《法学研究》2015 年第 5 期。

自洽运行。立法者在确立私法主体时,不必考虑各类主体分享权利之范围;在规划私法权利时,也不必局限于特定主体。① 这亦构成民事主体法律地位平等与财产权平等保护的基本要求。但是,遵循形式理性立法技术所提炼的自然人、法人、非法人组织这三类民事主体在农村土地权利制度中呈现主体制度的非适应性。在土地公有制语境中,立法通过创设集体所有权概念,使财产法中渗入了人法因素,表现为"集体"的主体地位实现、功能预设和运行机制均对农地权利的权能结构产生重要影响。这一方面包括所有制意义上的"集体"如何完成法律意义上的所有权主体构造的问题;另一方面作为集体土地所有权的重要实现方式,则涉及土地承包经营权和宅基地使用权的权利主体形态抉择。可见,当对财产的支配因主体的共同生活而受到"人合"关系的制约时,有必要调整主体法与财产法严格区分的传统观念,建立一套含人法内容的合理而有效率的财产权规范体系。② 此即探究农地权利这一特定化语境中的主体制度的重要缘由。

2. 民事一般法中,主体法部分仅对农村承包经营户作出定义性的概括规定。作为社会实践中真实存在的一类主体,农户具有家庭伦理性、与土地财产的亲附性、身份保障性等多种特征。这些特征的杂糅使其无法与经过抽象演绎形成的民事主体类型予以直接映射。因此,我国《民法典》总则编的民事主体一般规则中,没有明确赋予农户民事主体地位,但是借道自然人制度对家庭承包经营领域的农户进行特别规制。有学者认为,从体系解释的角度看,因立法将农村承包经营户纳入自然人一章中,实际上是将其作为特殊的自然人对待。③ 农村承包经营户作为法律层面对承包经营形式的确认和表达,尚未形成清晰的规范调整路径,埋下了农户主体地位认识分歧的制度隐患。《民法典》在物权制度中,亦未直接言明农户在农地用

---

① 参见陈小君:《我国农民集体成员权的立法抉择》,载《清华法学》2017 年第 2 期。

② 参见王泽鉴:《民法物权》,北京大学出版社 2009 年版,第 161 页。

③ 参见韩志才:《土地承包经营权继承问题的若干探究》,载《科学社会主义》2007 年第 3 期;宗栋:《农村家庭承包户的法律地位》,载《农业经济》2023 年第 9 期。

益物权中的权利主体地位。主体明晰是任何民事权利的最基本要求,缺乏主体,权利则毫无意义;主体模糊不清,权利则要么有名无实,要么无法真正发挥作用。① 物权作为典型的支配权,物权法定不仅要求权利的种类及其内容等均有法律明确规定,更要求享有及行使特定物权的主体是明确而具体的。但是,《民法典》物权编在土地承包经营权的定义条款中,仅抽象地使用"土地承包经营权人"和"宅基地使用权人"的模糊称谓。

3. 民事特别法中,中央层面的农户民事主体法律制度包括两个方面。一方面,通过《民法典》中的引致条款对民事特别法的链接效力,见于《土地管理法》。宅基地使用权是我国物权法律规范确定的一种用益物权,但《民法典》物权编没有对宅基地使用权建构完整的权利行使规范,而是通过该法典第 363 条"宅基地使用权的取得、行使和转让,适用土地管理的法律和国家有关规定"的引致规范将宅基地使用权的法律调整交由以《土地管理法》为核心的法规政策体系。另一方面,见于具体调整土地承包经营关系的《农村土地承包法》,并辅以最高人民法院司法解释、行政机关登记办法等行政规章予以进一步细化。在地方,农户民事主体法律制度的地方立法主要表现为各地的农村土地承包法实施办法、土地管理法实施办法以及宅基地管理办法,具体如下。一是农村土地承包法律规范。中央层面主要包括《农村土地承包法》、原农业部《农村土地承包经营权证管理办法》和最高人民法院《关于审理涉及农村土地承包纠纷案件适用法律问题的解释》(以下简称《土地承包纠纷案件解释》)。地方层面主要包括北京市、上海市、浙江省、辽宁省等 20 余个省(自治区、直辖市)出台的农村土地承包法配套实施办法。相较《农村土地承包法》,这些地方立法对农户民事主体制度进行了细化完善,明确了农户的范围界定标准、农户的意思表达及主体的分立合并规则等。二是宅基地分配及使用法律规范。中央层面主要包

① 参见朱广新:《论土地承包经营权的主体、期限和继承》,载《吉林大学社会科学学报》2014 年第 4 期。

括《土地管理法》。地方层面，多数省级地区均出台了土地管理法实施办法。有些省内的部分市，如广东省湛江市、浙江省舟山市和宁波市、河北省唐山市、山东省菏泽市、安徽省淮南市、海南省海口市和三亚市、黑龙江省大庆市、湖南省永州市出台了更为细化的农村宅基地管理办法。

二、农户民事主体法律制度的内容

（一）《民法典》总则编中的农户民事主体制度内容

农户的法律关系本质是农村家庭。我国民法对于家庭的法律调整因其所处地域不同而形成了二元规范结构。总体上，家庭的民事主体资格并未得到一般性的确认，其被视为无人格的特殊团体而非《民法典》总则编中的民事主体。个体家庭成员作为独立的民事主体，适用《民法典》婚姻家庭编和继承编的规定对主体间基于家庭因素产生的人身和财产关系进行特别调整。但是，农户作为农村家庭组织，除了适用上述规则外，还受到农村承包经营户规定的特别调整。在主体制度中规定“两户”是我国民事立法的重要特色。无论是原《民法通则》还是《民法典》总则编均在自然人章节针对农村土地承包户设置了定义条款和债务承担规则。有必要指出的是，相较原《民法通则》，《民法典》对农户所处的民事主体制度进行了较大幅度的规范更新，体现如下。第一，设置的民事主体类型更加多元。原《民法通则》采取民事主体的二分法，将民事主体分为公民（自然人）和法人两类，《民法典》总则编在此基础上增设非法人组织这一主体类型。第二，确立了合伙的主体法和行为法双重调整路径。原《民法通则》除了在自然人主体中规定了“两户”制度外，还对个人合伙从合伙合同、财产、字号及经营范围、内部关系、民事责任等方面进行了系统规定。在《民法典》中，合伙企业包含在总则编的非法人组织主体中，并在合同编增设“合伙合同”这一典型合同类型。从体系解释的角度，民事主体制度的整体布局构成了农户制度的背景性规范，是对农户进行主体定位的重要规范依据。

对于农村承包经营户的规范设计，2015年中国法学会民法典编纂项目领导小组《中华人民共和国民法典·民法总则专家建议稿（征求意见稿）》沿循原《民法通则》的规定，从合同主体的角度对其予以界定。[①] 而2016年《民法总则（草案）（第三次审议稿）》从物权主体的角度进行定义。[②] 因土地承包经营权在原《物权法》中已被明确定位为物权，“依法取得土地承包经营权”的物权角度界定，相较于“按照土地承包经营合同规定”的合同角度表述，更具有合理性。此外，关于农户的债务承担规则，《民法典》总则编进行了更新，即改变了原《民法通则》中统括规定两户“个人经营的，以个人财产承担；家庭经营的，以家庭财产承担”的一般性规定，而是针对农村承包经营户专门规定“以从事农村土地承包经营的农户财产承担；事实上由农户部分成员经营的，以该部分成员的财产承担”。这里关注到了农户与家庭在人员范围上的不一致问题，提高了立法的严谨性和科学性。

但是，无论是原《民法通则》还是《民法典》总则编，对于农村承包经营户的条款设计均存在一定的缺陷。其一，置重于土地承包经营权的实际行使结果，即生产经营行为的事实成就。农地“三权分置”改革后，农户可以自己经营，也有权仅保留土地承包权，流转其土地经营权由他人经营。在这个改革背景下，民事规范仍停留在土地承包经营权创设之初的规范构想

---

① 《中华人民共和国民法典·民法总则专家建议稿（征求意见稿）》第57条规定：“农村集体经济组织成员，在法律允许的范围内，按照土地承包经营合同规定从事农业生产经营的，为农村承包经营户。”参见中国民法学研究会：《对〈中华人民共和国民法典·民法总则专家建议稿（征求意见稿）〉公开征求意见的通知》，载中国法学会2015年4月20日，https://www.chinalaw.org.cn/portal/article/index/id/12355/cid/。

② 参见《民法总则（草案）（第三次审议稿）》第53条规定：“农村集体经济组织的成员，依法取得农村土地承包经营权，从事家庭承包经营的，为农村承包经营户。”参见十二届全国人大常委会第二十五次会议：《全国人大常委会组成人员认为民法总则草案已比较成熟》，载中国人大网2016年12月20日，http://www.npc.gov.cn/zgrdw/npc/lfzt/rlyw/node_30514.htm。

对作为经营主体的农户进行规定，涵盖的农户范围狭窄，具有一定的立法滞后性。其二，置重于农户的商事主体定位，失之偏颇。原《民法通则》要求农村承包经营户必须具备“从事商品经营”的要素，即以营利为目的从事市场化的经营。这与家庭承包意义的农户相比，范围更窄。原《民法通则》中的农村承包经营户主要是指“经济体制改革中出现的各种经济实体”，①与家庭承包的农户不是同一主体。农村土地的家庭承包主要是为了解决农民的生计，为农民提供生存保障，而并非从事商品经营。② 农户对于生产的劳动产品具有自主支配权，有权决定用于家庭消费自给自足还是流通至市场以获取收益。将经营性视为农村承包经营户的本质属性，是与家庭农场的主体特征进行了混同。③ 由此，为了提升运用《民法典》民事主体制度规定农户的周延性，有必要采用体系解释的方法，结合《农村土地承包法》第 16 条第 1 款“家庭承包的承包方是本集体经济组织的农户”的规定进行扩张解释。

（二）民事特别法中的具体制度内容

1. 土地承包经营关系中农户民事主体法律规范内容

（1）土地承包经营权的“归属农户”规则

农户是土地承包经营权的权利主体，该项权利的设立、行使、流转、消灭均应当以“户”为单位进行。根据《农村土地承包法》相关规定，家庭承包的承包方是本集体经济组织的农户。承包方依法享有承包地使用、收益的权利，依法互换、转让土地承包经营权，依法流转土地经营权，承包地被依法征收、征用、占用时的补偿请求权等权利。地方立法中，重庆市明确发

---

① 参见佟柔著、周大伟编：《佟柔中国民法讲稿》，北京大学出版社 2008 年版，第 110 页。

② 参见朱广新：《论土地承包经营权的主体、期限和继承》，载《吉林大学社会科学学报》2014 年第 4 期。

③ 参见李永安：《农村承包经营户法律地位问题的立法探究》，载《广西政法管理干部学院学报》2010 年第 3 期。

包方收回承包地的情形限于农户的整体消亡，具体包括农户内家庭成员全部死亡、农户内家庭成员全部丧失中华人民共和国国籍、农户内家庭成员全部自愿书面申请放弃承包等情形。[①] 某一家庭成员脱离农户并不构成承包地收回的法定事由。

(2) 土地承包经营关系中"兼顾个体权益"规则

在以农户为权利行使的主体边界前提下，兼顾农户内部成员个体权益的平等保护。《农村土地承包法》概括确立了农村集体经济组织成员的承包资格人人平等、妇女与男子土地承包经营权益平等、农户内家庭成员土地承包权益平等等规则。同时，针对妇女结婚、离婚或丧偶情形具体规定了"承包期内，发包方不得收回承包地"的权益保障规则。对于农户所在家庭的新增人口，规定机动地、开垦新增土地和发包方收回、承包方交回的土地用于承包给新增人口。有的地方对于农户内部成员变动时的权益归属进行了明确。例如，2011 年原陕西省农业厅印发的《农村土地承包经营权证样式及相关表式的通知》在"农村土地承包经营权证"中规定，家庭承包土地共有人只填写家庭成员中分配了承包地的人，未分配承包地的人不填写；农户中分配承包地以后死亡、出嫁和转为国家机关、事企业单位工作人员等失去集体经济组织成员资格的成员，可以将共有人更换为未分配承包地的其他成员。

(3) 农户占有承包地面积的相对稳定规则

承包期内，农户承包地基本维持稳定，原则上不予调整。有的地方对《农村土地承包法》中个别农户间土地调整规则进行了细化。例如，安徽省设定"因自然灾害严重损毁承包地等特殊情形，个别农户人均承包耕地或者草地的面积不足本集体经济组织人均承包耕地或者草地面积二分之一"的具体规则。[②] 2021 年修正的《湖南省实施〈中华人民共和国农村土地承包法〉办法》第 12 条第 1 款规定："承包期内，承包方家庭成员减少、服兵

---

① 参见 2021 年《重庆市实施〈中华人民共和国农村土地承包法〉办法》第 12 条。

② 参见 2005 年《安徽省实施〈中华人民共和国农村土地承包法〉办法》第 24 条。

役、升学、服刑，发包方不得收回其承包地。”

(4)农户范围界定标准及农户合并分立规则

重庆市、江西省、辽宁省明确了农户内部成员范围的界定标准。① 此外，海南省、安徽省、山东省等地设置农户的分立和合并条款。例如，2005年《安徽省实施〈中华人民共和国农村土地承包法〉办法》第18条第1款规定：“承包期内，承包方家庭分户的，由家庭内部自行决定土地承包经营权的分割。家庭内部就土地承包经营权分割达成协议的，发包方应当尊重其协议；达不成协议的，按照承包合同纠纷处理。”

(5)土地承包经营关系中农户主体的意思形成和表达规则

《农村土地承包法》仅规定了家庭承包的承包方是本集体经济组织成员所组成的农户。地方立法进一步对于农户对外实施法律行为的代表主体作出了具体规定。例如，2006年《海南省实施〈中华人民共和国农村土地承包法〉办法》第16条第2款、第20条第1款分别规定：家庭承包合同应当载明享有土地承包经营权的家庭成员姓名；承包方以转让、转包、出租、互换、代耕或者其他方式进行流转时，需经承包方家庭成员一致同意，并在流转合同中签名。与之不同的是，2021年修正的《湖南省实施〈中华人民共和国农村土地承包法〉办法》第8条第1款第2句规定：“承包合同由发包方、发包方负责人和承包方代表签名或者盖章。”

2. 宅基地分配和使用关系中农户民事主体法律规范内容

(1)以农户为申请主体的宅基地使用权设立规则

《土地管理法》仅规定了“一户一宅”的宅基地使用权分配规则。地方

---

① 例如，2021年修订的《重庆市实施〈中华人民共和国农村土地承包法〉办法》第7条规定：“下列新增农村居民，有资格承包由本集体经济组织发包的农村土地：(一)本集体经济组织成员新生子女；(二)因婚姻关系、依法收养将户口迁入本集体经济组织的人员；(三)因国家建设等需要，依法安置并将户口迁入本集体经济组织的移民；(四)其他依法将户口迁入本集体经济组织，且经本集体经济组织成员的村民会议三分之二以上成员或者三分之二以上村民代表同意；(五)法律、行政法规规定的其他情形。”

立法中,通过界定“一户”、限定分户标准以细化设置申请宅基地的法定条件。例如,2022 年修订的《安徽省实施〈中华人民共和国土地管理法〉办法》第 52 条第 1 款规定:“农村村民符合下列条件之一的,可以申请使用宅基地:(一)无宅基地的;(二)因结婚等原因,确需建房分户,原宅基地面积低于规定标准的;(三)因自然灾害或者实施村庄规划需要搬迁的;(四)经县级以上人民政府批准回原籍落户,没有住宅需要新建住宅的;(五)原有宅基地被依法征收,或者因公共设施和公益事业建设被占用的;(六)县级以上人民政府规定的其他条件。”有的地方对于分户情形下申请宅基地设置了更为严格的条件,如“农村村民户除父母身边留一子女外,其他成年子女确需分户,以及三代以上同住一处,并且已有宅基地人均建筑面积低于二十平方米的”,内蒙古自治区从反面规定结婚后单独立户男女一方已有宅基地的,宅基地申请不予批准。①

(2)“户”化的宅基地配置调控制度

“户”化的宅基地配置调控制度包括以下两方面的具体规则。一方面,在农户内部成员数量的认定方面,以农户家庭功能的整体性发挥和保障为取向,确定农户的宅基地规模。例如,2008 年《舟山市市区农村宅基地管理办法》(已失效)第 10 条规定,“申请宅基地人口数按本户常住在册农业人口计算。下列情况,可计入家庭人口数:(一)已领取《独生子女光荣证》的,其独生子女可按 2 人计算;(二)家庭成员中的现役军人和在校(包括大、中专院校)学生及正在服刑人员;(三)配偶一方为非农业户口,未享受过单位集资房或各种房改优惠政策,未购买过经济适用房或直管公房的”。另一方面,个人脱离原户,但不符合另行立户的家庭方面实质条件的,宅基地配置面积仍与原户结合衡量。该办法第 11 条第 4 项规定:“夫妻离婚后申请建房,其离婚前宅基地面积未达到‘原户额’上限标准 80% 的,允许申

---

① 参见 2021 年《辽宁省实施〈中华人民共和国土地管理法〉办法》第 21 条;2022 年《内蒙古自治区实施〈中华人民共和国土地管理法〉办法》第 56 条。

请宅基地,其申请宅基地面积与离婚前宅基地面积之和,按离婚前'原户额'上限标准执行;离婚前宅基地面积已达到'原户额'上限标准的不予审批;一方再婚的,按新组成家庭(户)申请宅基地。"

(3)以宅基地交回制度落实宅基地使用权的居住保障功能

2015 年修正的《山东省实施〈中华人民共和国土地管理法〉办法》第 46 条第 1 款规定:"农村村民一户有两处以上宅基地的,可以由村民委员会或者农村集体经济组织将多余的宅基地依法收回……实行有偿使用,但房屋损坏不能利用的,必须退出多余的宅基地。"2015 年《唐山市农村宅基地管理办法》第 21 条及第 22 条规定:农村村民户口迁出本集体经济组织后,其宅基地上的房屋损坏不能利用的,应当由村民委员会将其宅基地无偿收回;农村村民因继承等原因形成一户拥有二处以上宅基地的,多余的住宅应当向符合宅基地申请条件的村民转让。

(4)农户宅基地面积的分配规则

根据《土地管理法》第 62 条第 1 款"农村村民一户只能拥有一处宅基地,其宅基地的面积不得超过省、自治区、直辖市规定的标准"的立法授权,多数地方对于每户宅基地面积的分配规则作出了规定。总结起来,实践中主要形成了"按户定面积""按户内人数定面积""按户定面积、辅以户内人数调整""统一定面积"四种模式,具体如下。

"按户定面积"的模式是指将土地的功能、形式等分类或人均耕地面积大小,抑或二者相结合作为农户分配宅基地的依据。例如,2022 年《广东省土地管理条例》第 42 条第 2 款规定:"农村村民一户只能拥有一处宅基地,新批准宅基地的面积按照以下标准执行:平原地区和城市郊区每户不得超过八十平方米,丘陵地区每户不得超过一百二十平方米,山区每户不得超过一百五十平方米。"湖南省、浙江省、安徽省和江西省亦采取此种模式。新疆维吾尔自治区、辽宁省、江苏省以人均耕地面积作为分配依据。例如,2022 年修正的《辽宁省实施〈中华人民共和国土地管理法〉办法》(已失效)第 20 条第 1 款规定:"农村村民建住宅,宅基地的用地标准按下列规定执行:(一)人均耕地

1300平方米以上的村，每户不准超过400平方米；（二）人均耕地667平方米以上，1300平方米以下（含本数）的村，每户不准超过300平方米；（三）人均耕地667平方米以下（含本数）的村，每户不准超过200平方米。”实践中，有的地方如山东省、河南省采取前述两种标准相结合的分配模式。①

“按户内人数定面积”模式是指预先规定每人可享有的宅基地面积数额，分配时根据户内人数所处的人数上限或下限进行分配。例如，四川省人民政府2023年《关于规范农村宅基地范围及面积标准的通告》第4条规定：“住房用地面积标准为：平原地区每人不超过30平方米，丘陵地区每人不超过40平方米，山区每人不超过50平方米。住房、附属用房和庭院用地总面积为每人不超过70平方米。3人以下的户按3人计算，4人的户按4人计算，5人以上的户按5人计算。宅基地所属地域类型，由县级人民政府结合国土调查、地形地貌等情况确定。”该通告仍以整体的“户”为宅基地的使用主体。因为分配的宅基地面积并非与人数完全形成直接对应关系，而是存在总数控制。个人享有的宅基地面积数额仅具有抽象的计数意义，并非对相应面积宅基地的实物支配。

“按户定面积、辅以户内人数调整”是指先确定农户的宅基地面积幅度，在此幅度内依据户内人口规模予以选择。例如，2022年《福建省土地管理条例》第42条第1款、第2款规定：“农村村民一户只能拥有一处宅基地。农村村民每户宅基地面积限额为八十平方米至一百二十平方米。利用荒坡地、村内空闲地建房或者对原旧住宅进行翻建的，可以适当增加面积，但增加的面积每户不得超过三十平方米。设区的市、县（市、区）人民政

---

① 例如，2015年修正的《山东省实施〈中华人民共和国土地管理法〉办法》第43条规定，农村村民新建宅基地面积限额为：（1）城市郊区及乡（镇）所在地，每户面积不得超过166平方米；（2）平原地区的村庄，每户面积不得超过200平方米。村庄建在盐碱地、荒滩地上的，可适当放宽，但最多不得超过264平方米；（3）山地丘陵区，村址在平原地上的，每户面积132平方米；在山坡薄地上的，每户面积可以适当放宽，但最多不得超过264平方米。人均占有耕地666平方米以下的，每户宅基地面积可低于前款规定限额。

府可以在前款规定的面积幅度范围内,依据本辖区人均土地面积、土地类型等级、人口密度、乡(镇)国土空间规划和村庄规划等情况,制定具体标准。”“统一定面积”是指不考虑户内人口规模、土地类型等因素,而是统一设置宅基地面积上限。海南省三亚市采取此种模式。(见表3-1)

表3-1　代表性地区宅基地面积配置规则类型

模式		省份	法律依据
按户定面积	根据土地类型定面积	湖南	2022年《湖南省实施〈中华人民共和国土地管理法〉办法》第44条
	根据人均耕地定面积	新疆	2022年《新疆维吾尔自治区实施〈中华人民共和国土地管理法〉办法》第39条
		辽宁	2022年《辽宁省实施〈中华人民共和国土地管理法〉办法》第20条
	土地类型与人均耕地相结合	湖北	2014年《湖北省土地管理实施办法》第33条
按户内人数定面积		四川	2023年四川省人民政府《关于规范农村宅基地范围及面积标准的通告》第4条
按户定面积,辅以户内人数等因素调整		福建	2022年《福建省土地管理条例》第42条
设定统一面积		山西	2024年《山西省实施〈中华人民共和国土地管理法〉办法》第36条

第二节　农户民事主体法律制度的立法问题检视

一、农户成员范围的不确定性

(一)自然的“家”与建构的“户”存在非对应性

法律概念是建构法律规范的原料,法律规范的效力以法律概念的确定性为前提。农户概念同时包含“家庭”“户”两个基本要素,二者的指涉存在一定的张力。学者乔启明较早地对二者予以区分:家庭为自然家庭,限于同血统关系或婚姻关系的人口，而“户”是经济家庭，凡是共同生活而同居共食的人口均包括在内。① 二者的不一致主要体现如下。

1. 家庭是伦理和道德的直接经验对象。② 家庭作为自然性的社会组织体，以血缘、姻缘和收养关系的存在为维系依据。在家庭亲属关系范围中，父母、子女相对自身而言均是最重要的关系成员。此外，家庭关系尚包含第二个层级，即祖父母、兄弟和孙子女。法律科以特定情形（父母、子女死亡或无履行义务能力）下祖孙之间抚养赡养义务，即便这些家庭成员事实上分别居住于两户，但亦基于家庭功能的延展而形成法定的权利义务关系。费孝通指出：“家是一个未分家的、扩大的父系亲属群体……即其成员在分家后，仍然在一定程度上保持着家原来的社会关系。”③亲属关系成员的范围具有一定的伸缩性，家庭依亲等呈现不确定性，并可形成多个彼此分离的生活单位。

2. “户”是具有建构性的居住单位。“户”的本义是门户，以同一门户内共同生活的成员为限。同时，“户”的存在离不开制度性规定，“户”的认定强调共同生活这一事实状态的存在。从人员范围上看，“户”主要由亲缘关系者组成，但亦可包括受雇人员等非家庭成员。例如，我国第三次全国人口普查办法界定的“家庭户”不仅涵盖家庭成员关系的人口，也包括其他居住并生活在一起的人口。④ 可见，即便具有家庭亲缘关系，但在一定时间内不在同处生活的成员亦排除在家户成员之外。同时，不具有亲缘关系的主体却可通过挂户或者联户而实现特定关联。此外，“户”须具备一定的财产基础，具有相对独立的管理功能。历史上，家庭与“户”曾存在一定程度的分离。两宋时期，根据田产情况而将民户分为主户和客户，使身份可以

① 参见乔启明：《中国农村社会经济学》，商务印书馆 1946 年版，第 274 页。

② 参见张龑：《何为我们看重的生活意义——家作为法学的一个基本范畴》，载《清华法学》2016 年第 1 期。

③ 费孝通：《江村农民生活及其变迁》，敦煌文艺出版社 2004 年版，第 68 页。

④ 参见中国社会科学院人口研究所《中国人口年鉴》编辑部编：《中国人口年鉴（1985）》，中国社会科学出版社 1986 年版，第 128 页。

随着对于土地占有情况的变化而发生变动。① 至明代,户不仅用于登记家庭和人口,而且也用于登记田地和纳税额度。②

总而言之,农户概念中“家”“户”并立,说明其兼具身份性亲属团体和同居性经济团体的复合属性。其是由具有抚养、赡养义务和财产继承权利的成员所形成的亲属团体,其存续和功能发挥需要物质载体和经济依托(家庭财产)。③ 这也隐含了农户成员范围的识别难题。亲缘关系标准、共同生活标准、户籍登记标准彼此交错且存在一定冲突,导致农户作为法律概念具有不确定的开放结构。

(二)农户成员资格的得丧标准模糊

民法中的农户不是现实世界的农村家庭,而是承接集体土地所有权实现的主体形态。其主要原因就在于《农村土地承包法》和《民法典》为农户概念注入了一个重要的法定要素:集体经济组织成员资格。《民法典》第261条第1款规定:“农民集体所有的不动产和动产,属于本集体成员集体所有。”集体土地的生产和居住等基本用途是保障集体经济组织成员的需要。规定农户成员以具备集体经济组织成员资格为限,是土地集体所有权制度实现的必然推演。但是,引入集体经济组织成员资格标准后,其与家庭、户籍等既定标准存在明显的矛盾,具体体现如下。

1. 农户所在家庭中的部分成员因不具有集体经济组织成员资格而难以视为农户成员。实践中一些经济发达的农村地区为控制外来人口,形成村籍,在“户”之判断上加入是否依赖集体土地作为保障这一判断标准;有关人员即便成为家庭成员,也不一定作为农户成员享有相应权利。④

---

① 参见[日]池田温:《中国古代籍帐研究》,龚泽铣译,中华书局1984年版,第13页。

② 参见李伟:《“家”、“户”之辨与传统法律表征》,载《政法论丛》2015年第6期。

③ 参见王跃生:《中国当代家庭、家户和家的“分”与“合”》,载《中国社会科学》2016年第4期。

④ 参见鲁晓明:《从家户并立到家庭统摄——我国民事法上家户制度的问题与出路》,载《法商研究》2018年第5期。

2. 农户所在家庭新增人口的成员资格不明。农户成员是依据权利设定之时的成员状况确定还是考量权利存续期间的成员变化，并不明确。有学者主张，承包合同一方是开放性的，根据合同属性增加合同主体，后来入户的成员应视为法定加入承包合同的主体。[①] 这一观点亦曾存在规范性文件的支持。1999 年最高人民法院《关于审理农业承包合同纠纷案件若干问题的规定（试行）》（已失效）第 5 条规定："农业承包合同签订后，经发包方同意，承包方增加承包人的，新增加的承包人可以作为诉讼当事人。发包方知道或者应当知道增加了承包人，但在六个月内未提出异议的，视为发包方对该事实的认可，新增加的承包人可以作为诉讼当事人。"该规则确认了承包期内在承包地不变的情况下，承包方的承包人员范围具有伸缩性。但是，相反观点认为，无论是土地承包经营权还是宅基地使用权，均采取以人数定面积的方式计算客体的空间范围。当权利行使期间出现新增人口时，则新增人口虽属于家庭成员范畴，但并不能归入农户成员，是"农户外家庭成员"。[②] 这里隐含的深层法律问题是新增成员获得生存保障的请求权基础是什么，即其系基于家庭内部的互助共济关系针对现有承包地或宅基地享受权利，还是应作为集体所有权人的一分子基于成员权行使而向集体经济组织另行主张相应的土地财产权益。

3. 集体经济组织成员可能并不以农户形态存在，即具有集体经济组织成员资格但已不是农户成员。在倚重保障性标准而非居住事实进行集体经济组织成员资格认定时，进城落户的农民仍然保有集体经济组织成员身份，享有对应的土地财产权利。2016 年中共中央、国务院《关于落实发展新理念加快农业现代化实现全面小康目标的若干意见》明确提出要维护进城落户农民土地承包权、宅基地使用权和集体收益分配权。司法实践中，有

---

① 参见孟光辉：《承包土地经营权的抵押登记问题探析》，载《中国农村经济》2016 年第 10 期。

② 参见王洪平：《权益主体视角下农户家庭成员土地承包权益研究》，载《现代法学》2020 年第 3 期。

法院亦持有“脱离农户但仍不丧失集体经济组织成员资格”的裁判观点。例如，在“陈某某诉亭洋村一组、亭洋村村委会征地补偿款分配纠纷案”中，法院认为，尽管陈某某获得非农业户口，但实际上并未脱离原集体经济组织提供的生活保障，不应认定其丧失集体经济组织成员资格。这表明在人地分离状态下，只要进城农民原本所在的“户”尚有其他成员，则维持既定的土地用益关系。伴随非农兼业的普遍化趋势，一方面，这种“主体不在场”带来成员权行使的诸多不便，危及集体经济组织的功能实现；另一方面，进城农民已退出农村地域，因户籍登记的变化而并不具有农户成员的可识别外观，且已实际脱离与特定集体经济组织的居住生活关系，这均因法定的土地赋权关系与事实的土地利用现状不符而欠缺认可其成员资格的正当性。

4. 现行法未对集体经济组织成员资格的认定提供规范依据，其应采取自治还是法定模式并不明确，由此加剧了农户概念的不确定性。实践中，多元化资格认定标准交错并存，在一定程度上弱化了户籍和特定家庭亲缘身份的决定性作用。例如，2013 年修订的《广东省农村集体经济组织管理规定》第 15 条第 3 款中规定，户口迁入、迁出集体经济组织所在地的公民，按照组织章程规定，经社委会或者理事会审查和成员大会表决确定其成员资格。2009 年重庆市高级人民法院印发的《关于农村集体经济组织成员资格认定问题的会议纪要》将“是否形成较为固定的生产、生活，是否依赖于农村集体土地作为生活保障为基本条件，并结合是否具有依法登记的集体经济组织所在地常住户口”作为判断农村集体经济组织成员资格的一般原则。其中，“固定的生产、生活”要件强调事实状态的存续，“依赖于农村集体土地作为生活保障”更牵涉价值权衡与判断。这些标准本身的模糊性留下了标准适用的广泛裁量空间。农户成员范围的判断因前置性地加入集体经济组织成员资格要件，而更具争议性。

(三)农户在不同农地权利场域的具体指涉有别

法律层面,农户既可能是农地承包语境中的农村承包经营户,也可能是宅基地使用中的农村居住户。农村集体经济组织成员依法取得农村土地承包经营权后形成承包户。农村集体经济组织成员受领宅基地使用权后形成居住户。政策层面,在推行集体资产股份合作制改革的地方,对成员以“户”为单位发放股权证,进而增设了成员权行使意义上的农户。法学视角下,农户由集体经济组织成员资格的实现具体衍生,农户在土地承包经营权和宅基地使用权中均作为权利的配置主体。这两种农地使用权虽然均是法定的重要用益物权类型,但二者的权利属性和功能有所差异。有学者认为,前者关注农地生产经营的效率,后者更强调“户有所居”的生存保障功能。作为宅基地使用权申请主体的农户是普通的民事主体(或民事主体的自然联合),而农村承包经营户是商事性的经营主体,在法律上分属不同的主体类型并在成员构成、登记规范等方面适用差异化的调整规则。① 对于承包户与居住户的区别,2018 年《常州市武进区洛阳镇农村宅基地保障对象认定办法(试行)》明确农村宅基地保障对象是指依法享有农村宅基地使用权的农村居民户,并于第 6 条规定:“属于宅基地保障对象的农村居民户,其成员应当同时具备所在村组农村集体经济组织户籍和农村集体经济组织成员身份。依法取得土地承包经营权的家庭承包户作为认定农村居民户的基础数据。”在成员范围上,当以设权时的成员情况固定农户范围时,因土地承包经营权、宅基地使用权的设权时间有别,成员范围必定不同。此外,基于承包地和宅基地的不同资源禀赋和彼此相互独立的权利客体地位,土地承包经营权与宅基地使用权变动时常存在不一致的情形。例

① 参见李永安:《农村承包经营户法律地位问题的立法探究》,载《广西政法管理干部学院学报》2010 年第 3 期;肖立梅:《我国农村土地家庭承包经营权的权利主体探究》,载《法学杂志》2012 年第 4 期。

如,因年老等原因留守在农村但缺乏劳动能力而将土地承包经营权转让时,则不再作为承包户,但仍是居住户。

不同权利场域中,分户的行为性质、标准不明,现行法上农户产生、变更、终止的规范缺失,导致何为"一户"的法律标准模糊。分户是私法行为还是行政行为,是仅合意生效还是需要外部公示,均存在争议。在设权方面,土地承包经营权具有典型的私权属性,基于发包方和承包方订立承包合同的合意即可产生。实践中,经农户成员协商好土地分割协议后,在发包方同意的前提下,可分户确权登记。① 由此,分户以协议的方式表现为一种私法行为。宅基地使用权则基于行政审批程序而生成,是集体经济组织成员以"户"为单位通过向集体经济组织或村民委员会申请,经乡(镇)、县政府审批后取得的在宅基地之上建造房屋及附属设施的权利。根据《不动产登记暂行条例实施细则》第 41 条第 1 项的规定,申请宅基地使用权首次登记,应当提交申请人身份证和户口簿。其中,户口簿是以"户"为单位申请宅基地使用权的主体性证明材料。"一户"的主体形态应依据行政机关的户籍管理行为予以认定。对此申请规定,有学者认为以同一户口簿为"一户"的标准分配宅基地使用权,会陷入循环论证的境地。其原因在于农村户口登记簿是以宅基地使用权为基础的,没有宅基地使用权就无法形成单独的户口簿。② 但是,在宅基地使用权的转移申请登记环节,《不动产登记暂行条例实施细则》第 42 条第 3 项规定需提供"分家析产的协议或者材料"。此外,基于宅基地与房屋的结合关系,有地方针对分户设置了房屋所有权分割的前置性约束要件。例如,2021 年修订的《安徽省户政管理工作规范》第 21 条第 1 款规定:"家庭户户内成员因房屋所有权或者使用权已变更、分割等需要分户,且符合相关规定的,可以申请分户登记。提交不动

---

① 参见湖南省农业委员会农村土地确权办:《想分户的家庭承包户如何确权登记》,载《湖南农业》2017 年第 7 期。

② 参见申惠文:《农村村民一户一宅的法律困境》,载《理论月刊》2015 年第 8 期。

产权属变更、分割登记的合法证明材料和家庭成员身份及相互关系证明。”

二、农户是否具有民事主体地位的解释分歧

在土地公有制的制度安排下，土地承包经营权和宅基地使用权构成的农地用益物权是农民的大宗财富构成。但是在法教义学层面，自体系解释的视角审视我国农地权利规范，无论是法律、行政法规还是政策性规范文件，亦无论是民事实体规范还是诉讼或登记等程序规范，均因制度矛盾性而使得这类权利的主体究竟是整体性的农户还是个体性的农民，存在广泛争议和认识分歧。

1. 由《民法典》《农村土地承包法》《土地管理法》等法律构筑的民事实体法律规范中，土地承包经营权的主体选择困境可以在农户还是成员（农民）的立法摇摆中充分体现。“农民集体所有的土地，可以依法确定给单位或者个人使用”“农村集体经济组织成员有权依法承包由本集体经济组织发包的农村土地”“任何组织和个人不得剥夺、侵害妇女应当享有的土地承包经营权”等条款从集体经济组织成员权人人有份、平等享有的层面，认可了土地承包经营权权利主体的个人性。“家庭承包的承包方是本集体经济组织的农户”“国家保护进城农户的土地承包经营权”“承包方可以将全部或者部分的土地承包经营权转让给本集体经济组织的其他农户”等条款从权利取得、行使（包括流转）、退出各个环节言明了土地承包经营权是以农户为主体运行的一项农地权利。农地调整方面，出于构建稳定的人地支配关系考虑，确立了“承包期内，发包方不得调整承包地……承包合同中约定不得调整的，按照其约定”的一般性原则。同时，对结婚、丧偶及离婚妇女通过“不得收回其原承包地”“在新居住地未取得承包地”的规定，将其承包权利直接指向具体地块，从而与取向成员个体的权利主体解释观形成映射。作为调整物权法律关系的民事基本法，《民法典》物权编并未通过自身的规范资源完成主体法定的立法表达任务，而是从法律规范逻辑结构完整

的技术层面，运用“土地承包经营权人”和“宅基地使用权人”的模糊语词，回避了权利主体的立法选择。《民法典》总则编对于农村承包经营户的债务承担采取了外部责任的可区分性规则，似乎也认可了农户内部成员间可分割的个体化责任设定。

2. 涉农户的农地民事诉讼及物权登记的程序规则因袭了农户在实体法上的法律地位模糊特点。就民事诉讼程序规范而言，“承包合同纠纷以承包方为当事人，承包方是家庭承包方式的农户”更新了“共同承包人”的当事人确定规则。① 诉讼主体的设定需衔接实体法的民事主体规范，以农户为诉讼当事人意味着农户在实体法上形成独立的团体法律人格。在土地用益物权登记规范方面，2003 年原农业部《农村土地承包经营权证管理办法》附件 1“农村土地承包经营权证（样本）”中，不仅要求记载承包方代表，而且规定要具体明确承包方土地承包经营权共有人情况。与之相似，2015 年原国土资源部《不动产登记簿样式及使用填写说明》规定，宅基地使用权的权利人可以填写户主姓名；在“共有情况”中，按户取得的宅基地逐个填写共有人。这种登记共有人的制度要求表明农户的本质仍是个体成员组成的共同体，但并不是独立的组织体。与之相对，从物权变动登记的角度，土地承包经营权的变动和灭失情形仅限于农户这一层次，且必须以“户”的名义为之。例如，根据 2012 年原农业部《农村土地承包经营权登记试点工作规程（试行）》的规定，导致土地承包经营权变动或者灭失的情形主要包括承包农户分户等导致土地承包经营权分割及结婚等导致土地承包经营权合并、承包地灭失或者承包农户消亡。

3. 农户的民事主体地位争议在行政规范性文件中也得到了充分展现。一些政策性文件没有采取《土地管理法》中“一户一宅”的管理性规范路

---

① 1999 年最高人民法院《关于审理农业承包合同纠纷案件若干问题的规定（试行）》（已废止）第 4 条第 1 款规定：“共同承包人数众多的，应当推选代表人进行诉讼。共同承包人推选不出代表人的，由人民法院提出代表人名单，要求共同承包人协商，协商不成的，由人民法院在共同承包人中指定代表人。”

径,而是直接将宅基地使用权的权利主体确定为农户。例如,2014 年国务院《关于进一步推进户籍制度改革的意见》提出“土地承包经营权和宅基地使用权是法律赋予农户的用益物权”,与此形成区分的是,将集体财产权和集体收益分配权的主体确定为集体经济组织成员。2018 年中共中央、国务院《关于实施乡村振兴战略的意见》从承包地和宅基地的“三权分置”改革角度,指出在依法保护集体土地所有权和农户承包权前提下,平等保护土地经营权;落实宅基地集体所有权,保障宅基地农户资格权和农民房屋财产权。但是,政策调整并非秉持一以贯之的规范态度。2016 年中共中央、国务院《关于落实发展新理念加快农业现代化实现全面小康目标的若干意见》对土地承包经营权和宅基地使用权的主体持相反态度,指出维护进城落户农民土地承包权、宅基地使用权和集体收益分配权。

以上述存在争议的农户民事主体制度规范为背景,学界对于农户主体地位的解释分歧主要在以下三个层次分别展开。

第一层次,聚焦《民法典》中规定的农村承包经营户条款。立法技术上,农村承包经营户条款作为通过经验方法直接归纳的具象法律规则,需要借助法律解释技术对其规范意涵提供阐释依据。部分学者将该条款中的农村承包经营户作为唯一富有法律意义的农户形态,试图从农业生产的经营性视角切入一般性的农户概念,针对其是否具有民事主体地位以及它是民事主体还是商事主体展开研究。

第二层次,农户的民法独立调整是否必要。以体系化方法整合现行法中以“户”为单位配置农地权利的所有法律规范,论证农户是否能够作为集体与个人之外的另一类独立主体。

第三层次,依据具体领域中民事法律关系的性质,赋予农户有限的民事主体地位。典型争议在于农户是合同主体还是物权主体。文义解释上,《民法典》总则编和《农村土地承包法》均从“承包方”的意义上界定农户。债法是“关系规范”,而物法是“定分规范”。关系和权利的切入点标示了债权和物权的基本差异。[①] “承包方”在文义上是合同主体,意指特定主体间关系中的一方。据此,有学者主张农户是农村承包合同中的一方当事人,系合同主体。[②] 农户是与承包合同的签订及履行相伴的法律概念,至多具有合同主体的地位,且稳定性有限。其理论预设是,民事主体的资格赋予并非统摄全部民事法律关系进而呈现统一性,合同主体并非当然取得物权主体地位。立法根源在于原《民法通则》时期,诸如原《合同法》、《著作权法》、原《担保法》等单行法对各类主体的分别设置和具体调整。相反观点认为,承包方之所以签订承包合同,其根本目的在于通过承包土地成为用益物权的权利主体,土地承包经营权主体即为承包方。[③] 土地承包经营合同不是受到《民法典》合同编调整的典型合同,而是取得土地承包经营权的上游基础行为,具有保障性、强制性、无偿性。《农村土地承包法》“家庭承包”一章,无论是在发包方权利、承包方义务还是承包合同的一般条款中,均没有涉及承包费的规定。土地承包经营权是集体所有权的实现结果之一,由此决定合同双方当事人不存在利益对立关系。土地承包经营合同的上述特殊性均表明作为承包方的农户不应仅具有形式意义上的合同主体地位,而是独立的民事主体。

三、农户意思表达的具体规则缺失

农户是由三人以上个体农民组成的亲属团体。农户组织体法律人格的塑造以确定其意思的形成和表达机制为必要前提。在现行以“户”为单

---

① 参见苏永钦:《物权法定主义松动下的民事财产权体系——再探大陆民法典的可能性》,载《厦门大学法学评论》2005 年第 1 期。

② 参见范志勇:《民事共有体刍议:非法人团体民事主体地位研究》,载《西南交通大学学报(社会科学版)》2013 年第 1 期。

③ 参见彭诚信、畅冰蕾:《论农村土地承包经营权的主体》,载《山东社会科学》2016 年第 11 期。

位的农地使用权配置模式下，对外，农户作为土地承包经营权和宅基地使用权的权利主体应当具有整体性，以统一而明确的权利行使意思与特定或不特定主体建构法律关系；对内，为维护家庭关系的完整性，家庭被视为一种独立的主权，法律默许在家庭内自主地处理内部事务，家庭享有高度的自治。[①] 家事自治理念不仅限于成员间基于协商达成的意思合意，更体现了对习惯和道德调整家庭关系的优先性保持尊重。但是，现行法缺少农户的意思形成与表达的具体规则设计。

（一）农户内部的意思形成规则缺失

在家事法律制度形成的初期，家庭关系具有显著的等级身份特征。18世纪以后，现代家庭概念逐渐形成，褪去具有人身依附性的身份等级观，在成员人格独立平等基础上的自然意义的家庭是充满温情的人伦关系。在这里，家长权是权义的结合体，且更侧重义务性规定。身份关系上，以共同生活关系的维持为立法的价值旨归。财产关系上，家长与成员完全平等，管理家庭共有财产的代表人由全体成员推举，家长亦要受到代表人管理的约束。例如，《瑞士民法典》第 163 条第 1 款规定："夫妻双方，应各尽所能，共同负责家庭的生计。"[②]在我国，新中国成立后公布的第一部法律就是调整婚姻家庭关系的《婚姻法》，以父权的削弱和妇女地位的提高为核心形塑了全新的家庭关系。其后 1954 年《宪法》在基本权利条款部分再次肯定了妇女与男子的平等权以及婚姻、家庭、母亲和儿童受国家的保护。总体上，体系化的宪法条款的价值宣誓、民法基本原则的宏观指引以及婚姻法律规定的具体实施，已经确定了以自治理念调整家庭关系的合法性正当性。

农户作为一种由多数成员组成的团体形态，需要确定其参与社会交往

---

① 参见何丽新：《民法典应重视家庭财产的保护——从台湾地区"家"制说起》，载《中华女子学院学报》2017 年第 1 期。

② 《瑞士民法典》，戴永盛译，中国政法大学出版社 2016 年版，第 63 页。

的意思形成机制。在家事自治理念的统摄下,农户意思是家庭意思的具体映射,应遵循团体法上多方法律行为制度的一般原理。但是,现行法并未针对农户设定具体的意思形成及表达规则。

1. 农户意思形成系遵循一致决的共同行为规则,还是多数决的决议行为规则并不明确。《民法典》第 134 条规定了共同行为和决议行为的成立要件。作为团体自治的法律工具,共同行为强调全体一致决,当事人意思表示同向一致;决议行为强调当事人意思表示多数决。① 对于日常性和增益性的家庭事务处置,肯定成员之间具有相互的当然代理权,但当意图处置的事务属于重大权利处分性行为时,则需要经过其他成员的多数同意甚至一致同意。对此,《德国民法典》作出了较为详尽的规定,其具体确定了四种家庭意思的形成方式,这四种意思可归为两大类:一类是将成员个人意思视为家庭意思,此时是事先约定的结果或受到诸多限制,且应推定为家庭利益(第 1452 条);另一类是协商后的共同意思。② 我国现行法依据事务涉及的利益重要性程度,规定了夫妻之间的意思形成规则。《民法典》第 1060 条通过规定"夫妻一方因家庭日常生活需要而实施的民事法律行为,对夫妻双方发生效力"对夫妻之间的日常家事代理权予以确认。具体到农户,伴随农地使用权市场化改革的推进,土地承包经营权存在自主行使和他主行使的不同可能。在他主行使的情况下,亦根据流转期限的长短可设立债权、物权的不同权利负担形式。就此而言,概括性地适用上述日常家庭事务的处理规则并不能满足农户意思形成的特殊需求。应当针对性地对农地权利场域待决事项设定更为具体的区分标准,并在此基础上对农户意思的形成规则予以类型化规定。

2. 农户内部意思是否能够直接约束外部法律关系主体,相关立法规则缺

---

① 参见王雷:《〈民法总则〉中决议行为法律制度的力量与弱点》,载《当代法学》2018 年第 5 期。

② 参见《德国民法典》第 1365 条、第 1429 条、第 1450 条。台湾大学法律学院、台大法律基金会编译:《德国民法典》,北京大学出版社 2017 年版,第 1071、1098、1109 页。

失。为在团体自治与相对人信赖利益保护之间实现平衡,团体意思的效力通常具有内部指向性,其并不能直接变动民事法律关系,而仅产生约束成员的内部法律效果。以决议为例,有学者指出社团不能依据决议与相对人形成权利义务关系,决议行为并非完整的法律行为,仅系法律行为之效果意思形成阶段,尚需通过执行机关的表示行为表示于外。[①] 目前,这一规则在营利法人和捐助法人中已经得到确立,即决议被撤销的,法人依据决议与善意相对人形成的民事法律关系不受影响。具体到农户,内部意思的效力问题以分家协议的形式得到显现。对于分家协议的效力,当已分家但仍以同一户名义进行承包并对外转让土地承包经营权时,有的法院以"诉争土地的承包经营权属家庭共有……所得转让款应为家庭成员共同所有"为由,实际否定了分家协议效力的外溢性。[②] 分家协议作为农户内部成员作出的法律行为,分家后不同小家庭仍以同一农户为主体取得土地承包经营权的,外部相对人对此难以知晓,故分家协议对外部相对人不发生法律效力。[③] 同样是存在分家协议的情况下,有法院认可发包方与承包方之间形成新的合同权利义务关系,即承认了分家协议的效力。[④] 完全否定农户内部意思对外部主体的法律效力及相对人的审查义务,极易发生侵害农户财产权益的失衡保护问题。因此,需要设定农户内部意思对外部主体产生约束效力的具体条件。

(二)农户财产范围不明

在对外承担民事责任的财产基础方面,农户财产范围不明。《民法典》针对农村承包经营户的债务承担,引入了"农户财产"的概念,确认了"农村承包经营户的债务,以从事农村土地承包经营的农户财产承担"的一般规

---

① 参见徐银波:《决议行为效力规则之构造》,载《法学研究》2015 年第 4 期。

② 参见浙江省衢州市中级人民法院民事判决书,(2012)浙衢民终字第 174 号。

③ 参见彭诚信、畅冰蕾:《论农村土地承包经营权的主体》,载《山东社会科学》2016 年第 11 期。

④ 参见天津市蓟县人民法院民事判决书,(2015)蓟民初字第 4065 号。

则。但同时规定“事实上由农户部分成员经营的，以该部分成员的财产承担”。该规定将实际经营行为作为认定责任人及财产范围的依据，肯定了农户财产的内部可分性。这过于强调土地承包经营权之于农业生产的经营属性而忽视了以家庭为单位的整体保障性。农户财产是落实农户意思的财产保障，也是对外进行意思表达的经济基础。农户财产的本质是设定农户土地财产权之时的家庭共有财产。财产制方面，我国法律侧重夫妻财产权的立法调整，并未从家庭整体的可维持性、保持家庭成员共同生活的经济基础角度确立家庭财产的法律地位，导致以下问题。首先，在婚姻和继承制度下，家庭关系体现为相互扶助、监护关系。因此，夫妻之外的家庭成员间法律关系以法律直接设定的强制性义务为维系和调整依据，而并不存在促成内部成员同舟共济、互助保障的具体财产载体。其次，夫妻财产被视为家庭财产的主要成分，夫妻约定财产制的规定对于父母与未成年人子女组成的核心家庭而言，实际上否定了未成年子女的家庭财产共有人地位。① 这亦未界定家庭成员共同生活、共同积累及创造的财产的法律属性和权利形态。最后，在缺失家庭共有财产制度的情况下，弱势家庭成员的权利保障不足。因其不具有共有人的物权主体地位，只能行使婚姻法律规范赋予的扶助请求权，该权利在性质上属于必须由他人配合的相对权。

有必要指出的是，家庭共有财产这一财产所有权形态确实在立法中有所关照。根据《民法典》第 308 条的规定，当共有人具有家庭关系时，应依法推定为共同共有。《民法典》第 1153 条第 2 款规定：“遗产在家庭共有财产之中的，遗产分割时，应当先分出他人的财产。”关于家庭共有财产的范围，1988 年最高人民法院《关于贯彻执行〈民法通则〉若干问题的意见（试行）》（已失效）曾规定“家庭成员的生活必需品和必要的生产工具”应排除于家庭共有财产的责任财产范围之外。依目的解释方法，家庭共有财产应

① 参见于大水：《家庭财产的共有制及立法建议》，载《烟台师范学院学报（哲学社会科学版）》2002 年第 1 期。

用于维护家庭共同体的存续，其功能设定以“共同生活”和“共同生产经营”为限。据此标准，当前阶段农户既是生活共同体，更是共同进行经济活动的团体。土地是集体经济组织成员基本的生产和生活资料，农户的土地承包经营权、宅基地使用权属于家庭财产。[①] 就此而言，应由立法确定农户财产的法定范围以明确农户行使权利的财产基础。

（三）农户代表人的确定规则及其代表权限模糊

户主作为户籍管理中的公法性概念，与民法中的农户代表人形成机理存在差异。《土地承包纠纷案件解释》在承包合同纠纷中已经规定了农户代表人的确定规则及顺序：首先依据土地承包经营权证等证书的记载，其次依据土地承包经营合同上的签字主体，最后依据农户成员的推选。但是该规定仍未明确土地承包经营权证的记载主体或土地承包经营合同签字主体的确定规则。

此外，农户代表人在实体法上的代表权限及其限制规范存在立法漏洞。这导致实践中农户代表人对外从事民事法律行为的效力认定分歧。例如，户主对外订立土地承包经营权租赁协议，倘使农户内部成员诉请承租人向其给付租金，有法院以土地承包经营权以家庭户为单位，对家庭内部成员之间的纠纷，不能对抗第三人为由不予支持，实际上肯定了户主代表行为的有效性。[②] 但是对于家庭土地承包行为，《海南省实施〈中华人民共和国农村土地承包法〉办法》第16条规定，除户主外，家庭承包合同应当载明享有土地承包经营权的家庭成员姓名。这表明涉及农户重要财产权益的事项并非概括赋予户主代表权，而需要取得全体成员的一致同意。

有必要指出的是，户主不仅是公法意义上的户籍管理制度所建构出来

---

① 参见曹贤信、李苏芃：《家庭成为民事主体的理论证成与法律协调》，载《中华女子学院学报》2017年第1期。

② 参见江苏省南京市中级人民法院民事判决书，(2013)宁民终字第3026号。

的法律概念,户主还代表农户存在深厚的习惯基础。这一“自然权威”体现了家事治理的独特自治逻辑。在构建农户代表人规则时,可以考虑准用代表权制度对户主的农户代表人地位进行确立。

第三节　农户民事主体法律规范适用的司法问题表现

从民法的裁判规范性质和功能角度看,在立法对农户民事主体制度的规定相对粗疏和模糊的情况下,司法视角的引入是窥得法律问题的有益补充。因裁判大前提获取的适格性根源于其合法性,法官总是在“法条主义”下寻求纠纷在法律上(而非道德上或公共政策上)的解决方案。在这个意义上,司法裁判是研判法律规范的适当场域。典型案例的分析有助于更加清晰地展现农户民事主体法律制度在运行中的实践面貌,揭示更为具体、真实的现实问题。笔者以“农户”为关键词,以 2015 年至 2024 年为检索期间,分别在裁判文书网、北大法意网和威科先行法律数据库进行检索。以威科先行法律数据库检索为例,具体操作为:将“农户”设定为关键词,并排除诸如“农户自立服务合作社”“农户小额信用贷款公司”等无关干扰项,添加“分户”等并列搜索词,将案件类型限定为民事案件,文书类型限定为判决书、调解书和裁定书,审判程序限定为一审、二审、再审,共计获得裁判文书 7724 篇。其中物权纠纷 3468 件,占比 44.9%;合同与准合同纠纷 2655 件,占比 34.4%;婚姻家庭继承纠纷 339 件,占比 4.40%;侵权责任纠纷 214 件,占比 2.8%。进一步地,在物权纠纷案件中,用益物权纠纷 2013 件,占比 58.0%;所有权纠纷和占有保护纠纷 760 件,占比 21.9%。其中,所有权纠纷案件中侵害集体经济组织成员权纠纷案 507 件,占比 69.45%,合同纠纷案件中土地承包经营权合同纠纷共计 672 件,占比 34.39%。通过案由分布情况可见,涉农户民事纠纷案件主要以合同纠纷项下的土地承包经营权合同纠纷、用益物权纠纷项下的土地承包经营权纠纷和宅基地使用权纠纷、所有权纠纷项下的侵害集体经济组织成员权益纠纷形态出现。

在具体的个案司法裁判之外，北京市、重庆市、安徽省、江苏省、广东省等地在涉农纠纷，特别是农村土地承包纠纷领域出台了司法裁判指导意见，①针对纠纷的受理范围、诉讼主体确定、家庭承包中农户成员资格判定、分户行为法律效力等问题形成了明确的司法认定规则。上述司法实践中的典型案例和审判指导意见为研究农户民事主体制度的法律适用及由此折射的立法问题提供了有益的素材。

一、涉农户民事案件的诉讼主体确定存在争议

农户在民事实体法中的主体地位模糊，导致在以土地承包经营权（合同）纠纷和宅基地使用权纠纷为典型的涉农户民事案件中，诉讼主体存在司法认定争议。这具体表现为将农户、户主或农户内部全体成员作为诉讼当事人的诉讼主体列明的分歧（见表3－2）。

表3－2　土地承包经营权纠纷和宅基地使用权纠纷诉讼当事人列明情况

诉讼当事人	典型案例	备注
农户	刘某华家庭承包经营户与刘某明土地承包经营权纠纷案	同时将户主刘某华、刘某明列为农户代表人
	成某梅农村承包经营户与成某秀农村承包经营户宅基地使用权纠纷案	为贯彻“一户一宅”的政策，法院将原、被告由自然人变更为农村承包经营户

① 参见北京市高级人民法院《关于涉农纠纷受理问题的指导意见》（京高法发〔2005〕264号）；北京市高级人民法院《关于审理农村土地承包纠纷案件若干问题的指导意见（试行）》（京高法发〔2005〕68号）；安徽省高级人民法院《关于处理农村土地纠纷案件的指导意见》（皖高法发〔2005〕01号）；江苏省高级人民法院《关于执行〈中华人民共和国农村土地承包法〉和〈最高人民法院关于审理涉及农村土地承包纠纷案件适用法律问题的解释〉若干问题的意见》（苏高法审委〔2006〕17号，已失效）；广东省高级人民法院《关于审理农村土地承包合同纠纷案件若干问题的指导意见》（粤高法发〔2007〕28号，已失效）；重庆市高级人民法院《关于当前民事审判若干法律问题的指导意见》（渝高法发〔2007〕27号）；等等。

续表

诉讼当事人	典型案例	备注
户主	上诉人卢某某与被上诉人泰兴市济川街道办事处张陈村村民委员会、泰兴市济川街道办事处张陈村三组土地承包经营权纠纷案	肯定户主对所在农户具有当然的代表权,推定户主的诉讼行为得到所在农户的授权且诉讼结果自动归于农户
农户内部全体成员	北京市房山区蒲洼乡芦子水村村民委员会与陈某某、隗某某宅基地使用权纠纷案	农户与成员在法律人格上的相对独立性不足,将内部成员作为共同诉讼人

1. 将农户列为诉讼当事人。根据《土地承包纠纷案件解释》第 3 条及第 4 条的规定,承包合同纠纷的当事人为发包方和承包方,其中家庭承包的承包方为农户;当农户内部存在复数成员时,由农户代表人进行诉讼。据此,该解释确立了两项裁判规则:(1)土地承包合同纠纷的诉讼主体是农户;(2)农户由代表人从事具体的诉讼行为。例如,在“刘某华家庭承包经营户与刘某明土地承包经营权纠纷案”中,起诉时原告是刘某华,在审理过程中,经法院释明,原告变更为刘某华家庭承包经营户,并将刘某华列为农户代表人。① 在宅基地房屋买卖合同纠纷方面,“成某梅农村承包经营户与成某秀农村承包经营户房屋买卖合同纠纷案”中,为了贯彻“一户一宅”的政策,审理法院将原、被告由自然人变更为农村承包经营户。② 在“徐某某农户与民勤县东坝镇左新村第二生产合作社侵害集体经济组织成员权益纠纷案”中,原告为“徐某某农户”,同时列户主为“徐某某”。③ 另外,在“温州市鹿城区广化街道双桥村村民委员会、温州市鹿城区广化街道双桥村经济合作社与洪某农户侵害集体经济组织成员权益纠纷案”中,被告为“洪某农户”,同时列明户主为“洪某”,以及代表户内成员“洪某、洪某弟、陈某

① 参见浙江省松阳县人民法院民事判决书,(2016)浙 1124 民初 371 号。

② 参见重庆市石柱土家族自治县人民法院民事判决书,(2015)石法民初字第 00068 号。

③ 参见甘肃省民勤县人民法院民事判决书,(2018)甘 0621 民初 1782 号。

瓯、洪某冰、洪某图等五人”。[①]

虽然《土地承包纠纷案件解释》已明确农户为诉讼当事人，但是，农户诉讼当事人规则的规范性略显不足，存在列为“农户”“家庭承包经营户”“农村承包经营户”“农村土地承包经营户”的非统一性做法。在农户之外，户主被列为户主、代表人或农户代表人。[②] 此外，在排除妨害纠纷、不当得利纠纷案中，还存在将一方当事人列为农户，另一方当事人列为自然人的混乱情况。[③] 根据学者统计，在2015年全国各级法院审结的农村土地承包合同纠纷案中，将“农村承包经营户”列为当事人的案件仅占全部案件的约0.83%，[④]多数法院选取了其他替代性的主体列明方案。在适用性上，《土地承包纠纷案件解释》所规定的农户诉讼主体规则主要存在以下两个方面的问题。

一方面，根据2020年修正的《民事案件案由规定》，“土地承包经营权合同纠纷”（含土地承包经营权转让合同纠纷、土地承包经营权互换合同纠纷、土地经营权入股合同纠纷、土地经营权抵押合同纠纷、土地经营权出租合同纠纷）是第二级案由“合同纠纷”下的三级案由；“土地承包经营权纠纷”（含土地承包经营权确认纠纷、承包地征收补偿费用分配纠纷、土地承包经营权继承纠纷）和“宅基地使用权纠纷”是二级案由“物权纠纷”中“用益物权纠纷”项下的具体案由类型。《土地承包纠纷案件解释》仅针对承包合同纠纷的诉讼主体进行规定，并未涉及农村土地承包经营权纠纷和宅基地使用权纠纷中的诉讼主体确定问题。

另一方面，《土地承包纠纷案件解释》规定的“农户成员为多人的，由其代表人进行诉讼”与《民事诉讼法》中的代表人诉讼规则存在非适应性。

---

① 参见浙江省温州市鹿城区人民法院民事判决书，(2017)浙0302民初2912号。

② 参见重庆市江津区人民法院民事裁定书，(2015)津法民初字第09271号。

③ 参见湖北省恩施土家族苗族自治州中级人民法院民事判决书，(2015)鄂恩施中民终字第00531号；重庆市长寿区人民法院民事判决书，(2014)长法民初字第03875号。

④ 参见魏振华：《农村承包经营户的诉讼主体地位质疑》，载《法治研究》2017年第3期。

《民事诉讼法》规定的代表人诉讼制度如下。(1)《民事诉讼法》第51条在法人和其他组织作为诉讼当事人时,确立了代表人诉讼规则。该条在涉农户纠纷中的适用前提是民事基本法已明确将农户作为独立于其内部成员的法人或其他组织。(2)在共同诉讼中亦存在代表人诉讼制度。《民事诉讼法》第56条第1句规定:"当事人一方人数众多的共同诉讼,可以由当事人推选代表人进行诉讼。"此时以农户内全体成员为诉讼主体,且要求成员符合"人数众多"的要求。总体上,由代表人进行诉讼的法定类型在《民事诉讼法》中存在明确限定,而其均与农户实体法律制度存在衔接错位的适用困境。

2. 将户主列为诉讼当事人。基于民事实体法将农村承包经营户与个体工商户作为中国特色的"两户"一并调整的规范布局,类推适用个体工商户的诉讼主体确定规则。① 因农村承包经营户没有字号且以户籍登记为外部识别途径,则以户口本上记载的户主为当事人。司法实践中,法院因应农户主体在权利行使中的特殊性,肯定户主对所在农户具有当然的代理权,推定户主的诉讼行为得到所在农户的授权且诉讼结果自动归于农户。在"上诉人卢某某与被上诉人泰兴市济川街道办事处张陈村村民委员会、泰兴市济川街道办事处张陈村三组土地承包经营权纠纷案"中,法院基于"卢某某户以户主卢某某的名义与张陈村经联社签订了土地承包合同书,取得了相应土地承包经营权",自动将卢某某个人的行为视为所在农户的行为。②

以户主为诉讼当事人的实践做法鲜明地体现了农户与其他民事主体相比在主体构造上的独特性。司法实践中,对于土地承包经营权和宅基地使用权领域相关民事纠纷的司法裁判较为典型地呈现出以农户为实质主

---

① 最高人民法院《关于适用〈中华人民共和国民事诉讼法〉的解释》第59条第1款规定:"在诉讼中,个体工商户以营业执照上登记的经营者为当事人。有字号的,以营业执照上登记的字号为当事人,但应同时注明该字号经营者的基本信息。"

② 参见江苏省泰州市中级人民法院民事判决书,(2020)苏12民终1794号。

体的倾向。农户成员特别是户主虽以个人名义参与土地承包经营合同纠纷、土地承包经营权纠纷、宅基地使用权纠纷,但其诉求并不具有独立性,而是以所在农户为主体边界。例如,在"上诉人刘某某、付某某与被上诉人刘某文宅基地使用权纠纷案"中,上诉人刘某某、付某某向刘某文个人提起民事诉讼,法院认为刘某文户籍虽然不在张井村,但其与妻子仍在张井村居住,集体土地建设用地使用证亦针对本集体农户家庭颁发,家庭成员对集体所有的土地共同享有占有和使用的权利。① 在"温州市鹿城区广化街道双桥村村民委员会、温州市鹿城区广化街道双桥村经济合作社与洪某农户侵害集体经济组织成员权益纠纷案"中,法院认为村里承认胡某某(洪某的母亲)承包了0.5亩地,但胡某某是以个人名义承包的,没有挂在其他户口上,显然是独立的户主。② 此外,除户主外,有法院基于家庭成员之间的特殊身份关系,推定成员间具有当然的相互代理权,户内家庭成员以个人名义提起的诉讼仍被视为农户行为。③

3. 将农户内部全体成员共同列为诉讼当事人。早在1986年最高人民法院《关于审理农村承包合同纠纷案件若干问题的意见》第10条中曾规定"合伙承包人在诉讼过程中,应作为共同诉讼人对待"。该规定虽已失效,但实践中仍存在将农户内部的所有成员作为共同诉讼人的做法。例如,在"北京市房山区蒲洼乡芦子水村村民委员会与陈某某、隗某某宅基地使用权纠纷案"中,二被告系夫妻关系,原系原告所在村的村民。1998年二被告全家户口由北京市房山区蒲洼乡芦子水村迁至北京市房山区某街道并在某街道有住房,户口也转为非农户。双方因被告的宅基地使用权是否应当由原告收回发生争议。④

将内部关系人作为诉讼当事人的主要原因在于,农户与其成员在法律

① 参见河南省商丘市中级人民法院民事判决书,(2020)豫14民终5792号。

② 参见浙江省温州市鹿城区人民法院民事判决书,(2017)浙0302民初2912号。

③ 参见江苏省灌云县人民法院民事裁定书,(2020)苏0723民初4674号。

④ 参见北京市房山区人民法院民事裁定书,(2020)京0111民初4914号。

人格上的相对独立性不足，其往往不具有区别于其内部成员的独立称谓。这可在农户与个体工商户的对比中得到体现。个体工商户的名称权在原《民法通则》时期即通过“个体工商户可以起字号”的条款得到确认。司法实践中，对于个体工商户的诉讼主体地位经历了由否定到肯定的转变。无论是实体规范 1988 年最高人民法院《关于贯彻执行〈中华人民共和国民法通则〉若干问题的意见（试行）》（已废止）还是程序规范 1992 年最高人民法院《关于适用〈中华人民共和国民事诉讼法〉若干问题的意见》（已废止）均采取了以营业执照上登记的业主（户主）为当事人的诉讼主体规则。但是，2015 年最高人民法院《关于适用〈中华人民共和国民事诉讼法〉的解释》却作出了有字号的个体工商户以字号为当事人的相反规定。字号作为区别于其他市场经营主体及其营业的主要标志，是以“户”的名义独立进行民事活动并承担民事责任的识别性依据。① 相应地，在诉讼中个体工商户的字号应当作为独立主体对待，且判决承担民事责任时也应由字号而非经营者负担债务。② 反观农户，因没有“户”的名称，对外的法律关系无从独立表达，只能以实质的内部关系人替代行使权利和履行义务。③

二、农户成员农地财产权益持分的认定依据存在分歧

在以农户为主体的农地使用权法律构造中，农户内部成员在土地承包经营权或宅基地使用权中个体性权益的取得、保有、丧失及其依据存在司法认定争议，主要表现如下。

---

① 参见《最高人民法院民事诉讼法司法解释理解与适用》，人民法院出版社 2015 年版，第 239 页。

② 参见王刚：《个体工商户之主体性质与责任承担问题研究——以民事诉讼法司法解释第 59 条为中心展开》，载《河北法学》2020 年第 4 期。

③ 参见孟光辉：《承包土地经营权的抵押登记问题探析》，载《中国农村经济》2016 年第 10 期。

1. 依据“增人不增地、减人不减地”的政策，承包地实物形态的稳定导致农户内个体成员权益，特别是新增人口、外嫁女的权益模糊。当农户所在家庭出现新增成员时，新增成员基于出生事实取得集体经济组织成员资格，但在当初分配土地承包经营权、宅基地使用权时其尚不是农户成员。在承包地被征收后，新增成员获得征地补偿款的请求权基础，是集体经济组织成员权赋予的所有权基础，还是农户土地承包经营权赋予的用益物权基础，并不明确。实践中，诸如云南省、浙江省等地的法院依据《农村土地承包法》第29条，结合土地承包经营权合同、土地承包经营权证的记载，认定土地承包经营权属于实际参与承包的户内家庭成员共有。① 与之相反，有法院认为农地的最小承包单位为农户，而不是农户内的家庭成员。② 在“刘某1与孟某等共有纠纷案”中，法院认定：刘某6代表家庭成员与村集体签订《土地承包合同书》，故家庭成员是涉案土地的承包方，应按照《土地承包合同书》的约定以家庭为单位享有权利、承担义务；即使家庭内部人数因结婚、出生、去世等有所变化，承包经营仍然以户而不是农户内的家庭成员为单位；家庭内部成员在承包合同有效期内依法平等享有承包土地的各项权益，而不是按份共有。③

对于外嫁女，其原先分配的承包地“份额”由妇女所在家庭继续承包，妇女因与娘家脱离共同生产及生活关系，在娘家的土地财产权益丧失主张依据。同时稳定承包关系的“增人不增地，减人不减地”政策使得外嫁女在夫家也无法重新分得对应的承包地。

对于户口迁出人员，其原有的土地承包经营权是否保留，司法实践中存在认定争议。例如，在“再审申请人王某荣与被申请人何某某、王某东、

---

① 参见云南省普洱市中级人民法院民事判决书，(2016)云08民终196号；浙江省衢州市中级人民法院民事判决书，(2016)浙08民终639号。

② 参见北京市第一中级人民法院民事判决书，(2021)京01民终294号。

③ 参见北京市第一中级人民法院民事判决书，(2023)京01民终11034号。

王某胜农村土地承包合同纠纷案"①中,吉林省高级人民法院认定王某荣享有土地承包经营权,理由在于一轮承包时,王某荣在王某学户内具有承包地的分配资格;1992 年王某荣的户口迁入城市后,王某学户的土地总面积未变;二轮承包时,三跃村只是重新丈量土地,并在第一轮土地承包基础上的延续承包。与之相反,最高人民法院主张"土地承包以本集体经济组织的农户为基本单位,二轮延包时不进行调整,这符合'增人不增地、减人不减地'的政策。王某荣因户口迁出而不再是王某学家庭成员,故不应享有土地承包经营权"。可见,农户成员范围及农户的主体地位模糊将导致内部个体成员的财产权益及其实现基础均处于不确定状态。

2. 土地承包经营权可继承性的司法否定侵蚀农户内部个体成员的承包权益。当前司法实践中,映衬"户"化的农地使用权主体形态,否定土地承包经营权具有可继承性的裁判观点占据多数。其援引的规范依据主要是《民法典》第 1122 条第 1 款"遗产是自然人死亡时遗留的个人合法财产"。对于土地承包经营权的继承问题,《农村土地承包法》第 32 条作出了林地之外的承包人应得的承包收益依法继承的具体规定。在解释上,被继承人以自然人为限,是对以自然人为主体的财产继承。承包地是可经营的资源性资产,当产生价值收益时,应适用具有普遍效力的继承权客体制度。承包经营所得的收益,而不是承包经营权本身,作为一项财产权利,是法律

① 该案基本案情如下:第一轮土地承包时,王某学家在三跃村是一户,有资格承包土地的家庭成员为五口人:王某学、何某某、王某东、王某胜和王某荣。承包土地 5.4 亩,每人平均 1.08 亩,承包户主为王某学。1975 年王某荣结婚,组成新的家庭。1992 年王某荣将户口迁入白城市,转为非农业人口。在 1997 年第二轮延长土地承包期时,王某学以户主的身份代表家庭与三跃村村委会签订 4.82 亩的土地承包合同。对于王某学家二轮承包的 4.82 亩土地中,承包经营权的共有人是否包括王某荣,双方存在争议。该案先后经过吉林省白城市洮北区人民法院一审、吉林省白城市中级人民法院二审及再审、吉林省高级人民法院以及最高人民法院再审。参见吉林省高级人民法院民事判决书,(2012)吉民提字第 27 号(已撤销);最高人民法院民事判决书,(2013)民提字第 210 号。

所允许的继承范围。[①] 据此,对于家庭承包方式取得的林地以外的土地承包经营权,法律仅明确认可了承包收益而非承包经营权本身的可继承性。

否定土地承包经营权得作为继承客体的代表性司法裁判观点可见《最高人民法院公报》2009 年第 12 期登载的“李某祥诉李某梅继承权纠纷案”判决。在该判决中,法院从以下两个层面论证了裁判观点。其一,认定土地承包经营权的权利主体为农户而非个体成员。家庭承包方式的承包方是农户,主要功能体现在为集体经济组织成员提供基本生活保障。这种保障是以农户为单位予以落实的。因此,这种家庭承包方式的土地承包经营权归属于农户家庭,而不是农户内部的某个家庭成员。遗产作为公民死亡时留下的个人合法财产,因土地承包经营权不是个人财产,故不发生继承问题。其二,从成员权保障角度看,释明土地承包经营权的不可继承性。当农户内某个成员死亡时,因土地承包经营以“户”为单位,则承包地仍由该农户的其他家庭成员继续承包;当农户因成员全部死亡而“绝户”时,不能由该农户成员的继承人继续承包经营,土地承包经营权由集体经济组织提前收回,否则将侵犯集体经济组织内其他成员,特别是承包地分配请求权未获实现的成员权益,从而危及农地的社会保障功能。在地方,有法院亦作出相同进路的论证:土地承包经营权以集体成员权为基础,家庭承包方式取得的承包经营权为集体成员提供基本的社会保障,决定了以家庭承包方式取得的承包经营权有其特殊性,这一特殊性体现在承包经营权是否可以继承受到集体成员权的影响。[②]

上述土地承包经营权不予继承的司法裁判观点受到了学理层面的质疑。学者从成员个体权益明晰化的角度,认为应当肯定土地承包经营权的可继承性。归纳起来,主要论据如下。(1)土地承包经营权存续期间内若不能继承,则在到期之前集体经济组织成员通过提前收回制度获得了超过

---

① 参见福建省龙岩市中级人民法院民事判决书,(2014)岩民终字第 103 号。

② 参见浙江省江山市人民法院民事判决书,(2023)浙 0881 民初 2428 号。

预期的额外利益。(2)在鼓励土地承包经营权流转的改革趋势下，继承方式与市场化交易方式在效果上无根本差别，进行区分对待并无正当性。(3)否定土地承包经营权可予继承的观点侧重保护集体经济组织的整体意志而损及农户成员的个体意志。继承机制作为己身财产性利益的代际延续，不予继承的观点反映了特定个体对土地承包经营权支配效力的弱化和权能残缺状态。由此可见，土地承包经营权可继承性的裁判分歧及学理争论隐含的利益平衡难题在于：置重土地承包经营权的私权属性，进而对其适用普通个人财产权的继承规则，还是基于集体经济组织成员身份性要素所蕴含的保障性需求，对继承进行限制。

3. 农户部分成员因离婚等事由对宅基地使用权进行分割，分家析产行为侵害其他成员权益的，法院对于该权益受损成员是否给予司法救济，存在裁判分歧。在“刘某 1 与夏某、刘某 2 所有权确认纠纷案”中，刘某 1 为刘某 2、刘某 3 之父，刘某 1 之妻张某华于 2008 年 7 月 20 日去世。夏某、刘某 2 于 1995 年 9 月 4 日登记结婚并育有两子女。2009 年 12 月 16 日，两人办理离婚登记手续，离婚协议对案涉宅基地之上房屋进行分割。法院认为，夏某与刘某 2 在离婚协议书约定涉案房屋西院五间正房归夏某所有，东院三间正房归刘某 2 所有，处分了其他权利人的合法利益，应属无效。判决生效后，两子女作为直系亲属，因未参与上述案件的分割过程，为维护自身的宅基地使用权诉至法院。法院认为，《土地管理法》第 14 条规定土地所有权和使用权争议由当事人协商解决，协商不成的由人民政府处理。根据当事人的诉讼请求，该争议由人民政府处理，不属于人民法院受理民事诉讼的范围，故不予受理。[①] 在这两个案件中，案涉当事人同为刘某 1 户的成员，围绕该户宅基地及其上房屋的权属争议，同一法院却形成了截然相反的裁判态度：对于房屋所有权的分割问题通过司法权施以干预，对于

---

① 参见北京市大兴区人民法院民事判决书，(2017)京 0115 民初 15285 号；北京市大兴区人民法院民事裁定书，(2020)京 0115 民初 17337 号。

宅基地使用权争议却拒绝提供司法救济。

整体性的“户”化权利配置与个体化的成员权益持分之间存在制度需求的根本矛盾。前者以稳定承包、居住关系以及提高权利行使效率为主要目标,谋求构建对外统一的土地承包经营权和宅基地使用权运行规则;后者则在人员变动的情况下要求分出相应的权利份额。个体化的明晰产权形式意味着对于继承、分割等权能的完善,但会导致共有产权的松动甚至瓦解。[①] 土地承包经营权的“户化”行使及其衍生的成员范围和内部法律关系的模糊状态易遮蔽个体成员的财产权益诉求。这均需要通过细化农户民事主体法律制度以明确界定农户的主体性质及具体构造,兼顾实现整体农户与个体成员间的利益均衡。

三、农户参与农地法律关系范围的泛化性司法扩张

现行立法上,农户是家庭承包经营和宅基地分配使用的权利主体。但是,在其他类型的涉农民事权益纠纷司法裁判中,也广泛存在将农户列为诉讼当事人并最终作为实体法律关系主体的情形。

对于集体经济组织成员以家庭承包以外方式使用的土地资源,法院比照土地承包经营权的主体规则,将该成员所在的农户作为主体。例如,在“上诉人张某某与被上诉人严某某农户排除妨害纠纷案”中,1998 年二轮土地承包时,被上诉人严某某农户以家庭承包的方式承包集体土地 18.2 亩,并分配了猪饲料地、自留地、树地。2017 年上诉人张某某撕毁严某某铺好的地膜,抢种了严某某农户的部分土地。原审法院认为,对于承包地之外的猪饲料地、自留地、树地,严某某虽未与发包方签订土地承包合同,但发包方已将该地交与严某某耕种,双方也履行了主要义务,形成了事实上的承包关系,应受法律保护;开荒地的经营应本着“谁开垦,谁受益”的原

① 参见吕晓等:《中国农地细碎化问题研究进展》,载《自然资源学报》2011 年第 3 期。

则，严某某开垦荒地，现占有并实际经营多年，应保护其作为开发者经营的权利。二审法院进一步明确，有权要求他人排除妨害的基础权利并不仅仅是土地承包经营权，对争议土地合法占有、使用的权利也是要求他人排除妨害的基础权利。[①] 该判决从排除妨害请求权的权利基础角度，确认了严某某农户享有的土地使用权并非土地承包经营权，而是独立的一项使用权；同时，将土地承包经营权的主体规则在该项权利中予以类推适用。

在征地补偿费分配请求权、集体决议撤销权等集体经济组织成员权行使方面，存在将成员所在的农户作为权利主体的司法实践。例如，“胡某林农村承包经营户与江津区中山镇常乐村民委员会太平寺村民小组、重庆燕山建设（集团）有限公司侵害集体成员权益纠纷案”中，原告胡某林农村承包经营户请求法院撤销被告太平寺村民小组作出的会议决定。对于撤销权的行使主体，《民法典》物权编和《村民委员会组织法》均明确是受侵害的集体成员或村民。但法院认为农户由集体成员组成且与案件有利害关系，为节约司法资源和减轻当事人诉累，准许提起诉讼并对案件进行实体审理。[②] 法院由此肯定了胡某林农村承包经营户作为撤销权行使主体的法律地位。此外，对于征地补偿费分配请求权是应当由村集体成员个人还是应当以“户”为单位行使，不同法院之间存在裁判分歧。《土地承包纠纷案件解释》第22条在集体经济组织征地补偿费的内部分配中，将请求权主体确定为“具有本集体经济组织成员资格的人”，由此肯定了征收补偿费分配请求权的权源基础在于依附于个体化配置的集体经济组织成员权。在“胡某某、罗某勇、罗某希与株洲市天元区群丰镇旗云村老屋组、株洲市天元区群丰镇旗云社区侵害集体经济组织成员权益纠纷案”中，法院在认定三原告具有集体经济组织成员资格的基础上，判决原告胡某某、罗某勇、罗某希享有被告株洲市天元区群丰镇旗云村老屋组土地征收补偿费用均等份额

---

① 参见内蒙古自治区巴彦淖尔市（盟）中级人民法院民事判决书，（2017）内08民终1828号。

② 参见重庆市江津区人民法院民事判决书，（2015）津法民初字第04467号。

的分配权利。[①] 与之相反，在“杨某华农村承包经营户与哈尔滨市香坊区幸福镇红升村村民委员会承包地征收补偿费用分配纠纷案”中，对于集体经济组织成员个人（杨某华之女）的征地补偿费用给付，以农户（杨某华农村承包经营户）的名义提起诉讼，且法院予以认可。[②] 在“上诉人柳某某农户与被上诉人武汉盘龙城经济开发区丰山村第5村民小组、被上诉人武汉盘龙城经济开发区丰山村村民委员会侵害集体经济组织成员权益纠纷案”中，围绕上诉人是否享有集体土地征收补偿费的分配请求权争议，法院认为“柳某某农户系丰山村××组村民，属该集体经济组织成员，具有参与分配土地补偿安置费的资格”。[③] 法院认定成员所在的农户是参与土地征收补偿费分配的基本单位。

上述法律问题深刻体现了农户民事主体法律制度欲追随户化的农地使用权配置模式，但同时未言明农户具有民事主体地位，因而形成了有意或无意的模糊规则设计。农地权利法律规范具有主体法与财产权法深度杂糅的鲜明特点，需要从物权制度中抽出碎片化、粗疏化的主体制度。因农户民事主体制度缺乏细致和体系化的规则设计，形成诸如农户成员范围不确定、农户意思表达规则不明等立法问题，并在司法层面进一步显化了农户内部法律关系性质模糊、农户参与法律范围的不当泛化等具体问题。总体而言，这些问题的解决有赖一个前置性共识的达成，即农户是否具有民事主体的法律地位。唯有对其作出理论上的证立，才能为农户民事主体法律制度进行“正名”并展开后续制度上的规则构建。

---

① 参见湖南省株洲市天元区人民法院民事判决书，(2020)湘0211民初44号。

② 参见黑龙江省哈尔滨市香坊区人民法院民事判决书，(2015)香民初字第230号。

③ 参见湖北省武汉市中级人民法院民事判决书，(2017)鄂01民终5594号。

第四章　农户民事主体地位的理论证立

法律是自主个体相互联接的表现形式，只不过这种联接的目的并不在于形成一个以集体意识为基础的共同体，而是通过自由缔结契约的方式实现特定的个体目的。

——罗杰·科特威尔(Roger Cotterrell)

第一节　农户民事主体地位存废的学说争鸣及选择

一、否定论：个体脱嵌于农户成为农地用益物权主体

否定论或废除论者的核心主张是，农户不(应)具有规范意义上的民事主体地位，农户内部的个体成员应当作为土地承包经营权和(或)宅基地使用权的权利主体。具体的论证理据如下。

1. 农户仅仅是农业生产中的经营主体或宅基地分配中的管理对象，并不必然取得民事主体的法律地位。以农户名义取得的土地承包经营权和宅基地使用权是户籍制度下

以“户”为治理单元的逻辑结果,社会治理单元无法成为识别私法主体资格的依据。① 法学中的法律主体与经济学中的经营方式不应混淆。对于家庭承包户而言,“户”的规范含义是自然人进入农业领域进行经营的一种形式。② 制度溯源上,农村土地经营方式改革之始,发包方为便于税费的收缴与管理,以及粮食计划的完成,严格以“户”为单位发包。③ “户”是以家庭替代生产队后的农业生产、经济决策与收益所得的单位。④ 从降低产权的交易成本角度,以“户”为单位进行承包在一定程度上减少了制度安排的成本,节约了农民与政府之间达成合约的交易费用。⑤ 随着农业现代化发展,家庭经营亦不再是组织农业生产的唯一形式,农户介由家庭农场逐步转向法人或非法人组织。⑥

就宅基地使用权而言,“一户一宅”是从宅基地管理的角度考虑,强调村民的“一户”与宅基地的“一处”相对应,是对宅基地使用权初始取得的限制。⑦ 由此可见,法律认可或赋权一个所界定对象的地位,未必与民法认可的“人”直接相关。⑧ 法律地位不等同于民事主体地位。

2. 现有民事制度完全可以满足农户主体的法律调整需求,无须额外将其创设为民事主体。农户在进行生产经营时,应当根据具体经营形式分别适用合伙、非法人团体或者独资企业、婚姻法等规定。⑨ 民事主体法律制度

---

① 参见朱庆育:《民法总论》(第 2 版),北京大学出版社 2016 年版,第 476 页。

② 参见刘敏:《土地承包经营权继承的解释论——兼评〈最高人民法院公报〉所载“李维祥诉李格梅继承权案”》,载《政治与法律》2014 年第 11 期。

③ 参见王菊英:《土地家庭承包经营权继承问题论析》,载《肇庆学院学报》2010 年第 1 期。

④ 参见刘守英:《中国土地制度改革:上半程及下半程》,载《国际经济评论》2017 年第 5 期。

⑤ 参见吴次芳、谭荣、靳相木:《中国土地产权制度的性质和改革路径分析》,载《浙江大学学报(人文社会科学版)》2010 年第 6 期。

⑥ 参见魏振华:《农村承包经营户的诉讼主体地位质疑》,载《法治研究》2017 年第 3 期。

⑦ 参见高圣平、刘守英:《宅基地使用权初始取得制度研究》,载《中国土地科学》2007 年第 2 期。

⑧ 参见崔建远:《法律平等保护物权原则的位阶论》,载《浙江社会科学》2020 年第 12 期。

⑨ 参见耿卓:《家户视角下的妇女土地权利保护》,载《法学》2016 年第 1 期。

若在集体经济组织和农民个体之间嵌入农户这一主体形态,将家庭成员捆绑在一起作为一个抽象的“家庭集体”(农户),则意味着在农村集体组织内部又人为地分割制造出更多更小层级和规模的集体,这样势必重蹈农村集体土地权利主体不明的覆辙,也与市场经济对产权明晰化的要求背道而驰。①

3. 为顺应现代民法由团体迈向个体的主体形态演进趋势,农地用益物权主体的选择应体现个体本位。农户是否存在及范围如何是一个事实问题,并不具有法律规范意义。农户是农民家庭成员结合的组织形式,没有独立承担民事责任的能力。其应当被理解为相应自然人的联合,这种联合因缺乏组织机构,无法形成独立于所代表的自然人的意志和利益。② 从长远发展看,应当剥离土地承包经营权所负载的家庭法和社会法职能,按照财产法原理塑造。家庭仅是生活的共同体,其功能应当由家庭法予以确定,农户土地承包经营权需要向农民个体农地使用权转型。③ 家庭承包经营权不是抽象的存在,而是落实在每个家庭成员的每一份土地上;它实质上不是家庭这一团体的承包经营权,而是家庭成员个体的承包经营权。④ 宅基地“三权分置”中的宅基地资格权属于成员权范畴,权利主体是农村集体经济组织成员而非农户。从个人主义的现代民法角度看,要让“人”成为独立的个体,而不必通过户主对外从事民事活动,以集体经济组织成员个人为农地权利主体并无不妥。⑤ 民事制度的“户化”违背了法的普遍性原则,不规定“两户”,才能好消散城乡二元制格局。⑥

---

① 参见王菊英:《土地家庭承包经营权继承问题论析》,载《肇庆学院学报》2010 年第 1 期。

② 参见蔡立东:《宅基地使用权取得的法律结构》,载《吉林大学社会科学学报》2007 年第 3 期。

③ 参见申惠文:《论农村承包经营户的死亡》,载《河南财经政法大学学报》2016 年第 2 期。

④ 参见汪洋:《土地承包经营权继承问题研究——对现行规范的法构造阐释与法政策考量》,载《清华法学》2014 年第 4 期。

⑤ 参见岳兵、姚狄英:《两户民事主体地位的再思考》,中国民法学研究会 2015 年年会论文。

⑥ 参见徐国栋:《民法总则制定中的四个问题》,载《暨南学报(哲学社会科学版)》2017 年第 2 期。

二、肯定论：农户权利主体地位的本土化确认

肯定论或保留论者的主张是，在我国现行的农地权利体系中，农户（应）作为集体与成员个人之外的独立民事主体形态。

1. 农户是具有中国特色的特殊权利主体。《民法典》具有浓厚的地域性，设计我国的民事主体制度时，必须考虑本土化的制度传统。农户的主体地位是由历史底蕴、制度基础和政策及法律依据共同塑成的。[①] 我国农业发展的家户制传统和新中国成立后的家庭联产承包制度变革的经验表明，家庭经营是最适合我国农业生产的组织形式。土地承包经营户是针对中国特殊土地所有权制度采取的主体制度，以“户”为单位的承包是中国本土化的典型。[②] 保留农村承包经营权，也应保留农村承包经营户，这是创新农业经营主体的前提条件。[③] 农户家庭是以家庭农场为主的新型经营主体进行组织演进的必要前提，保留农户主体就是保留了制度创新中的弹性机制。[④]

2. 以农户为权利主体能够形成权利主体个体化构造所不具有的制度效益。“增人不增地、减人不减地”的倡导性政策在《农村土地承包法》中通过“保持农村土地承包关系稳定并长久不变”“承包期内，发包方不得调整承包地”等条款予以明确。“户”是承包方的主体表现，签署合同的个人是“户”的代表或代理人。[⑤] 农户主体存在的必要性在于：一是可以避免土地过度细碎化、实现农户土地连片经营；二是进行土地耕作中的互助合作，

① 参见丁文：《论“三权分置”中的土地承包权》，载《法商研究》2017 年第 3 期。

② 参见李永军：《我国未来民法典中主体制度的设计思考》，载《法学论坛》2016 年第 2 期。

③ 参见陈锡文：《构建新型农业经营体系刻不容缓》，载《求是》2013 年第 22 期。

④ 参见高强、刘同山、孔祥智：《家庭农场的制度解析：特征、发生机制与效应》，载《经济学家》2013 年第 6 期。

⑤ 参见高宽众：《我国农户法律地位初探》，载《法学研究》1984 年第 4 期。

提高农业生产效率；三是家庭承包可以充分发挥土地保障功能，当户内某些成员处于困难境地时，通过分享其他成员的劳动成果，依托土地产出履行赡养、抚养、扶助等义务；四是简化承包程序和流程；五是稳定承包关系，避免频繁变动。①

3. 农户的社会关系本质是家庭，家庭的民事主体地位应当得到一般性确认。经过户籍登记后的"家"具有了"户"的法律形态，这不仅使其获得了公法上的主体地位，还赋予了"户"以民事主体的资格。② 赋予家庭独立的民事主体地位既是维持家庭生存、实现家庭社会职能的客观需要，而且符合民法理论规定的民事主体的一般构成要件，且在具体的民事法律规定中已经拥有基本的依据。③ 家庭和个人之间的独立性与区分性是客观现实，需要立法予以确认。家庭作为稳定的、独立于家庭成员个人的组织体，尽管类似于非法人组织，家庭和家庭内部个体成员在财产、责任上的独立是相对而言的，但也足以说明家庭和家庭成员不能互相代替。④ 当下中国的民事立法并没有明确赋予家庭主体地位，并不代表其不是法律主体。只要在现实生活中以"户"为计算单位的传统没有绝迹，以家庭为对外交往主体的形式依然存在，法律就不能无视这样的实践。⑤

三、农户应作为土地承包经营权和宅基地使用权的权利主体

既有研究中，否定论和肯定论的核心争议主要体现为民事主体判定标

---

① 参见王金堂：《农户视阈下的土地承包经营权归属问题研究》，载《青岛科技大学学报（社会科学版）》2015 年第 4 期。

② 参见周子良：《中国传统社会中户的法律意义》，载《太原理工大学学报（社会科学版）》2010 年第 1 期。

③ 参见宁清同：《家庭的民事主体地位》，载《现代法学》2004 年第 6 期。

④ 参见肖立梅：《我国农村土地家庭承包经营权的权利主体探究》，载《法学杂志》2012 年第 4 期。

⑤ 参见李拥军：《"家"视野下的法治模式的中国面相》，载《环球法律评论》2019 年第 6 期。

准的一般化与特殊化之争。否定论主张从农户走向个人的农地使用权主体形态才符合民法的个体本位价值指引和民事主体形态演进的一般趋势。保留论主张中国的农村土地制度所提供的本土化资源应当得到重视,并构建以农户为代表的中国特色权利主体制度。二者的共同问题在于,忽视在集体土地所有权实现的层面研判农户的主体地位,从而囿于民事基本法中的“两户”制度框架,将农村承包经营户作为展开农户主体性论争的场域。这主要因为相较于土地承包经营权法律制度,宅基地使用权的法律规定相对粗疏。《农村土地承包法》将土地承包经营权的设立纳入成员权行使的效力范畴,但是《土地管理法》并没有据此对宅基地使用权取得的法律关系进行调整。

事实上,依据土地承包经营权和宅基地使用权所承载的规范功能和生成逻辑,这两项权利的主体应当保持一致。这是因为农户持有的承包地和宅基地是凭借其集体经济组织成员资格而被赋予的,具有强烈的身份性色彩,是典型的人格化财产。① 从“同类事物相同规整”的法律评价一致性和融贯性角度,这两权具有资源分配意义,均是集体经济组织以其土地资源平等保障成员的生产和生活条件,两者在评价上并无差别。②

在土地承包经营权“从无到有”的动态演进过程中,成员权因沟通了处于上游的集体所有权概念所设定的成员资格与处于下游的孕育土地承包经营权的承包请求权,而在这一动态过程中引入了农户这一权利主体形态。一方面,成员权的赋予体现了形式平等原则。农民集体成员资格的取得并不贯彻择优配置的竞争性分配原则,而是执行平均性的无差别分配原则。③ 集体土地所有权产生于农民土地所有权的让渡,并在社员劳动投入

---

① 参见罗必良:《农地确权、交易含义与农业经营方式转型——科斯定理拓展与案例研究》,载《中国农村经济》2010 年第 11 期。

② 参见蔡立东:《宅基地使用权取得的法律结构》,载《吉林大学社会科学学报》2007 年第 3 期。

③ 参见管洪彦:《农民集体成员权:中国特色的民事权利制度创新》,载《法学论坛》2016 年第 2 期。

中实现了初步积累。但是集体财产的分配却与劳动贡献没有直接勾连,是确定成员身份后的不分份额的共同享有。“三权分置”政策中,承包权和资格权均表彰了集体利益初次分配的身份专属性,即首先用于成员利益需求的保障,而并非将土地承包经营权和宅基地使用权完全活化并纳入用益物权的制度体系之中。另一方面,承包请求权是从农民个体向农户团体转化的中间环节。承包资格虽进行个体化的无差别配置,但承包经营权以农户为权利主体。这具体表现为从签订承包合同的形式意义上的合同主体到享有土地承包经营权的实质意义上的物权主体均为农户。农户退出土地承包经营法律关系的法定情形主要包括征收、交回集体经济组织和向其他主体转让。以征收为例,发生承包地征收补偿时,土地承包经营权的独立征收客体地位已经得到了立法的确认。① 在此过程中,集体经济组织成员的权利包括程序性的参与权和实体性的补偿请求权。这两类权利虽仍以“户”的名义行使,但本质上均是归属于成员个人的权利。就实体性的补偿请求权行使而言,自与征收机关签订补偿协议起,土地承包经营权的实现方式已经完成了实物支配到价值补偿的转化。在此阶段,农户的主体地位发生松动,成员之间不再是紧密的共同共有关系,而因财产利益的可分性而形成针对补偿款的按份共有形态。

宅基地使用法律关系的运行与土地家庭承包法律关系基本相似,不同的是宅基地使用权的流转存在更严格的法律限制,具体表现于宅基地“三权分置”政策尚未得到立法的明确确认。在不具有法律位阶的行政规范性文件中,宅基地不得单独流转。但当宅基地之上存在已建造的房屋时,房屋的财产属性得到了强化,宅基地可随房屋的继承进行被动的流转。对此,2020 年 9 月自然资源部在对十三届全国人大三次会议第 3226 号建议

① 《民法典》第 327 条规定:“因不动产或者动产被征收、征用致使用益物权消灭或者影响用益物权行使的,用益物权人有权依据本法第二百四十三条、第二百四十五条的规定获得相应补偿。”

的答复中，重申了 2016 年《不动产登记操作规范（试行）》第 10.3.5 条的规定："已拥有一处宅基地的本集体经济组织成员、非集体经济组织成员的农村或城镇居民，因继承取得宅基地使用权及房屋所有权的，在不动产权属证书附记栏记载该权利人为本农民集体原成员住宅的合法继承人。"这表明在继承方面房屋的财产属性受到认可。同时，与土地承包经营权相比，宅基地使用权因建造的房屋与土地载体的自然结合关系而在权利主体上具有复杂性。宅基地的分配单位是农户，但房屋所有权的主体按照自然人进行确定。当房屋所有权人欲在房屋之上设定权利负担或房屋所有权人死亡时，农户内同居家庭成员的居住利益应当优先得到保护。

就现阶段而言，农村土地依然是为集体经济组织成员提供生存保障的基本手段。作为集体土地所有权的核心功能承载，使用分配权是集体土地所有权主体将土地分配给成员的一项非交易性质的权能，包括对农用地的发包和宅基地的分配。[①] 在物权法定原则下，上述过程被限定为土地承包经营权和宅基地使用权这两种用益物权类型。其具有受益对象的身份限定性、分配的无偿性和公平性等显著特点。这决定了应在土地承包经营法律关系和宅基地使用法律关系中配置有利于实现这一功能的农户主体形态。

第二节 取向目的性建构的民事主体增扩趋势

一、合作主义价值凸显私权的团体面相

主体不能轻易地视为权利的辅助概念，而具有更核心的意义。[②] 从这

① 参见马俊驹、丁晓强：《农村集体土地所有权的分解与保留——论农地"三权分置"的法律构造》，载《法律科学（西北政法大学学报）》2017 年第 3 期。

② 参见龙卫球：《法律主体概念的基础性分析（下）——兼论法律的主体预定理论》，载《学术界》2000 年第 4 期。

个角度看,对私权的解释观实际是对民事主体观点的镜像。在合作主义价值的辐照下,个体成员间合作创造及生成私权的动态过程受到重视,由此彰显了私权的团体属性。当此种个体间的合作创造并非源于自愿结合的合意时,有必要探寻其结成共同体的独特驱动因素及其主体性规范蕴意。

传统民法理论认为,个人主义是建构私法评价体系的价值基点和方法基础。个体本位的权利观根源于个人主义认识论。其实质是承认个人是自身目标的设定者和最终决断者,个人应尽可能以自己的意图去支配自己的行动。① 这表现为在价值基点上以个体的独立性和理性决策为起点,强调社会运转中个人自由和权利的正当性和优先性。② 将个体的自由视为最高目标,群体是虚构的实现个体权利的概念手段,不能以公共利益的名义对私权予以减损甚至侵夺。③ 在这一认知下,共同体的价值"只是投在个人身上的价值之和……恣意的、人为的、基于契约的人际关系取代了群体及其结构"④。在方法基础上,个体主义研究以个人为理解、分析社会的基本单位,将集合性的团体概念化约为参与者个人的行动。个人主义视"个人为原始的既与的事实……一切超越个人的关系都必须以个人为解释的起点","个人是……有目的行动的最高限度和唯一载体……'社团'等概念不过是人与人相互作用的某些范畴"⑤。具体到私法领域,个人主义所描画的人像是"抽象人"和"理性人"。⑥ "抽象人"意指民法持有中立性的立法态度,不考虑个体的特质和所处的具体生活场景而一概赋予其法律人格。民法刻意抽离社会阶级、族群或任何在利益上共同的团体,而以中性的交

① 参见[英]弗里德里希·奥古斯特·冯·哈耶克:《通往奴役之路》,王明毅、冯兴元等译,中国社会科学出版社1997年版,第62页。

② 参见[美]刘易斯·A.科瑟:《社会学思想名家》,石人译,中国社会科学出版社1990年版,第241页。

③ See Ronald M. Dworkin, *Taking Rights Seriously*, Harvard University Press, 1977, p. 177.

④ [德]马克斯·舍勒:《价值的颠覆》,罗悌伦等译,三联书店1997年版,第153~154页。

⑤ [德]文德尔班:《哲学史教程》(下卷),罗达仁译,商务印书馆1997年版,第688~689页。

⑥ 参见易军:《个人主义方法论与私法》,载《法学研究》2006年第1期。

易“角色”为其规范对象。[①] “理性人”预设是民法的人性基础,以此贯彻交换正义的财产法规则。在规范呈现上,民法以取向个体利益的私权保障为核心建构自身规则体系。私法自治被视为“私法体系的恒星”。[②] 它是派生其他私法原则的母体,并作为近代私法领域至高无上的指导原理。[③] 民法主体以自然人主体为原型。《德国民法典》制定之时的德国罗马法学派认为“私法人就是自然人,自然人以外的团体或法人仅是一种法律拟制”[④]。“团体自治”这种集中性民事权利自治方式得不到重视。[⑤]

作为个人主义的对立面和矫正方案,整体主义思想在私法体系中时而显现。特别是在私法公法化、私法社会化的浪潮中,关于个人主义抑或整体主义是构成私法体系的哲学价值论及方法论基础,一直存在争议。整体主义观点在社会连带思想中得到了较为充分的体现。社会学家涂尔干认为,社会是一个有机体,社会的集体意识使人们连接在一起形成社会连带关系,这就是法律和规则的真正基础。[⑥] 由此,私权并非抽离于社会的自由意志产物,其权利内容、保障水平、效力状态均应当置于具体社会情境中进行理解。以契约为例,麦克尼尔将习俗、身份、习惯等许多非契约的社会关系纳入契约的视野。他反对契约的自由意志基础,将契约定义为“有关规划将来交换过程的当事人之间的各种关系”。[⑦]

不可否认的是,价值论基础和研究方法的提炼应当具有高度的抽象性方可保证其统摄性,但这必然以牺牲真实社会的具体团体形态为前提。个

---

① 参见苏永钦:《走入新世纪的私法自治》,中国政法大学出版社 2002 年版,第 13 页。

② 参见李非:《富与德:亚当·斯密的无形之手——市场社会的架构》,天津人民出版社 2001 年版,第 166 页。

③ 参见詹森林:《民事法理与判决研究》,中国政法大学出版社 2002 年版,第 5 页。

④ 叶林:《私法权利的转型——一个团体法视角的观察》,载《法学家》2010 年第 4 期。

⑤ 参见陈醇:《商法原理重述》,法律出版社 2010 年版,第 309 页。

⑥ 参见[法]涂尔干:《社会分工论》,渠东译,商务印书馆 2000 年版,第 73 页。

⑦ 参见[美]麦克尼尔:《新社会契约论》,雷喜宁等译,中国政法大学出版社 1994 年版,第 4 页。

人主义和整体主义分别在原子式的个体本位和整体性的社会本位层面探讨私法体系,这种宏大叙事的抽象讨论简化并覆盖了真实社会中人数特定、规模较小的次级团体的规制需求。有学者已恰当地指出,无论是整体主义还是个体主义,都是线性思维的结果,忽视了多样化的社会组织方式。[①] 在下游的具体权利规则构建中,应当通过整体主义的观点适当修正并优化个人主义对具体规范的解释效果。也就是说,在阐释私权的价值基础时,应体察私权的合作面相及其团体性蕴意。这就提出了如下要求。

1. 在继续珍视个人主体性和关注权利的静态保护时,观察私权的动态生成过程,特别是私人共同合作创造的过程。[②] 在这一权利观的导向下,权利的归属状态和行使过程是不可分割的,是主体追求权利实现过程中的有机统一体。将这一取向合作主义的权利观应用于农地权利的运行过程具有较强的解释力。不同于典型的用益物权生成过程,农地所有权和用益物权无论是在主体范围还是权利功能上均具有高度关联性,土地承包经营权和宅基地使用权的派生原理正是集体土地所有权人的成员为享受所有权的核心权益而设定的具体权利。《农村土地承包法》第 5 条第 2 款规定农村集体经济组织成员承包土地的权利不受剥夺和非法限制,这里的"权利"是在静态归属这一语义层次上使用的。其原因在于"不得剥夺和不得非法限制"的语义限定与宪法上的基本权利条款具有相同的法律构造,此规范在"抽象的权利享有资格"层面使用权利概念,属于"人人有份"成员权的范畴。只要是集体经济组织的成员,均享有利用特定土地从事农业生产经营和生活居住的资格。同时,为了解决集体土地所有权"虚化"隐含的以集体名义对个人应有权利的限制甚至剥夺,只能将成员权的归属落于个体这一主体的"最小单位"。不过,这本质上仍未超越土地所有权的功能范畴,而并未企及权利的动态实现过程,即由抽象的成员性资格向具体的权利行

---

① 参见熊丙万:《私法的基础:从个人主义走向合作主义》,载《中国法学》2014 年第 3 期。

② 参见熊丙万:《私法的基础:从个人主义走向合作主义》,载《中国法学》2014 年第 3 期。

使结果的转化。土地承包经营权和宅基地使用权均不同于成员权本身，而是个体成员结成农户形态后所生成的全新权利类型。

2. 重识特定团体蕴含的伦理属性及其在私权生成过程中所提供的独特作用。民法的目的中立性和理性经济人预设，体现了民法的去实质化倾向。将社会成员描绘为原子式的异质个体，与特定团体的伦理属性存在“目的悖反”。个人主义的命题之一是个人的利益需求具有主观性，应当对理性决策能力保持尊重和目的中立，因而民法规范不要试图服务于某种社会共同目的或个别群体的特定目的。在此种观点引导下，团体被视为高度异质个体机械结合的产物，成员之间的共识取得仅具有程序性意义或在利益交换的基础上方能达成。但是，就家庭的自然属性而言，家庭具有伦理理性。家庭是天然的合作共同体，具有更大的合作需求和动力驱动。家庭内部并非个人主义所描述的高度异质性个体，而是分享共同的主观目的。同时，依据集体行动的逻辑，共同体的规模越小，越容易克服自利心理，抑制“搭便车”现象。农户作为以家庭共同体为载体的组织形态，构成社会中一种重要的次级团体类型。在治理现代化转型的总体背景下，法治供给要充分重视处于国家和个人之外的“社会”这一媒介性层级，重视当下社会生活中的团体形态及实践，形成精细化的主体结构，谋求从“政府权力—私人权利”的二元对立到“政府—社会—私人”的三元协同格局；在动力机制上，从线性的“约束—保护”到主体间的交互式平衡。[①] 从一种更好的认识角度看，法律是“形式、价值和事实的一种特殊结合……应当探寻一种‘整合性的’法理学（Integrative Jurisprudence）把对法律的分析研究同对法律有序化的价值成分的社会学描述和认识结合起来”[②]。就此而言，法治所建立的规则体系及蕴含的价值理念应充分体察社会主体所嵌入的历史传统和具

① 参见杜辉：《面向共治格局的法治形态及其展开》，载《法学研究》2019 年第 4 期。

② ［美］E. 博登海默：《法理学：法律哲学与法律方法》，邓正来译，中国政法大学出版社 2004 年版，第 204 页。

体的现实生活情景。中国法治应构建适应自身国情和社情的自主性解决方案。西方话语下的个体本位权利观虽有助于规则意识的启蒙,但因其贡献的地方性知识匮乏而无法形成“中国智慧和中国方案”。[①] 家文化蕴含的是沟通、互助、合作的理念,否定的是个人主义的单方性原则。[②] 家庭这一生活模式贡献了推进我国治理现代化和支援当代中国法治建设的特有资源,应对以家庭关系为内核的主体形态及行为逻辑进行有适应性的规则构建。

3. 关照个体间的交往式关系理性,以此增纳适应团体自治的合作内涵。个人主义所尊奉的主观理性与整体主义所提倡的客观理性应当在“关系理性”的关照下进行修正。这要求在超越个体原子化的“主观理性”中,去理解个人的存在方式和生活意义,克服个人的封闭和孤立,从而为形成一种承认个人的自由人格,同时又为生成与他人之间的“共同感”提供可能性。[③] 个体本位的民法观下,物权制度有两个典型特征:一是以物的流动性为要,重视物的交换过程;二是以个人对物的全面支配为起点,其要旨在于推崇市场机制在财富流动中的决定性作用,但其奉行的“契约自由”“经济利益最大化”可能使以利他为基础的非契约关系遭遇毁灭性打击。[④] 个体利益与个体所参与的团体利益不是对立的此消彼长关系。个性与共性能够通过合作机制协同实现。通过赋予特定范围的私益性团体以主体地位,能够形成利益的组织化结构,协调分散的、低效率的个体行动。

民事主体有个人与团体之分,私法自治在内容上亦应包含个体自治与团体自治。物以类聚,人以群分。“群分”是人作为人的基本规定性之一,

---

① 参见习近平:《决胜全面建成小康社会　夺取新时代中国特色社会主义伟大胜利——在中国共产党第十九次全国代表大会上的报告》,人民出版社 2017 年版,第 10 页。

② 参见李拥军:《“家”视野下的法治模式的中国面相》,载《环球法律评论》2019 年第 6 期。

③ 参见贺来:《“关系理性”与真实的“共同体”》,载《中国社会科学》2015 年第 6 期。

④ 参见[英]卡尔·波拉尼:《大转型:我们时代的政治与经济起源》,冯钢、刘阳译,浙江人民出版社 2007 年版,第 140 页。

"群体自治"是"群分"的必然要求。[①] 虽同为自治,但个人自治与团体自治的规范基础存在根本差异。团体自治旨在培育"主体间性",运行机理在于对于本质上关乎参与者共同利益与"共同权利"之情事,参与者针对团体让渡个体权利并置换集合化的共益权。[②] 团体权利具有公共性特征。所谓公共性是指"某一文化圈里成员所能共同享受某种利益,因而共同承担相应义务的制度性质"[③]。进一步地,依据形成原因的不同,团体可分为基于成员自愿加入而成立的合意性团体和因地缘关系、财产关系的结合而形成的非合意性团体。农户作为社会生活中的一种团体形态,其归类却无法完全适用上述的分类标准。农户团体本质属性是家庭。通常认为,家庭是依婚姻、血缘关系结成的自然性团体。虽然家庭关系的起点——婚姻的缔结体现双方的意思合致,但家庭关系的形成并非个体家庭成员的刻意追求,而是上述关系所衍生的自然结果。由亲属关系维系的家庭作为一种团体性的组织形式,相较其他合意性团体,家庭成员利益的共同性具备更坚固的基础。无论是因血缘和姻缘所结成的纽带,还是长期共同居住生活的紧密状态,均决定了现实中的家庭是成员相互依存的实体,并在其中培养了共同的意识和家庭荣誉感。家庭思维下,家庭中所造就的人是一种"关系性的自我"。个体成员是网格关系的一个节点,而非独立自足的个体。成员之间秉持交涉理性,强调交互性沟通、相互责任以及纠纷的非对抗性本质。任何法律规范的制定并非立法者天马行空的随意构建,而应当对既定的社会事实保有一定程度的尊重和克制,否则将发生应然效力与实然效力的脱节。立法应当自觉确认家庭中自生自发秩序的正当性。

---

① 参见李海平:《论作为宪法权利的团体自治权》,载《吉林大学社会科学学报》2011 年第 6 期。

② 参见吴飞飞:《决议行为归属与团体法"私法评价体系"构建研究》,载《政治与法律》2016 年第 6 期。

③ 李明伍:《公共性的一般类型及其若干传统模型》,载《社会学研究》1997 年第 4 期。

二、民事主体结构的弹性化开放

(一)从拟制到建构:民事主体判定标准的功能论重释

民事主体理论中,权利能力是民事主体地位的标志,并与民事主体的结构形式具有极大的关联性。[①] 在民事主体的"二元论"主张下,"权利能力"从技术上解决了自然人与法人在同一民事主体制度下共存的问题。通过意思的独立性、以自己名义从事民事活动、权利义务归属资格的独立取得等判定依据,权利能力确立了团体获得民事主体地位的筛选要件。在法技术上,这体现了以拟制为核心的技术运用,即以自然人为原型,凝练其作为主体的各类要素,对特定团体通过诸如意志、责任的独立性拟制,完成民事主体地位的赋予。依此逻辑,民事主体的核心特质是平等性和抽象性。权利主体资格问题涉及当事人的基本法律地位,应由《民法典》总则编予以统一规定,除例外情形,凡具有权利能力者,均得平等地取得和享有各种民事权利。[②]

拟制技术在形式理性的指引下,确保了民事主体判定标准的外在统一和体系化和谐。拟制用以识别团体形态的人格主体,但并非所有团体均能被挑选并进行拟制,因此需要探寻对团体赋予主体资格的深层依据。这可以通过对法人民事主体地位的讨论,窥得其根由和脉络。自然人的主体性基础与团体的主体性基础判定存在相异的理论渊源。自然人作为以物理意义的个人为基础构造出来的民事主体,其主体性根据在于主客体二分框架下对人的自身理性的哲学发现与确认。基于个人的理智本质,其除了具有"物理存在体"的属性外,被发现具有"伦理存在体"的价值。[③] 哲学上唯

---

① 参见江平主编:《民法学》,中国政法大学出版社 2015 年版,第 44 页。

② 参见尹田:《物权主体论纲》,载《现代法学》2006 年第 2 期。

③ 参见杨代雄:《古典私权一般理论及其对民法体系构造的影响》,北京大学出版社 2009 年版,第 10 页。

一的主体是个人，法人是法律上的人，是纯粹法律技术的产物，其因不具有伦理层面的根本性价值而必须借助类推自然人的拟制技术获得主体地位。"若要使超个体的社会团体像自然人一样享有同等的权利能力，只能借助于客观法所创设的使其与自然人享有同等地位的方法。"①立法技术路径在于，将法人从其成员的人格分离并形成独立的意志和责任。可见，人类法律人格基于现行人道主义的法律道德观念而确立，它是人类尊严的必然产物；法人法律人格是一种法律技术机制，借此开展各种法律关系，以达到某一集体目的。② 但是，拟制技术本身为团体获得民事主体地位仅提供了形式化标准，某一团体能够被顺利拟制的实质正当化理由需要额外予以说明。正如梁慧星所主张的，法律不能凭空拟制，首先应是社会上存在适于享有权利承担义务的组织体，其次还要看是否有承认其为独立于构成成员的主体资格的必要性。③ "团体人格是经济社会发展需求的产物……团体人格只能产生于法律的选择，而法律选择则决定于实定法从法律政策的角度所给予的价值判断。"④

民事主体范围的开放趋势体现了团体的社会功能对形式化拟制技术的实质填充效果。以功能论的视角观之，法人之所以能够与生命意义的个体获得同等的民法主体地位，根源在于对团体这一"有机体"在社会生活中的实际功能，特别是经济交往中抵御商业风险这一独特功能的重视。同时，基于交易发展的现实需要，民事主体的结构形式呈现多元开放趋势。在拟制技术下，民事主体结构形式的"二元论"者主张民法上的主体只包括自然人和法人两类。非法人团体不能成为独立的民事主体，仅仅称为"无权利能力的社团"。但是德国判例和学理有承认无权利能力的社团是主体

① ［德］托马斯·莱赛尔：《德国民法中的法人制度》，张双根译，载《中外法学》2001 年第 1 期。

② 参见尹田：《民事主体理论与立法研究》，法律出版社 2003 年版，第 7 页。

③ 参见梁慧星：《民法总论》，法律出版社 1996 年版，第 120 页。

④ 尹田：《民事主体理论与立法研究》，法律出版社 2003 年版，第 153 页。

的倾向。[①] 在我国,《民法典》的颁行正式标志着采纳了“三元论”的民事主体结构形式。非法人组织虽然不是法人,但并非松散的民事主体的集合,而是能够以自己的名义对外行为的组织体。[②] 实际上,《民法典》颁布之前的民法体系已经采纳了缓和的“三元论”主张。原《民法通则》明定自然人和法人为民事主体,但同时在单行法所调整的具体民事法律关系中另立各自的主体范围。例如,原《合同法》将其他组织列为合同主体,原《担保法》规定具有代为清偿债务能力的其他组织可成为保证人,《著作权法》赋予非法人组织享有著作权的权利主体资格,《民事诉讼法》也将其他组织作为一类独立的诉讼主体。可见,功能论跳出了拟制技术中不同标准的形式之争,因涉及了团体获得主体地位的实质依据而更富有解释力。《民法典》采纳“建构”的路径,总则编依循功能论的实用主义立法进路,进行了民事主体类型的扩充,实现了民事主体判定基础的转向和标准的重释。团体人格与成员人格的分离与传统拟制中所主要考量的责任能力(有限责任)标准并无必然关联,而是更为关注团体在权利的现实支配中所展现的特殊功能是否值得立法确认并独立保护。松动以法人为原型所拟制出的团体法律人格的构成要件,体现了民法向经济社会需求的回应性和对经济合理性的妥协。

民事主体的开放趋势越发显化了其确立过程并非形式化拟制,而是以实质功能为导向的目的论建构过程。对于任何一项社会存在,当它只有参加民事法律关系才能更好地发挥和体现自己的社会功能时,法律即应赋予其民事主体地位。[③] 团体成为民事主体的实质正当性在于它能够发挥个体存在的自然人所不能发挥的作用。[④] 依此路径而设计的民事主体制度应当

---

① 参见[德]迪特尔·梅迪库斯:《德国民法总论》,邵建东译,法律出版社 2013 年版,第 38 页。

② 参见王利明:《民法总则》,中国人民大学出版社 2017 年版,第 218 页。

③ 参见马俊驹、宋刚:《民事主体功能论——兼论国家作为民事主体》,载《法学家》2003 年第 6 期。

④ 参见[德]卡尔·拉伦茨:《德国民法通论》(上册),王晓晔等译,法律出版社 2013 年版,第 179 页。

体现以下特点。

1. 民事主体范围的法定化预设应予以缓和。《民法典》总则编集中规定民事主体规范，导致制度内部的具体化空间狭窄且有限。在现行的民事主体结构下，合伙企业具有主体地位，而持续性的民事合伙团体只能依据契约制度进行有限调整。人的目的是众多的，主体需要往往不是绝对统一的。[①] 民事主体不是法定的封闭类型，立法对其仅是不完全的有限列举。主体的过度概念化将与形态丰富的社会生活脱节。就团体的法律人格取得而言，团体人格的完全拟人化过于强调团体人格的紧密性及其相对于成员人格的独立性。这种将团体与成员完全独立的团体人格判定标准，对具有相对独立性的团体与成员"互嵌"构造在主体资格上持否定态度。[②]

2. 民法以市场经济和家庭关系为调整对象，涉及人生活的核心部分。[③] 迄今为止，民事主体的形式结构设置仍以个人本位下个体的原子化社会存在形态为原型。无论法人还是非法人组织均是个体自由联合后的产物，且主要用于实现互利性的经济目标。团体的实质功能不限于经济交易功能，成员的结合可能基于自由选择之外的伦理性先定因素，并据此形成利他性的、更为稳定持续的共同价值目标。这就要求民法回应这类团体在法律人格塑造中的独特规范作用。

3. 民事主体地位并非或有或无的"一刀切"，而是因应规范目的呈现具体化特点。权利能力作为获得民事主体地位的法定标志，不是单一的、不受目的和范围限制的抽象概念，其"因具体适格者的不同，呈现不同的范围"。[④]

---

① 参见[英]A. J. M. 米尔恩：《人的权利与人的多样性——人权哲学》，夏勇、张志铭译，中国大百科全书出版社 1995 年版，第 74 页。

② 参见龙卫球：《民法主体的观念演化、制度变迁与当下趋势》，载《国家检察官学院学报》2011 年第 4 期。

③ 参见谢鸿飞：《中国民法典的生活世界、价值体系与立法表达》，载《清华法学》2014 年第 6 期。

④ 参见曾世雄：《民法总则之现代与未来》，中国政法大学出版社 2001 年版，第 86 页。

应引入权利能力的相对化概念,在具体的目的范围内获得主体资格确认。[①]就此而言,实质正义作为对形式理性的必要修正,基于生存利益保障、弱者保护等社会性价值的立法,应在这些目的设定及相应范围内构建特别法意义上的民事主体制度。

(二)家庭共同体对团体法律人格判定的价值性填充

在既定的民事主体结构中,以法人为典型的团体主体是法律上的一个商业经营技术意义上的主体,而不是基本价值性的形式主体,其价值基础仍是个人的主体性。[②] 滕尼斯指出,在共同体的法律调整中,"存在着两种原则上彼此对立的法体系:在第一种体系里,人作为一个整体中的自然成员,相互关联到一起;相反,在第二种体系里,人作为个体,彼此之间完全独立,个体只有通过自己的抉择意志才能进入相互的关系之中……它仅仅关联着不断变更的交换行为以及由此建立起来的一个人对另一个人的支配"[③]。在民事主体结构形式的确立过程中,功能论置重于后一种团体的人格塑造。有必要面向第一种共同体,对功能论的判定标准进行目的论扩张解释。

首先,证立团体具有民事主体地位的功能不限于服务经济目的的财产功能,还应重视特定团体所包含的非经济性社会价值。民事主体判定存在不同的人格基础。人格的伦理性为自然人个体的民事主体性地位提供了理论支撑,但因缺省社会实践中以家庭共同体为典范的伦理性规范意涵,而过滤掉了伦理性人格概念对家庭共同体的理论支援。"法律上的人是依据根本的,即法律本体论和法律伦理学方面的基础产生的,无论是立法者

---

① 参见龙卫球:《民法总论》,中国法制出版社 2002 年版,第 168 页。

② 参见龙卫球:《法律主体概念的基础性分析(下)——兼论法律的主体预定理论》,载《学术界》2000 年第 4 期。

③ [德]斐迪南·滕尼斯:《共同体与社会》,张巍卓译,商务印书馆 2019 年版,第 346 页。

还是法律科学都不能任意处分这些基础。”[①]人的伦理观念不会完全让位于法律技术……这种对民事主体资格确立的伦理性要求和检视也更是实在法的标准和良知。[②] 家庭在中国具有事实和规范的二重性特征。家作为一种社会现象,是中国人最重要的生活方式和存在形式,同时家文化还是一种体现价值理性的哲学立场,与个人主义认识论形成根本差异。

一方面,作为实体的家,是“中国人的社会生命”之源。[③] 在关于法人本质的学说争论中,富有代表性的“法人实在说”即认可家庭共同体为典型的社会团体,其社会实在性和精神实在性不是法律主动创造的结果,法律只能去确认、发展并根据其生活条件进行规范。基尔克认为法律世界中,在个体人格之外存在团体人格是当然的真理,它与个人一样不是法律制作的,而是一种实际存在。[④] 依据“结构—功能”的功能论基本原理,“在系统科学中,结构与功能是一对基本范畴。任何系统都具有一定的结构,系统的结构是系统具有一定功能的内在依据”[⑤]。家庭作为自然结成的共同体形态,家庭行为的全部规范意涵并不能完全化约为成员个体行为的简单叠加。家庭内部成员独特的联结机制及其结构决定了家庭具备其他成员合意建构的共同体所不具备的功能。具言之,家庭作为自然主义的载体,其成员间的情感依赖性和生命意义的承载作用奠定家庭关系的自然性和道德性。家庭模式孕育了一种特殊的社会关系——亲属关系,这种关系的运转无法运用权利机制得到解释。出于维护亲情的需要,亲属关系强调成员的利他性,而非自利。汉密尔顿的亲缘选择理论指出,有亲缘关系的个体

---

① [德]卡尔·拉伦茨:《德国民法通论》(上册),王晓晔等译,法律出版社 2003 年版,第 57 页。

② 参见杨春禧:《合作社主体法律制度的一般原理——从民事主体功能论出发》,西南财经大学 2010 年博士学位论文,第 22 页。

③ 参见渠敬东:《探寻中国人的社会生命——以〈金翼〉的社会学研究为例》,载《中国社会科学》2019 年第 4 期。

④ 参见何勤华:《西方法学史》,中国政法大学出版社 1996 年版,第 252 页。

⑤ 付子堂:《法律功能论》,中国政法大学出版社 1999 年版,第 15 页。

之间更倾向于发生利他行为,而且随着亲缘关系的接近而增强。[①] 不同于契约关系的权利底色,亲属关系依赖伦理、亲情等因素维系。法律能做的只是对这些自生自发情感衍生的相互照料、管理、抚育、赡养责任进行被动确认。权利是一种在美德、伦理失效时其作用才被凸显出来的机制,是一种只能作为解决纠纷最后的手段而存在的备用机制。[②] 借助家庭的社会功能,个人的生命意义才获得丰富。可见,基于家庭的社会功能和对个人生命意义的丰富及延续作用,其并非纯粹的权利、利益和权力关系的受体。

另一方面,从个人的伦理性补足及其延伸角度,家庭发挥了特有的规范功能。作为爱的共同体,家庭孕育了独特的伦理结构,提供了一种通过彼此的关怀回应所构成的根源性伦理。个人主义是枢纽性的但不是自足的,需要自然主义载体如"家"的扶助,"家"承托起普通人无以割舍的情感依恋、互惠等自然诉求。[③] "家庭作为一个亲密的、充满爱意的共同体,在这个共同体中,每个家庭成员都在爱中放弃他们的自然和个人人格而相互进入这个统一体,在相互承认中获得了自我意识,就像各人的人格一样,每个当事人的财产都应该交给这个整体,并且为了实现制度的目标,任何人都应该可以利用这个公共的财产。"[④]在孔子看来,所有的情感中血缘之爱是最无可置疑的,从血缘中自然生发出来的真实情感是最符合道德理性的,是善良和正义的源泉与根据。[⑤] 社会生活中的"家庭隐喻"一直存在,这种从家庭推演出的关怀伦理已经成为道德实践的重要动机基础。由此,在家

---

① 参见刘鹤玲:《亲缘选择理论:生物有机体的亲缘利他行为及其基因机制》,载《华中师范大学学报(自然科学版)》2008 年第 1 期。

② 参见陈祖为:《当代中国儒家人权观初探》,载梁涛主编:《美德与权利:跨文化视域下的儒学与人权》,中国社会科学出版社 2016 年版,第 82 页。

③ 参见肖瑛:《"家"作为方法:中国社会理论的一种尝试》,载《中国社会科学》2020 年第 11 期。

④ [美]P. G. 斯蒂尔曼:《黑格尔在〈权利哲学〉中对财产权的分析》,黄金荣译,载中国法学网 2021 年 2 月 10 日,http://www.iolaw.org.cn/showNews.aspx?id=7023。

⑤ 参见朱林方:《论中国法上的"家"——以古今家国之变为线索》,西南政法大学 2016 年博士学位论文,第 32 页。

庭共同体中,成员将个体的独立人格向家庭进行了一部分的妥协和让渡,家庭的人格与成员的人格具有一定程度的互嵌性。

其次,财产不仅存在流通中的动态交易功能,还有占有性支配中的静态保障功能。作为主体地位在民法上的标志,权利能力是指充当财产载体的能力。[①] 在“无财产即无人格”的观念下,财产法上的人格是由财产决定的,个人和组织没有必然界限,只要能成为财产的载体,完成交易的使命,就可以是法律确认的主体。[②] 通过去伦理性内核的抽象化拟制,权利能力贯彻了对一切民事主体资格判定的平等性要求。团体的权利能力是一种经过简化而适应交易的效率性要求的财产性人格。[③] 这一面向自由交换经济中财产交易目的的工具主义民事主体识别标准具有狭隘性,忽略了财产法中身份性要素的规范效力。

家庭是经济意义上的产权单位。黑格尔提出财富是家庭作为人格的定在,唯有在财产中家庭才有外部的实在性。[④] 家庭作为自然的财产载体,与建构的财产载体具有不同的存在逻辑。农户所依托的家庭是血缘共同体、地缘共同体和情感共同体的结合。“同血缘共同体关联的是人们的共同关系以及共同地参与事务,总的来说,就是对人类本质自身的拥有;同样地,地缘共同体建立在对土地和耕地的占有的基础上”。[⑤] 亚里士多德在《政治学》中区分了致富术与家户管理:前者通过自由交换获取财富,后者则只获取必要的生活资料。[⑥] 在中国,围绕着家的存续而存在着“同居共财”的家产制历史传统。家产的功能及属性在于用以维持家的存在与延

---

① 参见[德]迪特尔·梅迪库斯:《德国民法总论》,邵建东译,法律出版社 2013 年版,第 857 页。

② 参见梅夏英:《民法上人格的变迁与民法价值体系的衰落》,载找法网 2021 年 2 月 10 日,https://china.findlaw.cn/info/lunwen/minfalw/10377_2.html。

③ 参见张力:《法人独立财产制研究——从历史考察到功能解析》,西南政法大学 2005 年博士学位论文,第 168~169 页。

④ 参见郭成伟主编:《中外法学名著指要》(第 2 版),中国法制出版社 2011 年版,第 404~405 页。

⑤ [德]斐迪南·滕尼斯:《共同体与社会》,张巍卓译,商务印书馆 2019 年版,第 87 页。

⑥ See H. W. C. Davis, *Aristotle Politics*, Dover Publications, 2000, p. 154.

续,事关家庭这一"公共事业",任何家庭成员包括家长均不对家产享有排他性的支配权。对于家产制的性质,俞江曾进行详细阐释:"如果非要给家产找一个归属,那么只能说,家产归属于家户,而不是任何个人。'家'是不可分割的概念,家户必须作为整体看待……'家产究竟是哪个人的?'这个问题纯属今人的思考方式……在世的家人,无论父族还是子孙,不过是整体的、延续性的家的一部分。父祖在子孙未成年时掌管家产,在子孙成年后移交家产。无所谓哪个人是家产的主体。"[①]此种公有并非个体所有权的集合以及加总意义上的共有(可以析分出独立的个体所有权),而是指"物的归属和使用是在一个集体的范畴内公共实现的"。[②] 确立特定财产之上存在家庭这一主体形态的功能在于,通过对家庭财产的整体支配为家庭存续及延续提供物质载体。

进一步地,以家庭为占有土地的基本组织载体,是由家庭经营与农业生产的内在契合性所决定的,是将农业发展的内在需求转化为家庭共财的实践事实。无论是中国历史上长期存在的家户制个体经济,还是废除人民公社制后实行至今的家庭承包制下,农户不仅是生活单位,更是生产单位。在宪法文本层面,家庭经营首先作为一种生产方式,是公有制下组织农业生产的基本经济单位。国际经验方面,美国的农业经营者分为四类:自有型、分成型、经理型、佃农型。其中自有型、分成型以家庭为农业经营的主要载体,[③]二者的主要区别在于:自有型农场使用自己拥有所有权的土地,而分成型农场使用的耕地来源于自有和租赁。据学者研究,1960 年至 2010 年,自有型和分成型在农场中的占比从 79.0% 升至 93.6%,在土地中的占

① 俞江:《家产制视野下的遗嘱》,载《法学》2010 年第 7 期。

② 参见林辉煌:《家产制与中国家庭法律的社会适应——一种"实践的法律社会学"分析》,载《法制与社会发展》2012 年第 4 期。

③ SeeY. Hayami & Vernon W. Ruttan, *Agricultural Development: An International Perspective*, The Johns Hopkins University Press, 1985, p. 163.

比从75.0%升至91.9%。[①] 在日本,1952年制定的《农地法》确立了土地所有权和使用权相结合的自耕农体系,其作为一种小规模家庭占有和经营土地的模式,保障了家庭在农业经营中的基础地位。[②] 以家庭为农业经营基本组织形态的主要原因如下。

1. 家庭是自然形成的紧密利益共同体,以其为农业生产的基本形态,强化了农业经营主体的伦理属性,降低了组织、管理及监督成本。与依血缘关系结成的原生性天然共同体不同,公社集体是建构的地域共同体。其不仅组织规模远大于农户,而且因次生性往往带来成员相互间的信任缺失和合作困境。由于高昂的监管成本,以生产队为基本单位的生产组织方式导致劳动生产率低下,集体生产"内卷化"。[③] 与之不同,家庭团体是义利兼顾的共同体,农民个体不会单纯基于经济利益的衡量对付出和收益斤斤计较,而是在血缘、情感、道德等力量的作用下呈现行为的利他性,节约了生产过程中的组织成本。家庭劳动力为了包括自己在内的家庭经济而劳动。在这种意义上,劳动的动机是极其私人性和个别性的。[④] 家庭经营具有低信任及监督成本的优势,缓解了集体行动中的"搭便车"监督难题。

2. 从农业的产业特质来看,"农业是自然再生产和经济再生产的一个结合体,受生物学规律支配,要求不误农时……农业的决策最好是现场决策……动物、植物都是有生命的物体,需要精心呵护,家庭经营则最适宜这种现场决策"[⑤]。作为一项高度依赖自然的生产活动,农业生产不同于标准化作业的工业生产。在杜润生看来,"工业有厂房,可以聚集在一起生产。农业在辽阔的土地上生产,土地是分散的,不可能把大家集聚在一

---

① 参见高帆:《农业劳动生产率提高的国际经验与中国的选择》,载《复旦学报(社会科学版)》2015年第1期。

② 参见[日]关谷俊作:《日本的农地制度》,金洪云译,三联书店2004年版,第71页。

③ 参见方乐:《法律实践如何面对"家庭"》,载《法制与社会发展》2011年第4期。

④ 参见[美]黄宗智:《中国乡村研究》(第一辑),商务印书馆2003年版,第154页。

⑤ 杜润生:《杜润生自述:中国农村体制变革重大决策纪实》,人民出版社2005年版,第134页。

块土地上”[①]。劳动对象的生命性、生产的季节性、自然环境的不可控制性等因素共同决定了农业生产应保证“主体在场”和“主体自觉”。前者要求生产者之间的互动是具象性、现场性和不间断性的。[②] 后者受制于耕作与收获时间的间隔和不直接关联，“出工不出力”的监督难题要求劳动者高度自律。家庭是土地资源等生产要素的实际占有者和所有者，也是实际参与生产过程的劳动者，实现了生产决策、实施及劳动成果分配的主体同一性。此种同一性的构造使得土地的收益与劳动力紧密结合，因要素归属同一主体，不存在“剥削问题”，而是自主决策下的“自我开发”，免去了外部监督的权利运行成本。此外，家庭能够产生聚合效应，土地作为家庭财产，相对模糊的权利安排强化了合作的便利性和团结趋势。

3. 家庭不仅是农业生产经营的基本单位，也是居住生活的基本单位。供居住的宅基地分配以家庭为单位，与供生产的承包地分配保持一致，家庭成员的“聚居”形态使农业生产的组织成本降低，增加了合作的黏度。[③]在公社集体统一经营时期，“三级所有，队为基础”虽改变了以家庭为生产经营单位和权利单位的制度轨迹，但无法通过制度强制改变以家庭为消费单位的自然事实，最终造成公社集体与农户内部的紧张关系，并阻碍了公社制的实施效果。这表明在农地权利配置中，家庭成员的结合密度符合作为一个主体对待的构造需求。

上述家庭共同体所蕴含的交互性关怀伦理结构及作为财产载体的保障性功能需要立法规范的适恰承接。从法经济学角度看，民事主体的制度设计涉及主体立法和行为立法的分工和规范配置。这需要考虑将私人利

① 杜润生：《杜润生自述：中国农村体制变革重大决策纪实》，人民出版社2005年版，第32页。

② 参见班涛：《农村声望地位的阶层确认研究——基于“结构——互动”视角的解读》，载《南京农业大学学报（社会科学版）》2018年第5期。

③ 参见刘连泰：《家庭与公共生活：中国宪法文本的表达》，载《浙江学刊》2020年第5期。

益关系的调整规范配置为主体法结构是否更为有效。[①] 制度选择上，家庭的上述功能既可以通过分散于物权制度、债权制度、婚姻家庭制度、继承制度甚至诉讼制度中的个别规定予以有所侧重的部分实现，亦可以不采取这一迂回的“借道”方式，而是融合上述这些制度所形成的体系化合力效应，在民事主体制度中直接进行主体地位的确立。诚然，在崇尚个体自由的现代民法文化浸润下，个人的民事行为广泛脱嵌于家庭。家庭是亲属法上无独立人格的特别团体，并无权利主体的法律地位。[②] 多数情况下，构成家庭的各个成员系以自己的名义为权利义务的承受者独立参与民事活动。家庭共财失去了存续的物质条件。凡财产均分属于不同个人，若要形成财产共有关系，须经共有人意思一致，且对于共有财产任何人均有权请求分割，从而恢复个人所有。[③] 家庭的规范构造及其功能主要通过人身属性浓厚的婚姻家庭及继承制度予以承接。国家对家庭的整体性保护较为典型地体现为家庭成员间可互为代理而无须专门授权，其效力及于其他成员。例如，《法国民法典》第220条规定：“夫妻各方均有权单独订立旨在维持家庭日常生活与教育子女的合同。夫妻一方依此缔结的债务对另一方具有连带约束力。”[④]我国《民法典》正式确立了日常家事代理权。[⑤] 家庭对个体的照护义务也已为立法确定为抚养、赡养及扶助等法定义务。此外，财产分割行为尚未从根本上阻断家庭成员之间对于家庭财产的共享关系。实践中，诸如同居家庭成员居住利益的法律保障构成其他成员财产处分行为的

① 参见龙卫球：《民法主体的观念演化、制度变迁与当下趋势》，载《国家检察官学院学报》2011年第4期。

② 参见石碧波：《民法上的“家”——兼论我国民法上“家”的二元结构》，载《当代法学》2003年第7期。

③ 参见蒋月：《论家庭和国家照护个体之责任》，载《江淮论坛》2014年第4期。

④ 《法国民法典》（上册），罗结珍译，法律出版社2005年版，第207页。

⑤ 《民法典》第1060条第1款规定：“夫妻一方因家庭日常生活需要而实施的民事法律行为，对夫妻双方发生效力，但是夫妻一方与相对人另有约定的除外。”

限制。[①] 这些均间接体现了以家庭整体为权利最大保护边界的主体性设定。不可忽视的是,同居共财的家产制传统在中国并没有绝迹,而是在农村社会得到延续。以家产制化育当代中国法律实践的表现,最为典型的莫过于农村土地家庭承包的产权逻辑。[②] 当前社会,共同占有及耕作土地仍然是农村家庭的重要特征。家庭的伦理属性与以土地资源为核心的财产共享实践彼此形成互促性的耦合效果,有必要对此引入民事主体制度予以回应。

第三节　农户民事主体地位的规范分析

一、家庭共有权蕴含农户的主体性构造需求

在现行农地权利法律制度中,集体经济组织成员以整体性的团体形态参与土地承包和宅基地使用这两类农地法律关系,本质上是复数农户成员共有土地承包经营权和宅基地使用权,成立准共有关系。[③] 通常认为,成员间的共有是所有权联合的法律形式,共有并不能产生团体的独立权利义务归属资格,因而共同共有被归入财产法而非主体法的制度范畴。但是,因农户以成员间的家庭关系为实质供给要素,基于之前述及的家庭团体所蕴含的独特伦理价值属性,家庭共同共有的财产权形态产生了农户主体的塑成效果。

家庭共有权既是身份法上的制度,又是财产法上的制度。家庭是以财

---

① 参见孙若军:《离婚救济制度立法研究》,载《法学家》2018 年第 6 期。

② 参见朱林方:《论中国法上的"家"——以古今家国之变为线索》,西南政法大学 2016 年博士学位论文,第 120 页。

③ 《民法典》第 310 条规定:"两个以上组织、个人共同享有用益物权、担保物权的,参照适用本章的有关规定。"因农户成员共有的是所有权之外的财产权,故成立准共有关系。基于共有与准共有在规则适用方面的同质性,本书出于论述的便利,在下文直接使用共有的表述。

产法上的组织形式出现的一种人的共同体。① 对界定某一财产类型为共同共有的标准,在我国尚未达成共识。从体系化的角度看,共同共有制度应当进行取向狭隘视角的"纯化"。通行的观点是将夫妻共有、家庭共有、继承共有、合伙共有作为共同共有类型。② 亦有学者主张将夫妻共有财产和家庭共有财产作为我国法上的共同共有财产类型,排除合伙财产和共同继承遗产。③ 这均表明家庭关系是共同共有的基准和典范。一方面,家庭共同关系具有既定性,它既不是偶然的、临时的,也不是意定形成的财产结合关系。另一方面,家庭关系具有稳定性,农户内复数成员是以继续性共同生活和生产关系为目的结合而成的共同体。正是基于这一点,学者主要质疑共同继承人之间是否成立共同共有。④ 因为继承人团体不是一个长期存在的共同体,而是趋于解散的临时性结合,因而往往被视为共同共有与按份共有的过渡形式。家庭关系施于共有权特殊的规范效果,其行使规则均旨在维系家庭共同关系的持续运转。

共同共有的组织性结构具有塑造团体人格的主体性意涵。通过财产纽带寻求新的联合、保持个人与集体的和谐关系是人类的永恒追求,这就意味着作为团体起点的共有必然是普遍存在的。⑤ 当前立法中,共同共有系作为所有权的特殊形态,被规定于所有权制度中。但是起源上,共有并不是一种独立的所有权形式,其实质是财产组织的形式,也可以说是一种

---

① 参见[德]卡尔·拉伦茨:《德国民法通论》(上册),王晓晔等译,法律出版社 2013 年版,第 193 页。

② 参见唐勇:《共同共有词义考》,载王洪亮等主编:《中德私法研究 14:共同共有》,北京大学出版社 2016 年版,第 5 页。

③ 参见戴孟勇:《论共同共有的类型及其纯化》,载王洪亮等主编:《中德私法研究 14:共同共有》,北京大学出版社 2016 年版,第 58 页。

④ 参见[德]卡尔·拉伦茨:《德国民法通论》(上册),王晓晔等译,法律出版社 2013 年版,第 195 页。

⑤ 参见张力:《法人与非法人组织的体系区隔及其突破——以"类型序列论"改造〈民法通则〉第 37 条》,载《甘肃政法学院学报》2007 年第 5 期。

权利结构形式，法人制度与共有制度是共有理论的同构异体。[①] 在我国，对于共有关系的法律调整，存在按份共有和共同共有两种形态。规范布局上，按份共有和共同共有作为共有的基本类型均在《民法典》物权编中所有权分编的共有章节进行规定。无论是按份共有还是共同共有，都是数人对同一个独立物共享一个所有权，权利主体是复数主体。这并未充分重视并显化按份共有和共同共有的差异性。虽为共有权的子类型，但二者遵循截然不同的运行原理并由此产生差异化的规范效果。这集中体现在共同共有制度虽安置在物权法领域，但产生了向主体法的辐射效果，并产生了民事合伙、家庭共同体以及各类法人。[②] 之所以说共同共有事实上发挥了主体法范畴的民事主体塑造效果，主要原因如下。

1. 共同共有的成立以共同关系为前提，需“存在特殊的财产法上的纽带”。[③] 共同关系的种类受到类型强制原则的限制。[④] 类型强制的深层法理在于对意思自治的修正进行范围限制，只有特别的结合关系方应成立共同共有。例如，《德国民法典》的共同共有仅限于法律明确规定的合伙财产（第 718 条）、共同继承财产（第 2032 条）和约定的夫妻共同财产（第 1416 条）情形，其余皆为按份共有。[⑤] 《瑞士民法典》第 652 条规定：“依法律规定或依契约而存在共同关系之数人，基于其共同关系而共有一物者，为共同共有人。”[⑥]在此，共同共有的设定依据存在法定列举和约定两种方式。

---

① 参见冯文生：《财产组织模式的法律演化——从共有到公司》，载《河北法学》1997 年第 6 期。

② 参见唐勇：《共同共有词义考》，载王洪亮等主编：《中德私法研究 14：共同共有》，北京大学出版社 2016 年版，第 32 页。

③ 参见［德］鲍尔、［德］施蒂尔纳：《德国物权法》（上册），张双根译，法律出版社 2004 年版，第 37 页。

④ 参见张双根：《共有中的两个问题——兼谈对〈物权法（草案）〉“共有”章的一点看法》，载《比较法研究》2006 年第 2 期。

⑤ 参见台湾大学法律学院、台大法学基金会编译：《德国民法典》，北京大学出版社 2016 年版，第 686、1093、1447 页。

⑥ 《瑞士民法典》，戴永盛译，中国政法大学出版社 2016 年版，第 228 页。

但是,无论是法定还是约定,均不能恣意而为,需要考虑法律关系的本质进行设定,这内在地要求共有人之间存在先在的约束性基础关系。数人基于一定事实而结合的关系是否为共同关系(或者说是否具有共同关系的性质),并非基于法律规定或契约约定的结果,亦非法律行为指定的结果。[①] 反观按份共有,其原初的立法驱动在于因数个动产的附合及混合、发现埋藏物等,根据法律上取得权利后这些事实的成就,而属大家共有。[②] 这些共有是偶然的,而且性质上是暂时的。德国虽然将按份共有扩充至"经合意而永久或一定期间内"存续的长期性关系,但本质上按份共有人之间没有形成超越于成员的组织体构造。我国《民法典》的现有规定并未充分显化共同共有和按份共有的差异性,不当扩大了共同共有中意思自治的效力范围。《民法典》第308条规定:"共有人对共有的不动产或者动产没有约定为按份共有或者共同共有,或者约定不明确的,除共有人具有家庭关系等外,视为按份共有。"因此,共同约定和共同关系均得作为共同共有的设定原因,且适用约定优先原则;当存在共同约定时,径直认定成立共同共有关系,而无须额外关注共有人之间是否存在共同关系。这淡化了共同共有作为类概念的实质识别依据。

2. 共同共有中仅存在各共有人的潜在、抽象价值层面的"份额"。马洛里曾指出,《法国民法典》将所有权视为个人最基本的财产关系,团体性对之是例外的和不寻常的;当团体性无法回避时,就让它的持续时间尽可能短。[③] 在个人本位理念下,为谋求个人所有权自由行使的物权制度图景,使主体对客体的支配关系安定并明晰,实行物权客体特定原则。按份共有虽名为共有,但仍维持了个人是特定物的归属主体的规则构造。各共有人对共有物之上的所有权存在量化份额,得按照自身利益需求对共有物进行使

---

① 参见戴永盛:《共有释论》,载《法学》2013年第12期。

② 参见[德]卡尔·拉伦茨:《德国民法通论》(上册),王晓晔等译,法律出版社2003年版,第191页。

③ 参见尹田:《法国物权法》,法律出版社2009年版,第273页。

用、收益。但是，对财产“一分到底”的分割倾向忽视了基于家庭生活需要而产生的持续和稳定的共有关系。在共同共有关系中，法律为保障团体目的的实现，有必要承认数个物以及其他个别财产在整体上形成一项“特别财产”，从而真正建立异于按份共有的全体共有人共同支配关系。作为体现，在份额方面，通说认为，按份共有是区分份额的共有，共同共有则不分份额。① 按份共有中有应有部分存在，各个共有人可将之自由处分并请求分割共有物。② 其特点是以共有人个体为权利义务的归属主体。共同共有人在共同共有关系中的财产份额，本质上是基于共同共有人法律地位的“份额”。此“身份上的份额”严格而言不应称作“共有份额”，而应称为“财产份额”。③ 共同共有的客体是法律上的一物，各共有人的权利无法具体指向一物的某一部分并将该部分识别甚至独立出来，而是扩及全物。对此，有学者分别称之为“所有权量上分割意义上的份额”和“总财产价值比例意义上的份额”。④ 前者的意义在于建立主体对客体的具体实物性的归属关系，而后者中的份额并不具有独立的意义，是抽象的价值性归属。

3. 共同共有中因权利主体的组织性构造而生成了一项全新的共有权，与按份共有中共有人之间松散的债之联合形成根本差异。按份共有下，共有物之上并不存在一个完整的物权，而是贯彻自由处分原则，强调单个共有人的以让与、设定负担甚至抛弃等方式进行权利处分的自由，且共有人享有共有物分割请求权。实质上，按份共有系以份额的形式分散在各共有人手中的物权的聚合行使。对于共有权的立法例，《德国民法典》物权编的所有权章仅在“共有”部分就所有权的按份共有规定少量规则（第1008条至第1011条），其余主要规则置于债务关系编的“共同关系”一节（第741

---

① 参见梁慧星、陈华彬：《物权法》（第5版），法律出版社2010年版，第242页；王利明：《物权法研究》（上卷）（第3版），中国人民大学出版社2013年版，第722页。

② 参见谢在全：《民法物权论》（上册）（第5版），中国政法大学出版社2011年版，第543页。

③ 参见史尚宽：《物权法论》，中国政法大学出版社2000年版，第163页。

④ 参见戴永盛：《共有释论》，载《法学》2013年第12期。

条至第 758 条)。据此,按份共有更多的是涉及共有人之间的债务关系。更准确地说,按份共有只是共有物的使用、管理以及废止等个别债法上义务的来源。① 我国虽将按份共有在物权关系中予以统括规定,但在共有物的管理、处分、重大修缮、分割等共有权行使的重要事项中广泛认可约定的效力,这一定程度上动摇了物权的支配性特征。各共有人处在与他人的相互关系中,按份共有权的行使需要通过"伴随性债之关系"借由请求他人履行的债权性约定方能实现。反观共同共有,其制度规范并非单纯停留在共有人之间的松散关系性规范,而是作为典型的共有权而牵涉主体规范。共有人虽享有管理权能(包括处分权能),但应受共同关系所成立的共同目的约束。共同共有中,共有人已因特殊的结合关系而真实形成"共同共有共同体",这是人合共同体,虽然不是法人,但仍获得了一种有限的特有法律主体地位。②

家庭共有权的上述构造原理满足了农户家庭成员在共同关系中互相结合的自然需求。其规范效力体现在强化成员间的紧密结合关系,而非促进离散化的个体权利主张和自由选择。农户成员之于土地承包经营权和宅基地使用权仅享有"潜在的份额",此种意义上的份额只在共有财产最终处分时才显化为具体的利益。施蒂尔纳生动地指出,"某一'共同共有人'在属于共同共有财产之单个客体上所享有的份额,在物权法上是无法触觉的",而一般共有人的共有份额本身就是所有权,共有人对它可以像对单纯所有权那样自由地处分。③ 在农户共有权的行使中,承包地和宅基地的使用、收益与处分均以成员所结成的团体利益为最终归属。份额仅作为财产

① 参见杨旭:《论共有物分割请求权的限制——"刘柯妤诉刘茂勇、周忠容共有房屋分割案"评释》,载《政治与法律》2017 年第 4 期。

② 参见[德]维尔纳·弗卢梅:《合伙与合手》,金晶译,载王洪亮、张谷等主编:《中德私法研究 14:共同共有》,北京大学出版社 2016 年版,第 65 页。

③ 参见[德]鲍尔、[德]施蒂尔纳:《德国物权法》(上册),张双根译,法律出版社 2004 年版,第 35 ~ 36 页。

价值分配意义上的比例，在处分共有权时才发挥作用。例如，在土地承包经营权转让或征收以及分户等情形下，才能在份额的意义上显化成员的财产权利。家庭共同关系的既定性显著，共同共有的制度规则均在于确定、维系及强化此种约束关系，从而产生了物权法制度对主体法制度的辐照效果，塑造了家庭共有权运行中的农户主体地位。

二、承包地和宅基地作为农户财产符合物的特定性原理

《民法典》在农村承包经营户的法律调整中首次引入"农户财产"概念，赋予了农户取得财产或收益的归属资格。就权利的构成要素而言，承包地和宅基地是土地承包经营权和宅基地使用权的客体，其法律调整应归于财产权法律制度范畴，从而与具有人法属性的农户主体地位研判彼此无涉。但法学视角下的农户本质上是由土地这一资源性财产的组织形式所塑造的主体形态。对土地承包经营权和宅基地使用权的客体范围及法律属性的识别是证成农户作为民事主体的重要依据。倘若在以"户"为单位分配的承包地和宅基地内部同时容纳各个成员具体支配的更小地块，则农户承包地和宅基地实质是由数个独立的物组合而成的集合物。集合物原则上不得成立一个物权，物权只能存在于各独立的物之上。① 循此进路，农户亦因仅是成员间松散联合的产物而难以获得民事主体地位。与之不同，土地作为统一体，是家庭成员共同的财产和劳作的自然领域。客体的不可分割性特质形成了团体财产关系，农户土地财产权所指向的承包地和宅基地是民法上的"一物"。

依据《民法典》第 114 条的物权定义条款，物权客体的特定性是界定物权的核心要素之一。首先，特定性提供了一个区隔化的标准，要求承载物

① 参见王泽鉴：《民法物权 1：通则 · 所有权》（修订版），中国政法大学出版社 2001 年版，第 54 页。

权的物在自然状况和使用价值上有自成一体的独立性,能与其他物相区隔。[①] 其次,特定性标准并非完全映衬于客观世界的物理性绝对标准,而是体现特定利益需求和评价性观点的价值遴选。为了确保经济效用的最大发挥,《德国民法典》第 93 条引入"物之重要成分"的概念,并明确"物之成分不得为个别权利之标的"。[②] 可见,即便某物在形态上能够实现独立,但一旦被视为其他物的成分后其独立性即被吸收,其被视为"一物"后的规范效力体现在能够有效确保物维持其整体性状态。将物的各个部分视为唯一的权利客体,重要成分只能与物共享法律上的命运,否则在物的某些部分属于其他人所有的情况下,该物就永远存在四分五裂的危险。[③] 伴随"从物的归属到物的利用"的物权制度重心之移转,物权客体特定性的判定标准发生了重大变化。能够独立成为一物,不仅应从形式上、物理上判定,而且也应从能否满足人们的生活需要、经济观念予以判定。[④] 进一步地,当物权客体为土地资源时,需要对物权客体的特定性标准进行适当的目的性调适,因为土地资源承载多元价值:作为生产生活资料,具有经济价值;作为环境要素,具有生态价值;作为人类社会发展的自然条件和公共空间,具有公共物品的社会价值。[⑤] 土地资源的物权调整不仅涉及财产意义上"物尽其用"的经济功能发挥,而且附着了家庭生存权保障、抑制细碎化分割的特定功能预设及义务性约束。技术上,土地在物理上虽是广阔无垠且连绵不断的全覆盖式分布,但依法通过人为的区分,确定每宗土地的号数和区域,以"宗地"的形态标示为民法上的"一物"。[⑥]

---

① 参见常鹏翱:《物权法的展开与反思》(第 2 版),法律出版社 2017 年版,第 353 页。

② 参见台湾大学法律学院、台大法学基金会编译:《德国民法典》,北京大学出版社 2016 年版,第 69 页。

③ 参见[德]迪特尔·梅迪库斯:《德国民法总论》,邵建东译,法律出版社 2013 年版,第 880 ~ 881 页。

④ 参见梁慧星主编、陈华彬:《物权法原理》,国家行政学院出版社 1998 年版,第 54 页。

⑤ 参见韩英夫:《自然资源统一确权登记改革的立法纾困》,载《法学评论》2020 年第 2 期。

⑥ 参见崔建远:《物权法》(第 4 版),中国人民大学出版社 2017 年版,第 29 页。

农户分得的承包地符合物的特定性原理,土地承包经营权是农户财产。这主要体现如下。

1. 在土地承包经营权的设立环节,依据《农村土地承包法》第22条第2项的规定,发包方与承包方签订的承包合同中需要确定"承包土地的名称、坐落、面积、质量等级"。在这里,承包地系发包方以"户"为单位分给家庭承包户,农户的承包地是合同标的,其中不再具体明确某个成员实际支配承包地的某一部分地块。对此,从分家析产导致的土地承包经营权分割角度,北京市高级人民法院曾明确此类纠纷应以承包经营户的代表人与村集体经济组织签订的农村土地承包合同或已领取的土地确权证书所确认的土地面积为限,按人口平均分割,不得再向村集体经济组织要求增加承包土地面积。同时,在处理上法院应只确定份额(土地面积),不确定具体地块。① 这亦从反向印证了土地承包经营权的实现效果系在农户范围内进行确权和确地,农户成员内部不划分具体的地块,不能依据空间四至在承包地中另行确定自己排他支配的实际地块。

有必要指出的是,实践中某一农户实际承包的土地在形态上因客观因素限制可能出现分散状态,发包方根据农户内部成员情况匹配与人数相称的地块数量,似乎形成了成员个体对特定承包地块的实施支配关系。例如,在"上诉人江山市新塘边镇勤俭村第四村民小组与被上诉人姜某某、原审被告江山市新塘边镇勤俭村经济合作社承包地征收补偿费用分配纠纷案"中,2004年9月30日,被上诉人姜某某与勤俭村经济合作社签订《江山市农村土地承包合同书》,约定由姜某某承包土地面积3.267亩,具体为:前头山0.37亩、前头山二垣0.53亩、墩头山0.80亩、达脚底0.92亩、墩头山0.71亩。承包期30年,承包方土地承包经营权共有人为姜某某、姜某仙、姜某华、姜师华、毛某某,共5人。由毛某某实际利用的前头山二垣

---

① 参见2005年北京市高级人民法院《关于审理农村土地承包纠纷案件若干问题的指导意见(试行)》第5条。

0.53 亩土地被纳入征收范围,且在征收前毛某某已死亡。对于补偿费的归属,被上诉人姜某某主张,因家庭承包的性质是家庭成员共同共有,毛某某死亡不影响被上诉人的承包经营权。但上诉人勤俭村第四小组认为毛某某已去世,其名下土地被征收,则该土地征收补偿款归集体所有。一审、二审法院均认定被上诉人姜某某与原审被告勤俭村经济合作社于 2004 年 9 月 30 日签订的《江山市农村土地承包合同书》以及《浙江省农村集体土地承包权证》上均载明该案讼争土地为姜某某户的承包范围,也记载了毛某某为承包方土地承包经营权共有人。被上诉人姜某某与案外人毛某某是作为一个承包经营户承包集体土地的,被征收土地补偿款也是以承包经营户为单位进行发放的,被上诉人姜某某要求上诉人勤俭村第四小组支付土地征用补偿款,有事实和法律依据。① 据此,即使农户承包地在物理形态上内部分为若干地块,这一实践也并不具有法律上的规范意义,成员所现实利用的具体地块仍被视为农户承包地中的组成部分,而不是法律上的独立物。

2. 集体经济组织仅以农户承包地为客体进行赋权,集体经济组织成员承包地分配资格的个体化平等保护并不具有法律意义上的权利属性。集体经济组织成员权的重要构成就是承包地分配请求权,并且这项权利不分年龄、性别、民族、宗教信仰、劳动能力等平等享有,发包方应当按照成员人数平均分配,发包到户。② 因此,有必要释明的是,发包时成员人数仅决定农户承包土地的整体面积大小,无论是承包合同还是承包经营权证均不对农户成员所占有的地块进行特定化描述和记载。每个成员的承包权益仅具有抽象的份额属性,并未指向特定的地块进而形成物权意义上的支配关系。同时,《农村土地承包法》虽然规定集体经济组织应当将依法预留、依法开垦增加的土地以及依法收回、承包方自愿交回的土地用于承包给新增

---

① 参见浙江省衢州市中级人民法院民事判决书,(2016)浙 08 民终 639 号。

② 参见《江西省实施〈中华人民共和国农村土地承包法〉办法》第 8 条。

成员，但同时规定了承包期内承包地原则上不予以调整的一般原则。实践中，土地是否调整及何时调整具有浓厚的政策性和自治性。成员新增但并不即时调整承包地面积，而是针对现有土地享受财产权益；减少成员后，集体经济组织亦不对承包地进行面积核减，剩余农户成员的承包权益随之扩充。在下一轮承包之前，如果集体经济组织未进行承包地调整或在本轮承包期内无可供分配的机动地，则新增成员无法享受到以用益物权为表征的占有性实物利益。法律虽保障外嫁女的承包权益，但也是概括地承认对现有土地的共同占有、使用、收益权能，并且这一实践做法获得了地方司法裁判规则的支持，即家庭承包地所保障的成员范围应当包括权利设定后该农户所在家庭的新增成员。[①] 可见，农户之于承包地的利用已经取得了区隔于内部成员的相对独立性，承包地与成员变动并未形成一一映射关系。

3. 农户承包地的内部不可分性还存在法政策的公共目的性考量，并源于民法对承包地法律调整的非自足性。通过将农户承包地视为法律上的"一物"，能够借助家庭成员之间的特殊粘附结构，形成大于各个家庭成员孤立利用土地的整体效用并且有效抑制土地细碎化分散利用的低效弊端。在我国，土地所有权的立法虽未采纳客体进路下分类调整的技术路径，但就土地所承载的多元价值而言，其明显处于公产与私产之间的过渡地带。土地既是自然资源，也是重要的财产形态。当以调整的事物领域进行立法时，立法者要处理的问题必须兼顾管制和自治，在同一部法律里把民事规范和行政规范作政策理念上和政策技术上的缝合。[②] 因此，民法必然接入外部法律评价体系，通过公私规范的一体适用圆满实现规制目的。这主要

---

① 例如，2005 年 1 月 1 日施行的安徽省高级人民法院《关于处理农村土地纠纷案件的指导意见》第 2 条第 2 款规定："农村家庭土地承包经营权是以户为单位取得的。只有具有家庭成员资格，才有承包经营权，而在一定时期内每户承包土地的数量基本不变，家庭人口却在变化。故对于家庭承包的，在确定家庭成员时，应包括取得承包经营权后因出生、婚姻、收养等原因增加的，并具有本集体经济组织成员资格的人员……"

② 参见苏永钦：《寻找新民法》，北京大学出版社 2012 年版，第 35 页。

体现在，在土地由国家或集体所有的公有制立法语境下，包括所有权和用益物权在内的物权均具有“加计权”的特征。通过设置转介规范，公法上的行为规范能够转介对物权占有、使用、收益、变更、处分、排除干涉等权能加以限制。① 例如，为防止集体经济组织频繁调整土地，设置土地承包的期限制度、提倡“增人不增地、减人不减地”政策，实质是公共利益考量下依照农业生产规律对集体土地所有权的必要限制。这均导致这项权利的法律构造并非完全遵循典型用益物权的制度原理。当前阶段，我国的农业经营主体始终是处于土地不足压力下的小农户，人均耕地面积少，土地利用面临细碎化、规模不足的“瓶颈”。特别是山区地区，受制于地形因素的客观限制，耕地资源的细碎化格局十分显著。以贵州省玉屏侗族自治县的一个山区农业村为例，全村耕地以6度到15度的坡耕地为主，呈鱼鳞状分布，耕地地块总数为9376块，耕作距离均值约为8.205千米，农户平均耕作地块12.738块。② 可见，农地并非以个人为单位进行法律意义上的人地对应的权属分配与布局，权利主体需要因应承包地的客观现状，由农户成员不分你我地共同耕作数个零散地块。除去客观因素的影响外，在制度选择及其实施效果上，以“户”为单位的权利主体构造模式可以抑制承包地的分割倾向，从而形成相对完整的土地，避免地块过于细碎。

就宅基地而言，宅基地的法定用途及该用途实现时所表现的地基与房屋之间的天然结合关系决定了农户支配的宅基地是民法上的“一物”。法律对于社会生活的适恰调整应当取向“事物的本质”。作为法律评价的对象，客体的内在属性对主体形态和权利义务的构造规则具有前置性影响。地方实践中，作为“一户一宅”的落实，以“户”为单位配置一处宅基地的具体表现是，一户占用的宅基地叫一处宅基地，是一个物，其使用权是一项权

① 参见苏永钦：《寻找新民法》，北京大学出版社2012年版，第334页。

② 参见葛玉娟、赵宇鸾、任红玉：《山区耕地细碎化对不同利用方式农地集约度的影响》，载《地球科学进展》2020年第2期。

利，而非若干块宅基地及其权利的集合。① 关于宅基地面积标准，实践中的主导模式是“按户定面积”，即以“户”为单位规定每户宅基地面积标准上限。② 少数地方实行“按户内人数定面积”，根据“户”的成员人数规模限定不同面积。③ 可见，宅基地面积并非严格遵循“人人平等”的分配标准，多地所实行的“按户定面积”模式不是按照户内人数定宅基地面积，而是根据土地的资源禀赋现状确定统一的分配标准。即便采取“按户内人数定面积”的地方，集体经济组织成员的人数也仅影响宅基地的面积，不决定其块数。此外，宅基地使用权依附于“户”，在一定期限内户数相对稳定，内部成员增减时也不即刻因应个体情况调整宅基地。

更为深层地，宅基地使用权是一种基地利用权，为房屋提供土地权源。宅基地的使用目的在于建房以供成员居住，而非单纯分配不受地上定着物制约的土地使用权。在职能上，宅基地是家庭履行扶老育幼职能的物质基础，以家庭而非个人为保障对象。住房作为家庭意义之实现的基础性依托，它不仅是供家庭成员遮风挡雨、驱寒避暑的场所，而且是家庭成员交流情感、慰藉心灵的温馨港湾。④ 1948 年联合国《世界人权宣言》规定：“家庭是天然的和基本的社会单元，并应受社会和国家的保护；人人有权享受为维持他本人和家属的健康和福利所需的住房。”我国社会保障体系尚未健

---

① 参见崔建远：《物权法》（第 4 版），中国人民大学出版社 2017 年版，第 321 页。

② 例如，2024 年《广西壮族自治区土地管理条例》第 50 条第 2 款规定：“宅基地面积按照如下标准执行：（一）平原地区和城市郊区每户宅基地面积不得超过一百平方米；（二）丘陵地区、山区每户宅基地面积不得超过一百五十平方米。”

③ 例如，2023 年四川省人民政府《关于规范农村宅基地范围及面积标准的通告》第 4 条规定：“住房用地面积标准为：平原地区每人不超过 30 平方米，丘陵地区每人不超过 40 平方米，山区每人不超过 50 平方米。住房、附属用房和庭院用地总面积为每人不超过 70 平方米。3 人以下的户按 3 人计算，4 人的户按 4 人计算，5 人以上的户按 5 人计算。宅基地所属地域类型，由县级人民政府结合国土调查、地形地貌等情况确定。”

④ 参见陈苇、姜大伟：《论婚姻家庭住房权的优先保护——与“否定说”商榷》，载《现代法学》2013 年第 6 期。

全，特别是在农村，赡养老人、抚养儿女的职能主要由家庭承担。宅基地使用权的设立主要用于满足共同生活家庭成员的居住需要，以夫妻生活、赡养老人和抚育未成年子女等家庭关系的展开为核心功能，不包含转让、抵押等以经济价值实现为要的投资职能。同时，依据建筑物区分所有的一般原理，房屋建筑的功能特定性施于宅基地特殊约束。就所建房屋的自身属性而言，房屋整体四周闭合且具有单独使用的基本功能。房屋内部的各个空间并不具备物的独立性要求，彼此相邻的墙壁、地板等在物质形态上很难精确区分。房屋各部分虽具有不同的具体用途，但在使用上需要相互配合方能共同实现居住保障的整体功能。此外，宅基地发挥着重要的生产保障功能，并且生产保障功能与生活居住功能呈现时空上的重叠，并关联着土地承包经营权的充分行使。正如学者所生动描绘的，“堂屋在有客时用于会客用餐，无客时可成为制作、维修农具之地，且经常作为储存谷物的所在；厨房除了烧火做饭，也是为家禽家畜制作食物的处所；厕所常和猪舍羊圈一体，人畜粪便同入粪坑以为积肥；卧室用于居住，还经常存放农具；庭院围合空间农闲时作为棋牌、运动、聊天等生活场所，农忙时则用于晾晒谷物、簸扬糠秕、脱粒等”①。从空间的实际利用角度，农户成员无法将宅基地之上的房屋分为完全可独立支配利用的空间，房屋整体系供成员共时或分时利用。在“房地一体”原则下，受建房以供成员居住这一特定功能约束的农户宅基地作为载体，亦只能视为一个独立物由成员共同使用。

总而言之，以家庭承包方式分配的承包地和供农民建房居住的宅基地是集体经济组织成员所在农户的家庭财产，是农户成员家庭共同关系存续和维系的必要物质载体。农户财产不是个体财产的聚合和汇总，权利存续期间在农户整体支配的承包地和宅基地内部，无法再切分为可由农户成员独立支配的地块。换言之，依据物权客体的特定性原理，农户承包地和宅基地是法律上的“一物”，在其之上得成立一项独立的土地承包经营权或宅基地使用权，

---

① 凌学东：《宅基地上房屋征收补偿的权源分析》，载《法学杂志》2014 年第 3 期。

农户内部成员之于承包地和宅基地行使的权益不具有独立的权利外观。

三、集体资源性资产家庭保障功能定位的理论支应

(一)客体进路下集体资产分类调整的路径形成

在中央针对农村集体资产所作出的“经营性、资源性、非经营性”的基本分类下,集体资产股份合作制改革引入了基于集体所有权客体的不同功能而提供差异化成员权实现模式的规范路径。其为了实现集体所有权利益归属的明晰化,力求按照按份共有的制度原理使集体经济组织成员以股份形式分享确定的资产收益。但是,该项显化个体成员权益持分的改革并未涉及以承包地和宅基地为核心的集体资源性资产的保障功能,后者遵循差异化的主体构造逻辑。

民法上的集体所有权具有“主体虚化”和“客体概括”的特点。立法沿循不动产和动产的物权客体分类框架,对集体所有的客体进行列举。同时,通过集体所有的不动产和动产归属“本集体成员集体所有”和关涉集体成员重要权益事项由“本集体成员决定”完成对权利主体赋权。其中,“本集体成员集体所有”可以视为原《物权法》在集体土地所有权范畴中引入了“成员权”权利类型,以求提高集体所有权制度的实效。在此之前,对于集体土地所有权的归属,包括《宪法》、原《民法通则》、《土地管理法》在内的法律规范均试图进行明确。在这些规范以外,原《物权法》试图寻找一种新的解决路径。① 该法第 59 条第 1 款规定:“农民集体所有的动产和不动产,属于本集体成员集体所有。”“农民集体”是公有制经济下的一种抽象表述,不是法律语言的权利主体,导致集体产权的模糊和不确定性。② 土地集体所有权赋予每个集体成员平等地拥有社区土地的权利,隐含成员权构成集

① 参见王利明、周友军:《论我国农村土地权利制度的完善》,载《中国法学》2012 年第 1 期。

② 参见于建嵘:《农民是如何失去土地所有权?》,载《经济管理文摘》2007 年第 24 期。

体所有权的基础，后者实际为前者的权利集合。在传统民法上，成员权都是用来解释法人成员所享有的权利，尤其是股东所享有的权利问题。[①] 但是原《物权法》生效后，通过成员权在我国民事权利体系中的引入，以及其与集体土地所有权之间辩证统一的独特构造，具体落实了集体土地所有权的权利功能。在集体内部，集体利益由具备特定身份的成员切实分享，正是集体土地所有权作为一项实体权利的核心表征。这里的身份是一种资格，对于集体经济组织的成员来说，有身份则有权利，无身份则无权利。[②] 由此，成员权的实益体现在借由成员资格的专属性形成成员权的个体化权利构造，以此弥合集体这一主体形态的模糊性。对此，有学者详细论述如下：首先，自然人作为民事主体，其概念和身份易于确定，以自然人为单位进行特定身份利益的限定或福利分配也易于操作；其次，将成员权的主体界定为自然人，可以更好地体现集体保障的公平性；最后，通过建立自然人成员与集体的直接关联，能够变家庭保障为集体保障，体现社会主义公有制的优越性。[③] 成员权的引入虽从法规范层面解决了集体所有权的权利主体虚化问题，但这项权利本身的属性及内容存在争议，导致并未从根本上实现集体所有权的规范目标。

为了进一步实现集体所有权的明晰化、个人化、契约化，在中央政策的引领下，各地广泛开展集体资产股份合作制改革。这一过程是将每个成员作为集体经济组织中一个部分的权利显化到个体。改革的总体目标是寻求以按份共有所具有的权利份额明晰化的制度优势，使集体成员以股份形式分享确定的资产收益。但是，股份制改造并非对集体所有权的彻底重构，而主要在于明晰针对集体经营性资产的收益分配权份额。以产权明晰为目标的股权

---

① 参见谢怀栻：《论民事权利体系》，载《法学研究》1996 年第 2 期。

② 参见李爱荣：《集体经济组织成员权中的身份问题探析》，载《南京农业大学学报（社会科学版）》2016 年第 4 期。

③ 参见戴威、陈小君：《论农村集体经济组织成员权利的实现——基于法律的角度》，载《人民论坛》2012 年第 2 期。

概念并未从根本上取代成员权概念,也无法涉及以承包地和宅基地为核心的集体资源性资产的保障功能,后者遵循差异化的主体构造逻辑。

1. 以股权为基础的成员权改造目的在于明确成员对集体利益的持分,本质上归于集体土地所有权中收益权能的实现范畴,因而此项改革举措不能削弱、僭越甚至从根本上动摇集体所有权的规范目的。实践中,有的地方明确了集体资产股份制改革的特殊性,即农村集体经济属于全体成员所有,具有合作性、区域性和排他性等基本属性,只在农村集体经济组织内部进行。① 集体所有权是一种功能性的概念。它以财产目的为中心建立,旨在将一定的财产保留在一定范围的共同体内部,使其服务于团体的共同利益。② 这一保障性功能内在决定了集体经济组织具有封闭性,集体财产保留给有成员身份者组成的特定团体支配。集体成员的身份虽相对确定但并不固定,呈现流动性的特点。"总有说"是解释集体土地所有权的主流学说。③ 其符合集体经济组织成员资格得丧变更的实践,即当某个自然人符合资格判定要件则自动加入集体并享有成员权,丧失要件则自动退出集体;成员范围不限于某个时间点的具体个人,而且包括未来潜在的新成员。④ 以此为前提,集体资产股份合作制改革在实践中普遍设置了集体股,即承认集体经济组织在土地资产中的股东身份。在集体股的存在逻辑上,集体股只有在土地使用权股份制改革的语境下才能获得合理解释空间——农民集体作为独立于改造后的集体股份合作社的所有权主体当然可以持有集体股。⑤ 集体股的设置目的在于保证基于所有权主体身份对集

---

① 参见2017年《奉节县全面推进农村集体资产量化确权改革工作实施方案》第2条第1款。

② 参见刘连泰、刘玉姿:《作为基本权利的集体土地所有权》,载《江苏行政学院学报》2015年第1期。

③ 参见韩松:《农民集体土地所有权的权能》,载《法学研究》2014年第6期;王利明、周友军:《论我国农村土地权利制度的完善》,载《中国法学》2012年第1期。

④ 参见杨青贵:《集体土地所有权实现的困境及其出路》,载《现代法学》2015年第5期。

⑤ 参见高海:《论集体土地股份化与集体土地所有权的坚持》,载《法律科学(西北政法大学学报)》2019年第1期。

体资产收益分配的均衡性调控,确保收益能够施惠于无股东身份的新增成员权益保障。

此外,股份制改革对股东身份作出了固化的静态处理,不能替代集体所有权语境中的成员资格认定。集体经济组织虽然具有一定程度的封闭性,但是成员仍基于身份性的认定标准而不断更替,这亦构成集体经济组织不断演进的人员基础。“社区全体成员”是一个动态边界,包括那些尚未出生和娶入的人员,他们迟早要加入社区合作范围,因而也必定对那个静态的合作制度提出现实挑战。[①] 股份制改造旨在“以改制时点的成员资格为基础将集体成员身份改造为民法上的社员权,最终为规范化的组织治理和外部成员的吸纳清除障碍”[②]。从扩权赋能的集体资产股份制改革目标看,需要按照“归属清晰、权责明确、保护严格、流转顺畅”的要求完善股权的诸多权能,即每份财产分配给明确的所有者,并且所有权具有排外权;财产所有者获得资产增值的剩余收入;所有者拥有控制和决定现有资产使用的权利、调整资产结构的权利以及销售和出租财产的权利。[③] 这事实上与成员资格的认定相违背。伴随成员的加入和退出,必将出现新增集体成员取得成员身份但无股东身份、原集体经济组织成员转让股份后仍保留成员身份的非对称现象。成员权是农民取得现实的土地用益物权的上游权利,倘若将固化处理的股东身份等同于成员资格,则从源头剥夺了某些具备条件人员的成员资格,必将侵蚀集体土地所有权的根本功能。

2. 以承包地和宅基地为核心构成的集体资源性资产被排除于股份制改革的集体资产范围之外。实践中,大多数地方将集体经济组织所有的经

---

① 参见李可:《集体重构中的成员权——以江苏南通“农村集体经济组织成员数据库”为例》,载《社会发展研究》2015 年第 4 期。

② 张洪松:《地权改革与农村社区集体经济组织重塑——基于成都实验的考察》,载《经济体制改革》2013 年第 4 期。

③ 参见孔有利、刘华周:《农村社区股份经济合作社产权分析——以江苏省村级集体经济组织股份合作化为例》,载《中国农学通报》2010 年第 23 期。

营性资产折股量化；当只有少量经营性资产时，重点是确定成员在集体资产中所占的股份，公益性资产和资源性资产不列入量化范畴。少数涵盖资源性资产的地方，亦将宅基地或承包地排除在外。例如，天津市以集体资产和部分有条件的资源性资产为重点，已经确权确地到户的承包地和宅基地不在股份制改造的集体资产范围之内；安徽省合肥市将用于经营的房屋、建筑物、机械设备等固定资产和货币现金、应收款项等经营性资产，以及教育、文化、卫生等公益事业的非经营性资产，耕地、林地、山岭、荒地、滩涂、水面等资源性资产纳入量化范围，但明确要排除农村宅基地；辽宁省大连市对于未承包到户的耕地、园地、林地、草地、养殖水面及其他农用地等资源性资产，区分目的是否具有经营性，将其中的经营性资源资产量化为本集体成员持有的份额；浙江省湖州市折股量化的集体资产原则上为村集体经营性净资产（货币资金）和发包租赁的资源性资产，公益性资产和非发包租赁的资源性资产暂不列入折股量化的范围；浙江省绍兴市更是明确规定量化后的股权只作为享有集体经济收益分配的依据，不作为农村建房、土地承包的享有依据。[①] 此外，从既有改革文件来看，以农用地为例，土地承包经营权的确权方式以“原则上确权到户到地，由农民拥有数量确切、四至清楚的承包地”为一般要求。只有极少数情形下，在尊重农民意愿的基础上方可通过统一连片整理耕地，将承包地资源折股量化、确权到户，经营所得收益按股分配。[②] 可见，成员生产使用的承包地和成员居住建房的宅基地仍然以保障功能为主，而非作为资产进行收益。（见表4－1）

---

① 参见2019年大连市人民政府《关于农村集体经营性资产股份合作制改革的指导意见》第2条；2015年合肥市人民政府《关于开展农村集体资产股份合作制改革的指导意见》第2条第1款；2014年湖州市人民政府《农村集体资产股份合作制改革实施方案》第2条第4款；2014年绍兴市人民政府《关于推进农村集体资产股份合作制改革的实施意见》第2条第2款等。

② 参见2014年中共中央办公厅、国务院办公厅《关于引导农村土地经营权有序流转发展农业适度规模经营的意见》；2016年原安徽省农业委员会、原安徽省国土资源厅、原安徽省人民政府法制办公室、安徽省档案局印发的《关于在农村土地承包经营权确权登记颁证中使用确权确股不确地方式的规定》。

表4－1 代表性地区纳入农村集体资产股份合作制改革的资产范围

地区	折股量化的集体资产范围
天津市	以集体经营性资产和部分有条件的资源性资产为重点，已经确权确地到户的承包地和宅基地不在股份制改造的集体资产范围之内
辽宁大连市	对于未承包到户的耕地、园地、林地、草地、养殖水面及其他农用地等资源性资产，区分目的是否具有经营性，将其中的经营性资源性资产，量化为本集体成员持有的份额
浙江省湖州市	折股量化的集体资产原则上为村集体经营性净资产（货币资金）和发包租赁的资源性资产，公益性资产和非发包租赁的资源性资产暂不列入折股量化的范围
浙江省绍兴市	限于经营性资产，在经营性资产较少的情况下，可将公益性资产、土地等资源性资产折股，但家庭承包地、农村宅基地排除在外；量化后的股权只作为享有集体经济收益分配的依据，不作为农村建房、土地承包的享有依据
安徽省合肥市	用于经营的房屋、建筑物、机械设备等固定资产和货币现金、应收款项等经营性资产，以及教育、文化、卫生等公益事业的非经营性资产，耕地、林地、山岭、荒地、滩涂、水面等资源性资产纳入量化范围，但排除农村宅基地

由此可见，集体资产股份制改革引入了因应集体所有权的复合功能而提供差异化成员权实现模式的规范路径。结合2016年中共中央、国务院《关于稳步推进农村集体产权制度改革的意见》对农村集体资产作出的资源性资产、经营性资产、非经营性资产的基本分类，成员权中的自益权作为为实现成员的自我利益而针对集体所有权所主张的权利，主要包括集体成员对集体财产的享用权和在集体财产上取得个人财产的权利。其可分为：集体水利设施等公益性资产的公共利用权，针对资源性资产的承包请求权及宅基地分配请求权、集体土地征收补偿请求权以及针对集体经营性建设用地使用权入市等经营性资产的收益分配请求权。就自益权而言，除了承包请求权和宅基地分配请求权以外的其他权利，直接在“成员个人——集体”的法律关系构造之中指向集体资产，无须以用益物权的派生为媒介，成员以个人身份独立向集体经济组织提出请求。但是对于土地承包经营和宅基地分配使用而言，这类农地权利的生成及运行过程体现为从集体土地

所有权到土地承包经营权、宅基地使用权等用益物权再到承租权等债权的权能拆分与让渡过程。除了以集体经济组织为代表的所有权人和市场化的外部社会主体外，集体经济组织成员所在的农户始终是参与其中的权利主体。

（二）承包地“三权分置”改革对农户承包的制度坚守

作为新一轮农村土地制度改革的主要方向，承包地“三权分置”改革以稳定的土地承包经营权保障农民不失去赖以生存的基础，以活跃的土地经营权引入土地的市场配置机制。在土地上，集体经济组织成员对农地的承包经营权是土地集体所有权的根本体现，若将承包经营权保留在农户手中，集体所有权和农民财产权利保护（利益保护）就得到了落实。[①] 目前，承包地“三权分置”已经从政策导向形成立法表达。其法律结构为：集体在农村土地所有权之上为农户设定土地承包经营权，承包农户在其土地承包经营权之上为其他经营主体设定土地经营权。[②] 土地承包经营权虽被置于用益物权的物权体系中，但并不意味着它应当或能够具备某些学者所主张的“资源资产化、资产资本化”的私人财产权法律属性，其本身并不负载进入市场的流通功能。[③] 农地承包一方面受到来自客体的内在规定性约束——农地的农业生产资料属性，另一方面受到来自上游权源的集体所有权特定功能约束。用途上，耕地保护特别是永久基本农田红线的规范效力体现在，它构成土地利用行为所不可逾越的强制性规范，体现了土地管理法律制度建构的底线思维和核心目标。在广大普通的农业型村庄中，绝大部分农用地已经划入基本农田的范围进行保护，即便作为农民财产，也不能通过用途的变更获得可观的土地增值收益。农民财产权的实现无非是

---

① 参见楼建波：《农户承包经营的农地流转的三权分置——一个功能主义的分析路径》，载《南开学报（哲学社会科学版）》2016 年第 4 期。

② 参见高圣平：《农地三权分置视野下土地承包权的重构》，载《法学家》2017 年第 5 期。

③ 参见周其仁：《城乡中国》（上），中信出版社 2013 年版，第 125 页。

将自有劳动力与农地相结合获得产出性收益,或在土地经营权流转中实现农地的有限财产价值。

1. 承包地“三权分置”改革是对“两权分离”的承继性发展,延续了土地承包经营权初始设立的家庭形态。农村社会的转型源自内生的自我需求,同时存在国家自上而下的干预式引导。二者的有机结合最终以农地产权的重新组合进行固定和表达。其间,组织演进和制度变迁的过程并非一蹴而就,“三权分置”体现了渐进式改革的智慧。2016 年中共中央办公厅、国务院办公厅《关于完善农村土地所有权承包权经营权分置办法的意见》提出:“农户享有土地承包权是农村基本经营制度的基础……农村集体土地由作为本集体经济组织成员的农民家庭承包,不论经营权如何流转,集体土地承包权都属于农民家庭。任何组织和个人都不能取代农民家庭的土地承包地位,都不能非法剥夺和限制农户的土地承包权。”2021 年 1 月通过的《农村土地经营权流转管理办法》再次强调,农户家庭承包经营是土地经营权流转的制度前提,不得强迫或阻碍承包方流转土地经营权。时间点上,“三权分置”提出于二轮承包完成之后,是在农户业已实际行使土地承包经营权的情形下推进的改革。土地承包经营权的流转以农户为权利主体,通过家庭决策及其实施对外发生物权性和债权性法律关系。其中,土地经营权的创设有赖于稳定的用益物权基础,在顺应土地要素市场化配置规律的同时为农户保留家庭安全的制度底线。这具体表现为 2018 年修正的《农村土地承包法》及《民法典》淡化了土地经营权权利性质的法律定性,并使其期限具有自由约定性。因此,土地经营权是一项由土地承包经营权派生而来的、存在于其上的权利负担。5 年以上的土地经营权因登记而具有物权效力。这使土地经营权对于农村土地利用实践具有极大的包容性和解释力,包括但不限于土地代耕代种、土地租赁、土地托管、土地股份合作等多元化的经营方式。这为土地经营的灵活性以及经营权人获得稳定的经营预期均提供了弹性的权利实现空间。经营权的分设是承包经营权人的用益物权行使结果,本质是遵循农户意志的自治行为。在承包农户主要依靠非农经营活动以后，通过农户土地的再组合与契约再安排所形成的土地经营权为农业生产经营活动注入现代化的治理因素。同时，在保留土地承包经营权的权利安排下，为活化的权利配备安全阀，使农民参与市场化进程的同时具有稳定的退路保障。

2. 农户承包既符合当前农地承包经营的普遍实践，又因包含家庭因素而对经营主体的创新具有包容性。从权利主体形态的现实择取角度看，农地权利的主体形态择取映衬于转型社会中农村社会所处的阶段性进程。对权利话语体系的建构和表达，应兼顾价值正当和实现可能。大部分积极权利的实现需要国家提供资源进行保障，不能超越国家的资源承载力而提出无限制的要求。“大国小农”是我们的基本国情农情。① 小农的“农”有两层含义。一是指农户，而非个体农民。据实践考察，农户是农民参与社会生活的基本组织单元，农民以“户”为单位进入社会、对接市场、直面国家。二是指经营规模偏小的小农户。据统计，截至2016年年底，全国范围内农业经营户在农业经营主体中占据绝对优势比例。其中，经营规模在3.33公顷（50亩）以下的农户有近2.6亿户，占农户总数的97%左右，经营的耕地面积占全国耕地总面积的82%左右，户均耕地面积5亩左右。② 分散的小规模农户是我国农业生产经营组织的重要构成。即便是适度规模经营的农户，与美国、澳大利亚、新西兰、英国等平均规模达到100—200公顷的农场相比，其经营规模仍然偏小。这表明，在未来较长时期内，家庭经营这一组织形式仍将处于基础性地位，农地不仅由家庭承包，而且由家庭进行现实的经营。同时，伴随市场机制在资源配置中的地位渐趋广泛且深入，当今社会中的小农是“社会化小农”。③ 其

---

① 参见韩长赋：《做好新时代“三农”工作的行动指南》，载人民网2021年2月10日，http://theory.people.com.cn/n1/2019/0716/c40531-31235960.html。

② 参见屈冬玉：《全国2.6亿小农户的出路在这里》，载搜狐网2021年2月10日，https://www.sohu.com/a/207471661_282415。

③ 参见徐勇、邓大才：《社会化小农：解释当今农户的一种视角》，载《学术月刊》2006年第7期。

与外部交往密切、融入现代市场经济，在生产、生活、信息获取等方面社会化程度比较高，特别是土地、资金、劳动力等生产要素配置的社会化程度明显提升，但经营规模较小。（见表4－2）

表4－2　2016年农业经营主体类型及数量统计

经营主体	全国	东部地区	中部地区	西部地区	东北地区
农业经营户/万户	20,743	6479	6427	6647	1190
规模农业经营户/万户	398	119	86	110	83
农业经营单位/万个	204	69	56	62	17
农民合作社/万个	91	32	27	22	10

注：农民合作社指以农业生产经营或服务为主的农民合作社。

资料来源：2017年国务院第三次全国农业普查领导小组办公室、国家统计局《第三次全国农业普查主要数据公报》。

进入乡村振兴阶段后，如何实现党的十九大报告提出的“小农户和现代农业发展有机衔接”成为农村发展的主要议题。在输入方面，传统农民之外出现了以大规模经营者、农业企业家、垄断性农业服务供给者为主的外源农民阶层。[①] 这表明同质化的村庄生产及生活逻辑正在消减，但尚不能直接实现异质化的跃进。小农现代化的前提是尊重农户的主体地位，为农户提供服务，促进农户之间的联合联营，对传统农户进行适当改造。“国家鼓励工商企业为农户提供产前、产中、产后服务，不提倡工商企业大面积、长时间直接租种农户的土地。”[②]外源农民无法代替小农，其发挥作用的空间集中在为农户提供的社会化服务领域。在输出方面，城市化进程半工半农的兼业农民阶层比重增加。但是此类流动农民在城市与乡村不同空间的切换是“候鸟式”的，行为模式具有两栖化、兼业化特点。务工与务农收入必须结合才能实现农户家庭的正常运转。当前阶段，“中农”阶层的土

① 参见谢迪、李荣娟：《小农户经营现代化背景下农村阶层重塑对村庄治理的影响》，载《中国行政管理》2020年第2期。

② 温家宝：《中国农业和农村的发展道路》，载《求是》2012年第2期。

地耕种量虽然有所增加，但是在本质上依然是小农经济，其农业经营主要靠强化“自我剥削”而不是资本化的模式。在土地不可分性的前提下，依赖农户成员通力合作以统一支配承包地，是进行农业再生产、实现家庭安全这一保障性价值的现实依托。

以家庭农场为代表的主要新型农业经营主体仍维持家庭经营的基本形态，且新型农业经营主体的培育具有长期性和渐进性。据农业农村部预测，到2030年，经营规模为3.33公顷（50亩）以下的小农户将降为1.7亿户，所经营的耕地面积约占70%；到2050年，这类小农户仍将有1亿户左右，所经营的耕地面积约占50%。[①] 囿于规模经营发展面临的诸多限制，小农户这一农业微观组织主体格局不会改变。“农户与市场的关系是一个连续的压力区间，它从承担风险并获得参与市场的好处，延伸到为生存而保留非市场的生产基础。”[②]农业生产的基本功能在维持生计与专业化的市场交换两端之间呈现光谱式过渡。在相当长时期内，我国农业生产经营主体仍以一般农户、专业大户和家庭农场共存的家庭经营为主，长期变迁方向是家庭农场。[③] 家庭农场的特点是，经营土地的面积虽较一般农户具有规模性，但仍以家庭为经营形态，且经营规模处于可控的适度状态。家庭农场利用土地的权源是农户流转的土地经营权。此外，有必要指出的是，就规模化经营本身而言，经营规模不是越大越好，需要根据各地的种植类型和自然经济条件判定规模效应并合理确定适度经营规模。例如，学者调研指出，河北省石家庄市栾城区中等规模型农户［经营规模为>0.67～3.33hm^2（10～50亩）］的粮食作物和核桃生产效率最高，小规模型农户［经

---

① 参见屈冬玉：《全国2.6亿小农户的出路在这里》，载搜狐网2021年2月10日，https://www.sohu.com/a/207471661_282415。

② ［英］弗兰克·艾利思：《农民经济学：农民家庭农业和农业发展》，胡景北译，上海人民出版社2006年版，第6页。

③ 参见黄祖辉、俞宁：《新型农业经营主体：现状、约束与发展思路——以浙江省为例的分析》，载《中国农村经济》2010年第10期。

营规模为 0 ~ 0.67hm^2(0 ~ 10 亩)]的草坪生产效率最高。[①] 这亦印证了新型经营主体的形态创新存在客观条件的现实约束性。

农户在任何地方总是具有多方面的内部层次。[②] 积累是具有经营眼光和能力的少部分专业农户的行为,对于大部分小农而言,最重要的是保证、维持家庭的正常运转。承认农户的权利主体地位,意味着保留了农业生产经营创新中的家庭因素,这是经营主体创新的前提性约束。家庭农场之所以在众多新型经营主体中处于主导地位,原因在于保持了农地权利制度体系演进过程的连贯性和承接性。土地承包经营权与土地经营权之间的派生性原理,以及农地产权重组的弹性机制,能够确保流转土地的农户通过土地之上权利负担的消除和土地权利的复归,维持基本生存的能力。

总体上,家庭经营作为契合于农业生产的组织形式,承包地"三权分置"之下土地承包经营权的身份属性更趋显化,承载着"耕者有其田"的成员权功能,确认并巩固了农户的权利主体地位。[③] 这既契合"大国小农"国情下的农地利用实践,同时为以家庭农场为代表的新型经营主体创新提供了主体性形态依托。

(三)宅基地使用权农户居住保障兼具财产性功能的释明

以家庭为单位的保障功能是宅基地使用权制度所发挥的实然功能和构建该制度的核心价值导向。保障性集中体现在维护农民的生存性居住利益。但是,政策层面的宅基地"三权分置"改革引发了宅基地使用权是否应定位为流通性财产权的争论,而这一定位在弱化家庭保障功能的基础上

---

① 参见肖瑶:《石家庄市栾城区农地经营规模与农业生产效率的关系》,载《中国农业大学学报》2019 年第 2 期。

② See Sidney W. Mintz, *The Rural Proletariat and the Problem of Rural Proletarian Consciousness*, 3 In Journal of Peasant Studies 297(1974).

③ 参见焦富民:《"三权分置"视域下承包土地的经营权抵押制度之构建》,载《政法论坛》2016 年第 5 期。

将凸显权利主体的个人化特征。2018 年中共中央、国务院《关于实施乡村振兴战略的意见》提出"探索宅基地所有权、资格权、使用权'三权分置'，落实宅基地集体所有权，保障宅基地农户资格权和农民房屋财产权，适度放活宅基地和农民房屋使用权"。该意见首次在中央政策层面提出了"农户资格权"概念。然而，农户资格权在现行法中并无对应的法律概念，作为一个规范意涵模糊的政策性概念，需要解决农户资格权的法律表达问题。对于这项权利的内涵及性质，在理论研究和实践探索中主要形成了成员权说（取得资格说）、剩余权说和保障性的宅基地使用权说（取得资格兼实体权利说）三种不同认知。

"成员权说"强调资格权的身份专属性和保障功能。农户资格权是取得与行使宅基地使用权的前提，是依据集体经济组织成员身份所应当享有的期待利益。① "资格权"的概念最早出现于浙江省义乌市《关于推进农村宅基地制度改革试点工作的若干意见》。② 在"浙江义乌模式"中，宅基地使用权是一项权能完整的财产权，不仅农户可向任何主体自由流转宅基地使用权，并且这项权利还可成为抵押权标的。农户将宅基地使用权流转后，依然保留集体经济组织成员身份，但此后不再享有对宅基地的具体支配性权利。对于资格权的成员权属性，有学者早在中央政策及地方改革之前就进行了理论关注，并形成了宅基地占有权、宅基地配给权、宅基地居住权的具体权利界定路径。③ 但是就"不得将退出宅基地占有权作为农民进城落户的条件""基于农民身份从集体获得，具有鲜明的资格性""不得用

① 参见陈广华、罗亚文：《乡村振兴背景下宅基地资格权研究》，载《安徽大学学报（哲学社会科学版）》2019 年第 5 期。

② 参见李凤章、赵杰：《农户宅基地资格权的规范分析》，载《行政管理改革》2018 年第 4 期。

③ 参见董祚继：《以"三权分置"为农村宅基地改革突破口》，载《中国乡村发现》2017 年第 1 期；欧阳觅剑：《"三权分置"原则也应运用于宅基地改革》，载《21 世纪经济报道》2014 年 11 月 28 日，第 4 版；岳永兵：《宅基地"三权分置"：一个引入配给权的分析框架》，载《中国国土资源经济》2018 年第 1 期。

于流转和继承”等观点来看,实质是主张在法技术上将保障性的资格权与财产性的使用权相区隔。“成员权说”虽不否认宅基地负载对集体经济组织成员的福利性保障功能,但是认为这一功能在初始分配阶段已经完成。将村民的“一户”与宅基地的“一处”相对应,是对宅基地使用权初始取得的限制。① 至于宅基地使用权本身,应当作为可让与的财产权,权利主体不受限制。

“剩余权说”的基本观点是,在未分配宅基地时农户资格权是集体经济组织成员要求获得分配的成员资格;对于已经分配的宅基地,农户资格权是成员转让使用权后的剩余权。②

“保障性的宅基地使用权说”认为,资格权是抽象资格与具体权利的结合体。它是集体成员获取宅基地用以建造住房,并享有相关财产权益的身份权利。③ 唯有的不同是,在“三权分置”政策的引领下,这项权利的财产属性应当得到强化;通过“赋能”的方式,赋予宅基地使用权以特定形式的流转权能,以其为释放宅基地及农民住房财产价值的制度工具。实践中,主要通过宅基地使用权的租赁方式,实现盘活闲置宅基地和房屋的政策目标。④ 除了债权性租赁方式外,亦存在物权性“转让”方式。例如,根据《德清县农村宅基地管理办法》第33条和第34条的规定,宅基地使用权经村股份经济合作社同意报所在地镇人民政府(街道办事处)批准后,可以抵押、出租、转让。有必要明确的是,此处的“转让”并非与土地承包经营权转让同一含义。因宅基地使用权是无期限的用益物权,而受让人所获得的是

---

① 参见高圣平、刘守英:《宅基地使用权初始取得制度研究》,载《中国土地科学》2007年第2期。

② 参见李凤章、赵杰:《农户宅基地资格权的规范分析》,载《行政管理改革》2018年第4期。

③ 参见刘圣欢、杨砚池:《农村宅基地“三权分置”的权利结构与实施路径——基于大理市银桥镇农村宅基地制度改革试点》,载《华中师范大学学报(人文社会科学版)》2018年第5期。

④ 参见刘国栋:《论宅基地三权分置政策中农户资格权的法律表达》,载《法律科学(西北政法大学学报)》2019年第1期。

一定期限的、部分权能的宅基地使用权。由此，宅基地使用权仍被定位于主要负载保障性功能的身份性权利。但是，该权利的财产属性得到了强化，通过在宅基地使用权之上设立债权性或物权性的使用权，作为使用人保有利用房屋的正当权源，顺应市场机制提高了宅基地的配置效率。

上述三类代表性学说中，“成员权说”和“剩余权说”均存在一定的缺陷。二者以宅基地使用权的完全流转为常态化的权利行使方式，其预设是应实现对农民从“实物保障”向“资格保障”的转化。如果这能够成立，资格保障的个人专属性决定农地权利主体实现了从农户团体向成员个体的转型。实物保障和资格保障的重大差异在于隐含了对宅基地使用权权利主体的不同构造要求。资格保障下不注重通过成员对宅基地的现实占有与利用来达成保障目的，重要的是认定成员个人享有分配宅基地的资格后，谋求这一资格在价值形态方面得到实现。财产利益的可分性突出了成员权利的个体化行使趋向。实物保障则不然，成员具有自己亲自占有宅基地满足居住的生活需求；家庭共同居住作为生活的常态，决定了宅基地使用权的自益性行使是以“户”为单位进行的，而不能完全遵照财产权的行使逻辑。在宅基地“三权分置”中，资格权的应然定位是：包含资格要素，但并非资格本身，而是抽象资格的具体权利化实现。

“保障性的宅基地使用权说”具有一定的合理性，顾及了对集体经济组织成员的保障应体现在具体权利的层次，而非仅仅是抽象的资格赋予。其不足在于将成员权的部分属性代入了宅基地使用权的权利意涵之中，混淆了宅基地所有权和宅基地使用权的差异化权利功能。宅基地“三权分置”的初衷在于缓和宅基地之上权利配置的闭合性，通过宅基地及房屋财产功能的实现达到增加农民财产权益、提升闲置宅基地配置效率的集约利用目标。但是，对外直接转让宅基地使用权的方式从根本上动摇、否定宅基地使用权的价值基础和功能预设，并且架空了集体土地所有权。据此，中央提出的宅基地“三权分置”举措不是权利主体的完全分立。其实质是对“直接对外转让途径”的否定，是在盘活闲置宅基地上的“另辟蹊径”。[①] 不能将宅基地“三权分置”政策中提出的所有权、资格权、使用权直接沿用为立法中的三项不同权利类型。政策表达的一项“权利”可能杂糅立法中不同权利的部分权能，而某些“权利”可能根本不是一项独立的法定权利。农户资格权的政策表达存在向法律直接转化的障碍。

1. 宅基地“三权分置”政策将资格权的主体界定为农户，与成员资格的个体性归属不相容，可以推知其意图是在现行法所指向的宅基地使用权这一具体权利层面引入资格权概念。严格意义上，成员权同样不是现行法上的明确法律概念，而是附着于成员身份的一系列权利或权益的概括称谓。其具体有两层意涵。一是成员权是一项身份权。资格是成员身份的映衬。集体成员对集体土地所固有的生产和居住利益是潜在的、抽象份额。资格的赋予具有身份性和专属性，主体形态须清晰且稳定。农户范围的伸缩性和易变性决定了应当将资格的归属主体落在具有集体经济组织成员身份的个人身上。二是在集体这一团体内部，成员能够基于特定的资格行使集体利益分配请求权，请求获取某些财产利益。分配请求权是成员当然享有并能顺利行使的权利，其行使方式在于向集体经济组织为一定的表意行为，不受客观因素影响，亦不能被剥夺，故与成员身份密切相关。[②] 但在成员权阶段，这些财产利益是派生的、间接的请求权，而非独立的财产权。成员权的定位本身没有超越“落实集体所有权”的规范射程。土地公有制语境下，土地利用的制度逻辑并不是“土地所有权——土地他项权”而应为“土地所有权——土地使用权——土地他项权”。[③] 倘若在成员权意义层

① 参见宋志红：《宅基地“三权分置”：从产权配置目标到立法实现》，载《中国土地科学》2019年第6期。

② 参见陈小君：《我国农民集体成员权的立法抉择》，载《清华法学》2017年第2期。

③ 参见高富平：《从罗马法的土地分散利用体制看中国土地使用权制度设计》，载杨振山、［意］桑德罗·斯奇巴奇主编：《罗马法·中国法与民法法典化——物权和债权之研究》，中国政法大学出版社2001年版，第297页。

面界定农户资格权，当宅基地使用权归于他人时，农户与特定宅基地将失去关联而面临丧失生活保障的风险。因此，必须理顺宅基地使用权承载的保障功能与财产功能之间的实现位阶。农地权利的身份属性虽然会对权利的流通性和配置效率造成减损，但“正是权利身份性有效防范了外来资本挤压农民基本生存的空间”。[①] 此外，宅基地的分配资格与切实享有宅基地使用权是彼此独立的两个阶段，受制于以“户”为单位进行申请、集体经济组织尚有可供分配的宅基地、符合法定的申请程序等要件。

2. 在权利类型的对称性及权利体系的协调性方面，因承包地和宅基地的功能定位相似，应将“三权分置”的改革政策进行连贯一致的立法表达，进而形成相称的权利结构。农民集体所有的农村土地是生产要素，也是生活保障。土地承包经营权承担“耕者有其田”的生产保障功能，农户是生产活动的基本决策单位。宅基地使用权承担“居者有其屋”的生活保障功能，农户是生活及消费的基本决策单位。后者对于前者具有强化的功能，提升了农业生产活动成员间的黏合度和组织性。

在家庭关系的判定上，居住事实的重要性已经超越身份因素的识别作用。《民法典》新增了家庭成员的定义性条款即“配偶、父母、子女和其他共同生活的近亲属为家庭成员”。在血缘、亲缘等身份性因素外，宅基地使用权内生的对共同居住事实的维护能够为共同生产经营提供直接的正向强化。土地承包经营权和宅基地使用权的初始分配均具有福利保障特点。二者作为集体所有权实现的最重要方式，所有权的实现逻辑要求集体经济组织作为义务主体公平保障具有成员身份的农民的生产、生活条件。相应地，对于二者的法律调整应适用等置规则，作为相同的事实范型给予同类法律评价。目前，承包地的“三权分置”在《农村土地承包法》和《民法典》物权编中形成了“集体土地所有权——土地承包经营权——土地经营权”

① 参见陶钟太朗、杨遂全：《农村土地经营权认知与物权塑造》，载《南京农业大学学报（社会科学版）》2015 年第 2 期。

的权利结构。其中,土地经营权设定的基本途径是合同,首要方式就是出租。同时因土地经营权包含占有土地的权能,长期的经营权因登记而能够获得物权性保护。与此相应,宅基地“三权分置”的两个入法进路如下:一是债权性的农户出租宅基地使用权方式,二是物权性的农户创设并让渡“次级宅基地使用权”。[①] 其共性在于并非宅基地使用权的完全流转,农户仍未彻底退出宅基地利用关系。这两种取向“适度流转”进路的优点是充分利用现行法律的文本资源,降低了重新立法的制度成本。无论是《民法典》还是修正后的《土地管理法》均没有对宅基地使用权的相关法律规范进行立法论意义上的革新,这就意味着宅基地“三权分置”的法实现进路只能是解释论意义上的、对规范漏洞的填补性续造,即在不触及宅基地使用权身份属性的情况下,探寻其可让与性的具体路径和制度空间。从权利发生的角度分析,民法体系基于权利衍生性具有层次化的结构特征。[②] 虽然设定次级的使用权带来权利层次增加、交易结构的复杂,但通过登记技术的发展可以克服并清晰展现权利的层次性构造。

3. 宅基地资格权的提出有其固有功能,落实了宅基地所有权的具体权能且显化了成员权的法定内涵。资格权可用于对农民或其他主体使用宅基地的行为进行正当性评价,使其屈从于集体所有权的目的性约束。“农民集体”并不是一类民事主体,但集体所有权是法定的所有权基本类型。这意味着需要借助相关制度来间接、替代实现集体土地所有权的规范效力和强化农民集体的主体地位。从法律上看,《民法典》物权编将农民集体所有进一步阐释为“本集体成员集体所有”,隐含了“集体成员享受集体所有权的利益就是集体所有权得到实现”的制度机制。[③] 根据《土地管理法》第

---

① 参见宋志红:《宅基地“三权分置”:从产权配置目标到立法实现》,载《中国社会科学》2019年第6期。

② 参见何松威、李建华:《民法体系语境下民事客体理论的权利思维》,载《当代法学》2019年第1期。

③ 参见韩松:《论农民集体土地所有权的集体成员受益权能》,载《当代法学》2014年第1期。

62 条的规定，宅基地的分配应符合“一户一宅”原则且申请面积不得超标。超面积占用宅基地的行为并不受到法律保护。宅基地资格权将通过集体成员权而阐明与量化农民对集体土地的居住利益在法律上的效力。[①] 宅基地资格权的实现要求只有在规定面积内占有宅基地，其设定的宅基地使用权才能得到确权。特别是关于“一户一宅”能否推演“增户则增地”的宅基地分配制度，如已经在某一户下享受无偿配置宅基地面积的家庭成员在分户后的宅基地标准计算中是否应当扣除等问题，资格权概念的引入能够提供有益启发。[②] 根据《德清县农村宅基地管理办法》第 14 条的规定，村股份经济合作社按照有关规定有权对下列宅基地管理事项作出决定：对宅基地农户资格权进行认定、登记及分户管理；对农户申请宅基地进行审核审查，对新增宅基地按照建房缓急程度进行轮候分配；制定本社宅基地有偿使用方案，确定有偿使用范围和有偿使用费收缴标准、收缴方式；对宅基地使用权流转进行审查，确定宅基地使用权流转年限，收益调节金的收取范围、方式和标准等；对空闲宅基地进行收储，并通过农村土地整治、收回再利用方式对宅基地进行盘活利用等。这些规定既是对宅基地集体所有权管理权能的具体列举，同时也体现了附着于成员资格的权利与义务要求。在成员权层面，资格权可具体化为宅基地分配请求权、退出（包括征收）补偿请求权、超标占用宅基地的费用给付义务等内容。

有必要指出的是，相较土地承包经营权，宅基地使用权的权利行使规则因地与房的结合关系而更具有复杂性。宅基地与房屋虽形成自然属性的结合关系，但作为独立的物具有不同的权利主体构造，且遵循不同的权利行使逻辑。这在中共中央、国务院《关于实施乡村振兴战略的意见》“宅基地农户资格权”和“农民房屋财产权”的表述中也得到了确认。2015 年

---

① 参见张力、王年：《“三权分置”路径下农村宅基地资格权的制度表达》，载《农业经济问题》2019 年第 4 期。

② 参见王崇敏：《我国农村宅基地使用权取得制度的现代化构建》，载《当代法学》2012 年第 5 期。

中国法学会民法典编纂项目领导小组《中华人民共和国民法典·民法总则专家建议稿(提交稿)》也将第55条的法条名称规定为“作为宅基地使用权主体的户”。宅基地对成员身份的福利性分配决定了其与通过建造形成的房屋财产的权利主体不同:前者由申请时具备集体经济组织成员资格的人员组成的农户统一享有,而后者依据建造或约定等行为确定由农民单独所有或者共有。

当前宅基地使用权法律制度的供给存在重视“基地”而忽视“宅”的立法倾向。在自然属性上,房屋等建筑物必然需要土地作为载体提供支撑利益。对于土地及地上定着物的关系,比较法上有两种立法例。[①] 以德国、瑞士为代表的“一元模式”受到罗马法上“附着于土地之物即属该土地”思想的影响,认为只有土地属于不动产,建筑物、构筑物、林木等是土地的成分,为土地所吸收。例如,《瑞士民法典》第667条规定:“只要行使权利有利益可言,土地所有权及于地上及地下;除法律保留的限制外,土地所有权及于建筑物、植物及泉水。”[②]《德国民法典》第94条规定:“土地的重要成分,为定着于土地之物,特别是建筑物以及尚与土地结合的土地出产物。”[③]但是,以日本为代表的“二元模式”认为土地及地上定着物均属于独立的物。我国现行法采取第二种立法例。例如,原《担保法》第92条第1款规定:“本法所称不动产是指土地以及房屋、林木等地上定着物。”土地和房屋作为法律意义上的分离体,住宅的建造凝结农户成员的劳动行为,并因不同的成本产生不同的价值,在建造行为完成之时产生独立的房屋所有权。对此,《民法典》第266条确认了私人对其合法的房屋等不动产享有所有权。

现行立法从土地用益物权的角度构建宅基地使用权,但是忽视了农民房屋所有权的权利行使规则。依据房屋所有权的个人财产权属性,应当体

---

① 参见程啸:《不动产登记法研究》(第2版),法律出版社2018年版,第139~140页。

② 《瑞士民法典》,戴永盛译,中国政法大学出版社2016年版,第234页。

③ 台湾大学法律学院、台大法律基金会编译:《德国民法典》,北京大学出版社2017年版,第69页。

现所有权人在转让、继承等处分行为方面的自主意思。司法实践中，通常做法是区分宅基地之上是否存在房屋而适用不同规则。当宅基地之上无房屋时，基于宅基地的公平分配性认定单纯的宅基地使用权不具有可继承性。法院认为，“农村村民系基于其在该集体经济组织生存所需而无偿取得宅基地使用权”，“作为一项特殊财产，系集体经济组织成员因成员而取得、因资格丧失而失去”，“一旦继承发生流转，将导致宅基地无限扩大；继承后一户数宅之现象，有违农村宅基地‘一户一宅’之现行法律规定，亦有违于十分珍惜、合理利用土地之基本国策”。① 当宅基地上存在房屋时，则通过继承房屋取得的宅基地可以确定集体土地建设用地使用权。② 该裁判观点亦存在行政部门规章的支持。③

可见，宅基地使用权的身份属性涵盖了宅基地使用权取得和利用的整个过程和全部内容。④ 司法裁判坚持宅基地使用权的保障性属性，以此为宅基地使用权必须坚守的运行逻辑而排斥单独继承取得的适用。宅基地使用权是以“户”为单位配置的权利，不因个体成员的减少而改变权利的主体归属。⑤ 房屋所有权的继承系赖于其财产属性，但实现时需要另觅权利

---

① 参见云南省昆明市中级人民法院民事判决书，(2007)昆民二终字第 138 号；重庆市第四中级人民法院民事判决书，(2013)渝四中法民终字第 01144 号；广西壮族自治区西林县人民法院民事判决书，(2015)西民一初字第 195 号。

② 参见山东省青岛市中级人民法院民事判决书，(2023)鲁 02 民终 2346 号；广东省中山市第一人民法院民事判决书，(2022)粤 2071 民初 19974 号。

③ 例如，2010 年修订的原国土资源部《确定土地所有权和使用权的若干规定》第 49 条规定：“接受转让、购买房屋取得的宅基地，与原有宅基地合计面积超过当地政府规定标准，按照有关规定处理后允许继续使用的，可暂确定其集体土地建设用地使用权。继承房屋取得的宅基地，可确定集体土地建设用地使用权。”

④ 参见俞文莉：《论宅基地使用权初始取得的主体和基本方式》，载《河北法学》2011 年第 8 期。

⑤ 例如，“户”中人口减少时，宅基地仍由“户”中其他成员共同使用，宅基地使用权的补偿款由该户其他成员共同所有。参见湖南省张家界市永定区人民法院民事判决书，(2023)湘 0802 民初 3021 号。

基础。既有政策性规范文件已经对因继承房屋而占有宅基地的权利主体特殊性进行了关注。根据2011年原国土资源部、中央农村工作领导小组办公室、财政部、原农业部《关于农村集体土地确权登记发证的若干意见》和2016年《不动产登记操作规范（试行）》相关规定，已拥有一处宅基地的本集体经济组织成员、非集体经济组织成员的农村或城镇居民，因继承取得宅基地使用权及房屋所有权的，在不动产权属证书附记栏记载该权利人为本农民集体原成员住宅的合法继承人。有学者提出了继承房屋时在宅基地之上成立法定租赁权的建议。[①] 借鉴我国台湾地区的"土地推定租赁权"模式，农村房屋的继承人在取得房屋所有权的同时，对于房屋的宅基地取得作为债权的"宅基地租赁权"。这亦契合了宅基地"三权分置"改革在稳定农户宅基地使用权的基础上实现农民住房财产权的法治意蕴。

总而言之，宅基地制度建立之初保障功能就是主基调，宅基地的制度设计严格遵循保障农民基本居住权的理念。[②] 成功的土地利用是以土地特性的认识为基础的。[③] 土地具有资源和资产双重属性，二者的权重应根据取向稳定的保障功能与取向效率的经济功能进行具体配置。虽然在价值导向上承包地和宅基地均载有生存保障功能且以显化财产流通功能为趋势，但承包地"三权分置"与宅基地"三权分置"的改革目标存在一定的差异。承包地"三权分置"改革主要是经济体制改革，宅基地"三权分置"改革则被赋予更为复杂的建立城乡一体的公民居住权保

---

① 有关法定租赁权的学者观点，参见韩世远：《宅基地立法问题——兼析物权法草案第十三章"宅基地使用权"》，载《政治与法律》2005年第5期；刘凯湘：《法定租赁权对农村宅基地制度改革的意义与构想》，载《法学论坛》2010年第1期；张建文、李红玲：《宅基地使用权继承取得之否定——宅基地"法定租赁权"的解释路径》，载《河北法学》2016年第12期。

② 参见董新辉：《新中国70年宅基地使用权流转：制度变迁、现实困境、改革方向》，载《中国农村经济》2019年第6期。

③ 参见［美］伊利、［美］莫尔豪斯：《土地经济学原理》，滕维藻译，商务印书馆1982年版，第59页。

障体制的目标功能。[①] 由此，该项改革的推进及立法转化应更为审慎。此外，微观层面上农户主体内部分化，资产缺乏型农户与资产均衡型农户由于生计资产配置不同，宅基地资源在家庭生计中的作用也不同：前者起到家庭保障功能，实现农户基本生存；后者起到资产增值功能，实现农户家庭福利更大的提高。[②] 这就要求宅基地使用权法律规范在不进行彻底的市场化重构的基础上，通过引致条款的架设保持一定的开放构造，为新型权利的滋生提供空间，以对差异化的农户现状保有抽象统摄性。基于这一认识，对于宅基地而言，其资源属性要重于资产属性，在“户有所居”的意义上是农民居住权的现实依托。

---

① 参见张力、王年：《“三权分置”路径下农村宅基地资格权的制度表达》，载《农业经济问题》2019 年第 4 期。

② 参见关江华：《农户宅基地流转意愿差异及其驱动力研究——基于农户可持续生计视角》，载《资源科学》2013 年第 11 期。

第五章　农户民事主体性质定位及其法律构造的再厘定

在伦理之下，私法中那些抽象的自由受到排斥。

——罗尔夫·克尼佩尔(Roff Knieper)

《民法典》广泛运用抽象概括式的规范编纂技术实现其规范效力，以法律概念为纽结形成法律体系。在这里，概念既是从具象事实到抽象规则的连接点，又是从具体性规则到共同性规则的归纳点。[①] 在具体适用过程中，法律规范赖以发生作用的是归属律，即当以抽象方式描写的法律事实存在时，法律效果便在具体的案型中发生效力。[②] 同时，即便是具体规则，《民法典》亦不再取向设计个别规范，而是通过借助类型化思维建构"事实范型"，由此发挥对社会实践进行法效果设定的功能。但是，农户作为直接源自现实生活的事实概念，指向具体的经验对象。在立法技术上，其与

---

① 参见姜燕：《论民法体系的理性与经验——以萨维尼理论的历史性和体系化为视角》，载《河南社会科学》2016年第7期。

② 参见黄茂荣：《法学方法与现代民法》(第5版)，法律出版社2007年版，第530页。

经抽象提炼的民事主体存在差异,需要解决农户民事主体法律性质的定位问题。

第一节　农户民事主体性质定位的代表性学说方案

在认可应当赋予农户民事主体地位的前提下,对于其法律性质,学界形成了不同的观点。这些学理讨论分别在解释论和立法论的不同层面展开。解释论层面,在《民法典》既定的"三元论"民事主体框架下,比照各类主体的特点,对农户进行归入,具体包括非法人组织体说、商自然人说以及法人说。立法论层面,则在农户的主体地位应予以独立确认的基础上,提出具体适应性的观点,包括类似合伙的独立组织体说、新型主体说和行使主体说。

一、"三元论"民事主体下的归入类学说观点

(一)非法人组织体说

农户能够以"户"的名义独立进行民事活动,并对经营期间的债务承担无限清偿责任。① 由此观之,农村承包经营户具备非法人组织的基本特征:一是在财产和组织机构方面,土地承包经营权具有相对稳定性,能够作为农户的责任财产,且对外有户主作为代表人,有家庭会议等组织机构。二是合法成立,依法与所在集体经济组织签订土地承包经营合同,由土地承包经营权证书对其合法权利进行确认。根据《农村土地承包法》享有"依法承包由本集体经济组织发包的农村土地"的权利能力,并在该法列举的具体权利方面享有行为能力。三是农村承包经营户具有团体的属性和独立

① 参见房绍坤主编:《民法》(第3版),中国人民大学出版社2014年版,第53页。

于成员个体利益的团体利益。除少数情况下的单人户外，其并非松散的临时集合体，而具有较强的稳定性。农户是为实现在农业生产经营中的整个家庭利益而存在的最佳法律形式。四是农村承包经营户能以自己的名义对外从事民事活动，并能以自己的名义独立地起诉和应诉，具有诉讼能力。五是责任承担方面，农户由于没有完全独立于成员的财产，不能独立承担民事责任。[①]

（二）商自然人说

土地承包经营制度中的农户从原《民法通则》时期起即被安排在“自然人”一章中，并为《民法典》总则编所延续。依据这一立法体例安排，农户主体应当被定位为特定历史背景下出现的自然人参与商事活动的特殊形式。[②] 亦有学者认为农村承包经营户以商品经营为目的，在性质上如同个体工商户，可归诸商自然人之列。[③]

（三）法人说

该观点主张传统家户是自然形成的，现代社会的农户则具有建构性，是独立的法人团体；[④]应当比照法人的主体构造，对农户进行法人化的改造；在承认一个土地承包合同只能设立一个土地承包经营权，权利主体为农户的前提下，把每位成员平等享有的份额“股份化”。例如，广州市白云区实行土地承包股份制经营方式，按照人口和承包地份数分配股份。[⑤] 此

---

① 参见沈文朋：《农村承包经营户：从独立民商事主体到适当的有限责任》，载《华南师范大学学报》2012 年第 3 期。

② 参见王利明主编：《民法》（第 5 版），中国人民大学 2010 年版，第 45 页。

③ 参见朱庆育：《民法总论》（第 2 版），北京大学出版社 2016 年版，第 479 页。

④ 参见徐勇、张茜：《公平与效率：中国农村组织制度变迁的内在机理》，载《探索与争鸣》2016 年第 6 期。

⑤ 参见陈小君：《农村土地法律制度研究——田野调查解读》，中国政法大学出版社 2004 年版，第 116 页。

外,有观点从新型经营主体的建构角度,主张以家庭农场对农户家庭经营组织进行改造与完善。①

二、异于既有民事主体的新设类学说观点

(一)类似合伙的独立组织体说

在立法的布局上,我国民法将农户放置在"自然人"中进行规定,尤其是"非法人组织"被单列为一类民事主体的情况下,可见农户并非普通自然人,也不是非法人组织。其兼有自然人群的复多性与合伙组织的统一性的复合构造。② 农户的组织结构结合形态,远没有达到无权利能力社团的组织程度,是一种类似合伙的组织。③

在类似合伙说内部,学者基于农户具有以家庭为单位的共同经营体特点,④提出了农户属于家庭合伙的精细化定位,主张"农村承包经营户是以家庭成员为合伙人的、以营利为目的的家庭合伙"⑤。家庭合伙虽在权利、义务和责任的制度设计方面符合普通合伙的共性要求,但在合伙人的法律关系上存在特殊性。法律对家庭合伙的调整需要通过合伙法和亲属法相互结合来完成。将农户视为家庭合伙能够实现农户与成员财产的区分,更好地明确农户内部成员之间权利义务关系和农户与外部主体的法律关系。⑥

---

① 参见孟丽、钟永玲、李楠:《我国新型农业经营主体功能定位及结构演变研究》,载《农业现代化研究》2015 年第 1 期。

② 参见张力、王年:《"三权分置"路径下农村宅基地资格权的制度表达》,载《农业经济问题》2019 年第 4 期。

③ 参见袁震:《论"户"的主体构造及相关土地承包经营权益冲突》,载《河北法学》2013 年第 9 期。

④ 参见江平:《共同经营体法律地位初探》,载《中国法学》1986 年第 1 期。

⑤ 参见彭万林主编:《民法学》(第 7 版),中国政法大学出版社 2011 年版,第 98 页。

⑥ 参见彭诚信、畅冰蕾:《论农村土地承包经营权的主体》,载《山东社会科学》2016 年第 11 期。

（二）新型民事主体说

基于民事主体从一元主体到二元主体，再经二元主体到多元主体的发展过程，农村承包经营户能否归属于现在的民事主体之中，并不能成为否认其具有民事主体资格的理由。[①] 作为自然人、法人和非法人组织体以外的新型具体民事主体，农村承包经营户并不是法人，也不是公民之间的一般结合，而是一种基于承包经营合同关系建立起来的家庭劳动组织。[②] 有学者从发生学的角度指出，家庭联产承包责任制后，农户已经在社会生活中成为经济活动的基本单位，客观上要求法律确认其权利主体地位。同时，农户兼具个人性和团体性，是特殊的权利主体。[③] 农户还具有自身的特殊性，应当作为一类独立的主体对待，具体如下：从产生看，农户是基于血缘和婚姻关系建立的组织体；从财产归属看，农户的财产是成员的共同共有财产；个别成员的死亡或丧失劳动能力不构成农户主体的灭失，也不影响农户对外的财产责任；经营活动中，农户以“户”的名义出现且户主是所在农户的当然代表。[④]

（三）行使主体说

基于我国农村社会特殊的土地权利配置逻辑，农户是集体经济组织成员权行使的规范主体。从成员资格到成员权利的过渡角度看，集体经济组织成员权源于个人。但是，集体经济组织的成员身份以“户”为表现形式，集体经济组织成员所享有的土地承包经营权、宅基地使用权以及部分条件

---

① 参见李永安：《农村承包经营户法律地位问题的立法探究》，载《广西政法管理干部学院学报》2010 年第 3 期。

② 参见余能斌、马俊驹主编：《现代民法学》，武汉大学出版社 1995 年版，第 140 页。

③ 参见高宽众：《我国农户法律地位初探》，载《法学研究》1984 年第 4 期。

④ 参见王利明等：《民法新论》（上），中国政法大学出版社 1998 年版，第 200 页。

下的股权等都以“户”为主体，个人不能单独行使这些权利。[①] 为消解《农村土地承包法》中将土地承包经营权的权利主体同时规定为成员及农户的不一致现象，学者试图运用融贯性的体系解释方法，提出土地承包权的配置主体是集体经济组织成员，以公平价值为导向；而土地承包经营权的行使主体是农户，以追求效率为目标。[②] 集体经济组织发包土地时，不是将“户”作为土地均分的基本单位，而是按照个体意义上的本集体经济组织成员数量分配相应土地。农村集体经济组织成员是取得家庭承包经营权的直接权利主体，农户是获取家庭承包经营权的间接主体。[③] 亦有学者借用权利能力与行为能力的区分原理，将农民承包资格的确认归为权利能力范畴。“人人有份”是对农民承包资格平等性的确认，其对应的行为能力的实现以农户为单位进行，农民个人不得为之，亦不涉及代理问题。[④]

三、代表性学说的研究特点和完善空间

现有关于农户民事主体性质的讨论具有如下主要特点。

1. 研究路径上解释论和立法论路径并存。解释论路径下，基于民事主体法定的要求，将现行法设定的民事主体作为判断农户主体法律性质所必须遵循的前提性约束，并对照各类主体的特征进行演绎。农户如果无法在我国民事法律体系确立的三类民事主体中找到自己的归宿，就无法获得权利能力。[⑤] 非法人组织说是典型代表。立法论路径下，并不拘泥于既有的

① 参见李爱荣：《“户”作为集体经济组织成员权的行使主体探析》，载《当代法学》2019 年第 6 期。

② 参见丁文：《论“三权分置”中的土地承包权》，载《法商研究》2017 年第 3 期。

③ 参见肖立梅：《我国农村土地家庭承包经营权的权利主体探究》，载《法学杂志》2012 年第 4 期。

④ 参见王立争：《农户主体地位的法政策学辨思》，载《中南大学学报（社会科学版）》2015 年第 2 期。

⑤ 参见蔡立东：《宅基地使用权取得的法律结构》，载《吉林大学社会科学学报》2007 年第 3 期。

民事主体法律规范,而是基于中国农地权利行使的规范及实践,提出对农户的主体地位进行独立确认的全新观点。

2. 民事主体性质定位的具体观点差异显著。结合前一部分关于农户存废的讨论,可以发现当前关于农户主体地位的论争存在两种较为极端的典型观点。其一,秉持还原主义的"废除论"。其主张农户不应具有任何组织性团体内涵,农户仅是自然人的变形和衍生,农户对外产生的法律关系"不外是单个自然人之间权利和义务的牵涉"。① 更有学者进一步主张农户应当走向"死亡",以充分彰显被农户遮蔽的成员个体权利。"废除论"忽视了中国农地权利的内在价值和生成机理,片面强调权利享有的个人性极易危及农业适度规模化生产和农村生产及居住用地的生存保障功能。其二,秉持建构主义的"法人说"。为了映衬发展现代农业、培育新型农业经营主体的改革趋势,将以家庭农场为代表的新型农户定位为法人。"法人说"集中关注经营层面的农户,且过于夸大农户的组织性程度,割裂了农户与内部成员间在主体构造上的互相嵌入性特点。

上述各类代表性学说均具有一定的解释缺陷和完善空间,具体如下。

1. 农户是中国社会当下真实存在的一种团体形态。商自然人说忽视了农户的组织体面相,过于强调农户与成员以及成员之间的利益一致性,取消了共同财产分割的可能,以及农户内部法律关系的调整需求。

2. 农户与非法人组织的形成原理具有根本差异。后者作为与自然人相对的团体性民事主体,是法律拟制体。换言之,其是否存在是应然层面的法律评价结果,而农户的存在是实然层面的事实判断问题。传统民法上,我国的非法人组织对应于无权利能力的社团。一方面,非法人组织体的成立具有明显的意定性。非法人组织体与法人具有同一性质,是多数人为达到一定之共同目的而组织起来的结合体。② 另一方面,人的集合通过

---

① 参见方流芳:《近代民法的个人权利本位思想及其文化背景》,载《法学家》1988 年第 6 期。

② 参见江平主编:《民法学》(第 3 版),中国政法大学出版社 2015 年版,第 102 页。

特定的方式超越团体内的个人独立存在,组织性程度较强。非法人组织有意思决定机关、执行机关和对外代表机关。在德国,关于非法人组织体的责任承担,虽然法律确立了无权利能力的社团适用合伙的规则,但学者指出私法判决已经普遍承认应类推适用关于有权利能力社团的规定。[①] 在我国民法以“三元论”承认非法人组织的民事主体地位后,非法人组织体作为不具有法人人格的组织体的兜底性总称,对内部不同类型组织体的差异性缺乏具体关注。其宽泛性定位无法为家庭团体提供个别化的规则供给。

3. 农户从整体结构上更类似于合伙,但是仍应在合伙项下进行精细化的子项类型构建。规范布局上,我国民法采纳了主体法和契约法的双重进路设计合伙法律制度。《民法典》改变了在自然人主体中规定合伙制度的规范安排,充分贯彻民商合一的立法体例,将作为商事合伙的合伙企业纳入非法人组织之中。此外,对于临时性的经营性合伙,借鉴大陆法系的体例设计,不将其列为民事主体,而是规定于调整债的关系的《民法典》合同编中,借助“合伙合同”进行调整。可见,商事合伙是主体性的组织体,而民事合伙是契约性的共同体。[②] 合伙应当配备精细化的立法技术,从一个单纯的契约调整到具备一定组织性、稳定性的组织,再到高度组织化的组织,合伙内部的差异性程度很大。截取“合伙合同”和“合伙企业”两端进行规定,产生了立法的调整疏漏。合伙企业作为商事主体,以固定的营利性活动为目的,这不能完全覆盖农户从事法律行为的全部规范意涵。在合伙合同制度中,合伙人之间的权利义务靠契约维系,虽能够满足不同主体之间的临时性合作需求,但对于长久存在的、团体形态高度稳定的农户则存在规范供给的非适应性。

需要指出的是,有学者注意到了一般性合伙制度所指向的成员自愿结

---

① 参见[德]卡尔·拉伦茨:《德国民法通论》(上册),王晓晔等译,法律出版社 2013 年版,第 236 页。

② 参见陈龙吟、侯国跃:《中国民法典民事主体立法问题研讨会会议综述》,载《西南政法大学学报》2015 年第 5 期。

合性与农户的家庭属性存在一定程度的背离,从而提出了更具有针对性的家庭合伙说。其积极意义在于因应中国社会实践中的现实主体形态进行制度供给,但因农户与个体工商户被统摄在民事主体法的两户制度中,而对农户相较于个体工商户的特殊性缺乏关注。农户的社区性特质及所处的农村社会情境在研究中并未得到应有重视。个体工商户的责任承担本质上是可分的,视实际情况是个人经营还是家庭经营而有所差异。但是农户只能以“户”为单位存在。由此,此次《民法典》虽延续了原《民法通则》中“两户”统一规定的制度路径,但已经进行了差异化的规则设计,即对于个体工商户仍然采取了以个人财产与家庭财产为基础的不同责任承担规则,但对于农村承包经营户则确立了以农户财产为责任财产的一般性原则。与普通家庭不同的是,农户除具有以血缘、婚姻结成的家庭共同体属性外,还隶属于特定的集体经济组织,具有明显的地域性共同体特征。

4. 新型民事主体说和行使主体说“另辟蹊径”地取向实用主义的法律观,试图从理论上消解商自然人说倚重保护个体权利,以及法人说、非法人组织体说倚重农户整体利益保护的片面性缺陷,通过在不同层面同时赋予二者主体地位而兼顾个体成员与整体农户的权利诉求。但此种学说的规范性有限,将产生额外的制度生成成本以及与既有民事主体法律规范的体系化接入难题。

现代法律是在个人本位浸润下构建的概念网、规则群和制度链,法律的规范对象是个体以及个体以自治意愿形成的法人和非法人组织。民事主体的构建应当“采取法律术语、遵守私法原理”。① 原《民法通则》采用了“自然人——法人”的主体二分结构,同时又借道于自然人制度对农村承包经营户作出个别化的具体规定,含糊地间接赋予其主体地位。这反映了既欲追随传统的民事主体结构形式,又希望在回应社会实践需求的基础上对

---

① 参见申惠文:《论农村承包经营户的死亡》,载《河南财经政法大学学报》2016 年第 2 期。

其有所突破的折中主义立场。在我国,农户是本土化的、具有规模性的社会存在,并且是先于法律的事实性存在。对于农户而言,以现有的民事主体类型对其进行归类,存在非适应性。这是因为农户的存在并非源于成员个体财产权利自愿集合的“自由设立”,而是成员个体的权利非经农户不能行使,个体对财产的支配、处分受到极大限制。现有的民事主体制度并没有为农地权利,特别是以土地承包经营权和宅基地使用权为核心的农地用益物权行使留有足够的制度通道,更无法在规范维度描绘农户民事主体制度的理论谱系和制度体系;必须运用家庭共同共有制度、婚姻家庭及继承制度、农地权利制度等资源,并结合改革政策、实践性习惯等因素进行制度构建。这既需要关注民事主体理论的普遍性原理,也需对特殊语境形成的地方性知识保持必要反思。

第二节　地域性家庭合伙:农户民事主体性质的应然定位

一、农户是以土地资源为生存保障的地域性家庭共同体

在承认农户的权利能力和行为能力具有具体限定性后,对于农户的法律性质,合伙的主体结构基本能够满足农户主体性质的定位需求。但是农户主体仍具有显著的特殊性,表现在基于家庭的共同体维持倾向、成员间互负的伦理性义务、作为财产载体的土地保障性功能以及公法施于土地资源的管制目标实现等对其主体定性产生的具体影响。

总体上,农户是以土地资源为生存保障的地域性家庭共同体,其作为家庭合伙的特殊性主要体现在以下三个方面。

1. 在家庭合伙人及合伙财产范围的确定方面,农户与一般的家庭合伙存在根本差异。家庭共有财产的共有人范围以实际贡献为确立依据。未成年子女不可以成为家庭财产的共同共有人,成年子女只有在与其他家庭

成员共同从事生产经营活动时才有可能成为家庭财产的共同共有人。[①] 对于农户而言,基于人人有份的集体经济组织成员资格而均享土地承包经营权和宅基地使用权,具备集体经济组织成员资格并行使农地分配请求权的人员均为家庭合伙人。在财产范围方面,伴随个人本位立法理念的深入,个体家庭成员成为财产权的主体,家庭共有财产的成立以约定为主要形式。据此,普通的家庭合伙中,家庭共有财产的设立及其范围应当依据家庭成员的合意确定。家庭成员有权决定将自己劳动所得、受赠或继承所得的一部或全部纳入家庭共有财产的范围。但是对农户而言,土地承包经营权和宅基地使用权是法定的家庭共有财产范围,不得约定改变或排除。普通合伙中,全体合伙人对合伙事务在平等的基础上共同决定并执行。但农户与外部主体从事民事活动时,基于实践习惯,多数情况下认可户主具有代表农户成员的自然权威。

2. 农户内部,合伙人的退出意思不能进行个体化主张,而是体现为具有习惯法色彩的分户请求权行使。农村家庭中,土地承包经营权、宅基地使用权及房屋所有权是农民拥有的重要财富。这些财富的存在形式是公共性的家产而非个人财产的结合。这鲜明体现在财产的代际传递是通过分家实践完成的,而非遵循民法上的继承或赠与的一般法理。分家请求系依照默认并一致遵行的习惯提出,并不存在法条明确授予的所谓“家产分割请求权”。家产制下,家庭关系的运行特点表现如下。一是伸缩性。分家不仅是个人自主性意识萌发后的选择,并且存在深刻的经济动机。从经济角度分析,分家是降低管理成本,使个人收益率与家庭收益率接近均等的理性选择。分家与否取决于“血缘拉力——经济(效用)张力”的均衡。[②] 当家庭边际管理成本等于家庭边际合作收益时,此时达到大家庭维持现

---

① 参见刘青文:《论共有的法律适用——以〈物权法〉为视角》,载《河北法学》2008 年第 9 期。

② 参见徐勇、邓大才:《社会化小农:解释当今农户的一种视角》,载《学术月刊》2006 年第 7 期。

状的均衡点,分家与不分家均可。不同的家庭规模及家产范围随着分家事实的发生频率而呈现,提高了因应不同区域不同发展条件下的制度适应性。二是共享性,家产制下的家庭关系虽以夫妻关系为核心关照,但通过父子关系和兄弟关系分别实现了纵向和横向的时空延展,确保了家产的共享性。分家前后,家庭的财产保持着"模模糊糊的共有状态"。[①] 即使分家后,也是"分中有继也有合"。[②] 兄弟之间往往因为互助特别是赡养老人的需要而达成家产的联合。有必要明确的是,共财的事实关系与家庭共有权虽最为相似,但仍存在一定的差异。共财是因同居事实而形成的自然关系,共有则涉及财产在法律上的归属关系。贺滋秀三认为,"就某种财产来说,其经济上的机能问题和法上的归属问题必须加以严格区别。共财表示在经济机能上的共同关系,共有表示在法的归属上的关系"[③]。共同居住的家庭成员从对家产的利用中获益,但不一定对应于所有权的法律形态。

3. 基于家庭关系的规范效力和集体经济组织成员身份的保障性,"半城市化"背景下农户成员出离的价值预设仍是农户整体导向,不能依据合伙的一般逻辑视为个体权利的析出。在耕地总量有限的情况下,农户家庭的衍生性导致聚集在土地上的人口递增,人多地少的矛盾不断诱发和显化。农户因占有的土地资源有限而仅能徘徊在基本生计的维持水平,无法实现生活的改善。农业较低水平的比较收益制约使得多数农户处于"半城市化"状态。其既离不开从农地中获取的收入,由部分农户成员实际从事农业生产,同时需要通过打工收入来填补务农收入的不足。对此,学者指出,除了家户制的本源传统外,中国农民还创造了以农业为基础的打工经济与经商活动相结合的农工商传统。当土地资源缺乏时,农村剩余劳动力

---

① 参见[美]明恩溥:《中国乡村生活》,午晴等译,时事出版社 1998 年版,第 322 页。

② 参见麻国庆:《分家:分中有继也有合——中国分家制度研究》,载《中国社会科学》1999 年第 1 期。

③ [日]滋贺秀三:《中国家族法原理》,张建国等译,法律出版社 2003 年版,第 64 页。

会就近为大户帮工或到外地务工，通过农工结合的形式维持家户经济基础。① 个体成员的流动性增强后，学者基于合伙中共有权行使的一般原理，认定脱离农户成员的行为动机和逻辑呈现个人主义导向，进而产生个体与农户组织体的利益分化和独立的利益行使诉求。

不可否认，农户整体性的松动趋势已经越发显化，个体成员在城乡之间的流动现象加剧且频繁发生。但是，这是否意味着个体的权利份额具备流转的需求及现实可能性？过于依循普通合伙制度中的财产权行使逻辑强调个体的农地权益诉求，极易遮蔽城市化进程中的家庭背景。“城市化是农民以家庭为单位致力于在城市实现安居乐业的高质量城市化过程，而不只是抽象的劳动力就业部门转变的过程。”②中国语境中的城市化不是以个体为行动单位的原子式行为，而是包括夫妻或两代在内的家庭整体行为。

对于处于“半城市化”状态的农户成员而言，一种情况是，虽已经长期地脱离农村生活，但并未在城市获得稳定的社会保障，而是与农村保持着以农地为核心的经济上的和制度上的关联。就经济关联而言，农地产出收益虽然有限但仍是家庭收入不可缺少的组成部分。就制度关联而言，以户籍为基本识别的农民身份附着成员权及土地承包经营权等重要农地权利。因农户成员融入城市生活需要拥有稳定的住所、享受城市的教育和医疗资源，这有赖于家庭承受并付出相当的成本。当这些成本无法通过城市收入获得填补时，农户的生活状态将总是伴随看似城乡空间分离，但实际无法彻底拆分的现实底色。此时，依据保障标准，其并未丧失集体经济组织成员身份，理论上其享有的承包经营权份额应当从潜在份额中独立出来。但是，受制于面积限制，事实上就是在农户家庭内部由其他成员代耕或由所

① 参见汪超：《村民自治：何以失落？以何落地？——以家户制传统为分析线索》，载《东北师大学报（哲学社会科学版）》2020 年第 3 期。

② 夏柱智、贺雪峰：《半工半耕与中国渐进城镇化模式》，载《中国社会科学》2017 年第 12 期。

在农户甚至多个农户联合整体参与流转,才能满足专业大户、农业公司等新型经营主体对承包地规模的要求。农户内的成员个人进行承包经营权份额流转的现实发生率极低。另一种情况是,“半工半农”的候鸟式流动(大多数情形下是具备劳动能力的成年男性),不能认为其已经脱离农户所在的家庭关系,其应有的权利份额仍应当在户内维持共有的状态。

由此可见,基于家庭关系的利他性和共济性,对于半城市化下的成员出离而言,现实的选择就是个体权利份额留在农户。在这里,在一户之内,多以夫妻关系或亲子关系维系。代耕作为一种事实状态,其权利基础或为债权或为物权。但以财产法中的既定规则理解最为亲密的人类关系中的法律行为必然遭遇困境。① 农户内部的财产利用和处分遵循的是婚姻或共同生活的逻辑。外出打工者不仅不会在家庭内部寻求财产性的利益补偿或认为其他成员正在对自己的财产进行侵蚀。相反,其打工所得往往就在于弥补家庭其他成员务农开销的不足。这种家庭内部财产流动的私密性和利他主义与财产规则存在抵牾。只有在离婚等家庭关系破裂导致财产分割时,离村成员由其他成员无偿使用承包地期间的份额利益才应当得到补偿。

二、合伙“个人—团体”的互涉构造之于农户的适应性

合伙的制度机理基本满足农户与成员的相互关系构造。合伙是密切联系的个人的联合,兼具人合的团体性和权利义务归属的非完全独立性。正如拉伦茨在描述其主体特征时所指出的,“在数字意义上,一个当然就排除了多个,但还存在着相互协调意义上的一个,这样的一个是存在于多个

---

① 参见贺剑:《夫妻财产法的精神——民法典夫妻共同债务和财产规则释论》,载《法学》2020年第7期。

之中的一个”①。其不同于法人,法人的成员在结合中已经形成了被拟制的、本身独立的、与所有成员相区隔的全新权利主体。合伙作为人合团体,指的是“多数人结合而成的团体,该团体之社员资格为特定的团体成员而设”②。民事合伙的组织性程度较弱,合伙中成员个人仍具有重要性。团体不超越个人而存在,即与合伙人的人格、财产与信用有密切关系。③ 此外,合伙事项的决策权限是赋予全体成员共同行使还是授予个别成员单独行使并不重要,但必须为整体利益。合伙意思不能完全脱离合伙人的意思独立存在,也并非各个合伙人利益的机械加总,而应服务于合伙人结合后的共同利益。此外,民事合伙的目标具有多元性和包容性,合伙为实现共同目标而结合,这种共同目标不限于以经营为目的的经济目标。

对于农户而言,农户具有独立于内部组成人员的独立性、整体性和统一性。这集中表现为个别成员因死亡等原因丧失集体经济组织成员资格并退出该户时,并不影响农户的存续。同时,此种独立性又是相对的。同一集体经济组织内部不同农户所拥有的承包地和宅基地面积并不一致,由设立权利之时的成员规模所决定。在财产方面,农户并不具有独立的归属资格,土地承包经营权和宅基地使用权本质上是成员共有而不是农户财产。但共同共有事实上发挥了各共有人紧密联系的塑成效果,而非使成员处于可能随时解散的松散结合关系。有必要指出的是,即便是对于团体法律人格最为圆满的法人组织而言,法人与成员之间的关系也并未截然隔断。这是有学者坚持股东的权利就是所有权的重要原因。④ 在法人设定阶段,法人财产基于股东的投资转化,唯其明确的是主要依据财产法上的契

---

① [德]卡尔·拉伦茨:《德国民法通论》(上册),王晓晔等译,法律出版社 2013 年版,第 196 页。

② 朱庆育:《民法总论》(第 2 版),北京大学出版社 2016 年版,第 481 页。

③ 参见[日]山本敬三:《民法讲义 Ⅰ:总则》,解亘译,北京大学出版社 2004 年版,第 328 页;王泽鉴:《民法总则》(增订版),中国政法大学出版社 2001 年版,第 145 页。

④ 参见孟勤国:《物权二元结构论——中国物权制度的理论重构》(第 2 版),人民法院出版社 2004 年版,第 159 页。

约规则构建法律关系,而不牵涉身份性保障这种看似无偿增益的要素。对于农户,其主体构造的复杂性就在于,既需要界定内部成员资格及范围,而且需要保留农户这一主体切实行使权利,以完成兼具财产及身份属性的共同生产及居住关系的适恰法律表达。

总体上,合伙的基本构造原理可以兼顾农户团体与成员个人的均衡保护。从一定的层面观察,所有权的内容可被分为对标的物管理的权能和从标的物收益的权能。[1] 在合伙中,合伙人之间存在结合关系和协作关系,由此决定了管理权能在共有权的运行过程中始终处于重要角色。一方面,土地承包经营权和宅基地使用权在权利存续期间的共同享有,表现为实物支配形态。这种共同共有因承载着重要的立法价值考量,而具有强制适用性,除非存在法定的共同关系解除事由,否则只能基于共同关系的团体约束力予以实现。另一方面,当从物权性实物利益转化为价值性财产补偿时,例如集体土地被征收或农户主动退出土地承包经营或宅基地利用关系,虽然收益权能可分属各个共有人,但团体性的管理权能并非完全失去约束力,收益分配的时间和方式、比例等亦应以之为据。此外,农户代表人的选取并非要复辟家长制,而应被赋予广泛的维护财产共有关系及进行财产效用增益的义务和责任。

三、家庭关系的伦理性蕴意施于农户成员特殊的结合效力

农户主体的本质是家庭合伙。家庭合伙是家庭成员在家庭财产支配中所形成的主体形态。合伙人之间的人合性受到合伙人须具有家庭关系的进一步约束。归类上,家庭合伙并不处于契约型合伙以及主体型合伙企业的两端,在合伙谱系中应予以独立。现行民法中,民事合伙仅具有契约性共同体的法律地位。契约机制作为合伙人之间的唯一联结要素不能满

---

① 参见崔建远:《物权法》(第4版),中国人民大学出版社2017年版,第235页。

足农户成员间关系的身份性和稳定性需求。此外,因契约作为债之关系的典型样态,债的主体相对性和权利义务关系的隐秘性决定了契约不具有登记能力。农户主体虽不需要进行商事登记,但是因支配财产的大宗性和物权属性,有必要以物权登记制度为依托完善农户登记制度。对于主体型的合伙企业而言,以企业限定具有主体地位的合伙,其虽具有组织形式的持续存在性,但农户与以固定营利性活动为目标取向的合伙企业存在完全不同的设立及运行逻辑。

在家庭关系的支配下,农户财产权的运行异于普通财产权。家庭作为初始的团体形态,是与个体最紧密连接的共同体。它带给人归属感、安全感和确定性,这是人的生命存在的内在需求。家庭关系更多地表现为一种"契恰"关系,家庭成员受到道德的支配,愿意牺牲自己的利益成全别人的意志,同心同德地为未来一个公共的企图而分工努力,在这种契恰的关系中才发生道德,而不单是利害。① 对于农村社会中财产权配置问题,学者研究大致形成两种进路。一是还原主义进路,在历史经验层面探究传统社会的本土制度资源,主张同居共财下的家产制是规制农村家庭财产关系所坚持和传承的固有习惯。二是建构主义进路,在应然规范层面运用民法体系中的一般性财产共有制度(特别是按份共有制度)剥离家庭的伦理属性及其对财产关系附加的特殊性因素。法社会学强调从实然中推导出应然,主张"中国的法治之路必须注重利用中国本土的资源,注重中国法律文化的传统和实际"②。"同居共财"是家庭财产关系的必然属性,更适合解释农户成员对土地财产的权利状态。

为提升民法对社会生活秩序的包容性和回应性,《民法典》正式确立了习惯的法律渊源地位。传统社会中的家产制满足获得习惯法法源地位的两个必要条件如下:一是反复适用性,至今仍符合家庭财产关系的运行实

① 参见费孝通:《乡土中国》,上海世纪出版集团2007年版,第519~520页。

② 苏力:《法治及其本土资源》,中国政法大学出版社2004年版,第13页。

践;二是规范性,因正当性而能够产生法律意义。[①] 应当尊重吸纳并维护农村家庭财产制度运行的自然习惯。迥异于所有权制度的个体本位倾向,家产制的制度逻辑在于维持家庭共同财产的安全性及寻求与之适应的配置结构。家产制中"共财"的"共"并非"共同"之义,而更接近"公共"的"公"的内含。[②] 公有性是农户财产权客体的内在规定性,具有不可分的基本性质。家产为家庭公共财产,个人对家产中的某些财产确实具有专有的属性。对于这种个人财产权的法律属性,费孝通用"专有权"概念进行界定。[③] 同时根据权能范围的大小,专有权的效力强度具有层次性。由是观之,家产制体现了家庭关系的规范效力,反过来家产的公共属性强化了支配家产的家庭共同体具有超脱于具体成员个别意思的整体意思和法律人格。

农地用益物权是家庭财产,物权法上的财产处分规则不能自足地调整农地用益物权关系,应引入基于家庭关系的处分及限制规则。新中国成立后,1950 年《婚姻法》中仍使用了"家庭财产"的概念,于第 10 条规定"夫妻双方对于家庭财产有平等的所有权与处理权"。家庭财产是父母向子女履行抚育义务,以及子女向父母承担赡养义务的经济基础。家庭财产体现了家庭伦理对物权制度的突破和修正。相较之下,夫妻共同财产的称谓具有局限性,不能用于解释其他家庭成员使用夫妻所创造并积累形成财产的权利来源。在家庭关系中植入个人财产制规则的立法实践,较为典型地体现在最高人民法院《关于适用〈中华人民共和国婚姻法〉若干问题的解释(三)》(已失效)第 12 条的规定之中,其将物权规范中的不动产登记效力规定引入婚姻关系,并确定了物权登记高于结婚的效力,以求维护善意第三人保护的交易安全。对此,有学者批判道:"婚姻法从人身关系法,变成

---

① See H. L. A. Hart, *The Concept of Law*, Oxford University Press, 1994, p. 45.

② 参见俞江:《家产制视野下的遗嘱》,载《法学》2010 年第 7 期。

③ 参见费孝通:《江村经济——中国农民的生活》,戴可景译,江苏人民出版社 1986 年版,第 42 页。

投资促进法。无数中国父母含辛茹苦,为下一代筑巢安家的伦理实践,被规范为一次次冷静理性的投资活动。"①对农地财产权这一家产形式不仅应依据一般性的物权规范确定其归属,而且应当受到具体是否为维持家庭生活所必需、家庭利益整体保护等规则的限制。例如,基于人身关系的特殊性,对于作为家庭住所使用的房屋,应当慎重确定其权属状态。②

从家庭团体的伦理性出发,家庭应由法律作为一个可被整体考量的财产实体,构建有别于个人财产制的财产权行使和保护规则。农户成员之间的家庭结合关系构成农户主体的重要识别因素和农户成员个体财产权益行使的限制性来源。

四、集体农地资源的功能约束施于农户成员特殊的限定效果

集体土地所有权蕴含的保障性功能构成农户主体定位的特殊前置性影响。以成员权为逻辑起点界定农村土地使用权分配的法律结构,不仅暗合于我国农村村民"集体潜意识"的深层结构,而且由此推演的制度设计可以免除合法性论证的义务。③ 农户行使以土地承包经营权和宅基地使用权为核心的农地财产权的行为,并非在成员自愿结合基础上将若干意思表示方向一致的个体权利进行协同性行使。承包地或宅基地承载着团体法上的集体经济组织成员生存保障目标,更渗入了农业规模经营所施加的管制性公法目标。农地的主要功能在于供取得主体亲自利用,形成持续的人地占有支配关系,而非频繁流转。对于农户而言,与其说农户内部的个体成员须向农户让渡个体权利的部分权能,不如说这些权能自始因其公共性而不能完全落入个体支配范畴,个体对农地的权利总是残缺的。承包地和宅

---

① 赵晓力:《中国家庭资本主义化的号角》,载《文化纵横》2011 年第 1 期。

② 参见蒋月:《论家庭和国家照护个体之责任》,载《江淮论坛》2014 年第 4 期。

③ 参见蔡立东:《宅基地使用权取得的法律结构》,载《吉林大学社会科学学报》2007 年第 3 期。

基地配给的福利保障性和实物形态的高度稳定性，构成农户成员资格识别和权利行使的特殊限制因素。

农地保障功能对农户主体定性的限定效果集中体现在农户内部成员丧失集体经济组织成员资格后不能适用退伙规则将财产份额转让，而特定成员的财产权益随之丧失。其依据集体经济组织成员身份所享有的包括土地承包经营权益和宅基地使用权益在内的土地财产权益回复到集体土地所有权项下，并被集体经济组织现存所有成员概括性享有。农户成员丧失集体经济组织成员资格，除死亡这一情形外，一般表现为在城镇已经形成稳定的居住与工作状态，获得替代性的保障。对此，《农村土地承包法》规定了“带地入城”的新规则，强化了与农村失去实质关联的进城农户继续保有土地承包经营权及宅基地使用权的行为正当性。在这一规则的适用下，这类农民的行为逻辑和预期在于“维权”，其“并不愿以无偿或低偿的方式放弃农地承包权，而是通过与农村维系制度关联将这个权利持有在自己手中，期待能有有利于他们的好政策，以增加其权利变现的价值”①。可以说，“增加农民财产性收入”的改革目标在一定程度上强化了这类农户对手中握有农地权利的变现期待值。但是，过度强调土地的财产属性反而侵蚀了集体土地所有权的保障功能。基于保障农民生存权的政策取向，承包地收回条件的设定应采取“土地承包经营权与农村集体经济组织成员资格绑定”的模式。② 由此，承包地收回与土地承包经营权消灭互为表里，且收回为无偿，承包方并不能因土地承包经营权的丧失本身而获得补偿，仅得针对有益投入获得特定补偿。③

深层次地，之所以产生这一限定效果主要源于地域性集体经济组织的

---

① 陈文琼、刘建平：《城市化、农民分化与“耕者有其田”——城市化视野下对农地制度改革的反思》，载《中国农村观察》2018 年第 6 期。

② 参见胡康生主编：《中华人民共和国农村土地承包法释义》，法律出版社 2002 年版，第 87 页。

③ 参见蔡立东：《论承包地收回的权利构造》，载《法商研究》2012 年第 3 期。

存续、更新与农户存在密不可分的连结关系。农户这一主体形态为集体经济组织的延续提供动力机制。集体经济组织是一定地域范围内,基于亲缘身份关系建构的共同体。通常来说,成员的子女因出生而具有集体成员的资格。① 农户存续的集合效应客观上形成了集体经济组织的延续。但是,受制于地域限制因素,即便与现有农户成员存在亲缘关系,亦不能通过自愿加入的方式获取集体经济组织成员身份。值得注意的是,农户成员因出生、死亡及入户、迁户等事实而处于变动之中,但承包地和宅基地权益难以因应这种变化时刻调整。为此,地方探索了"量化到人、固化到户"的集体资产股份制改革的静态管理模式,即原则上不进行土地调整,只要一户尚存一个成员,则该户原本享有的集体资产权益总量不变,并形成户内共享机制。② 这实质上肯定了户内由家庭因素驱动的成员身份变动是集体经济组织成员资格识别及传递的重要甚至唯一因素。

综上所述,合伙中个体与团体互涉的主体结构基本能够适应农户的民事主体性质定位需求。但是,仍需要基于农户成员之间的家庭关系本质及以土地为核心的农户财产权的特定功能约束对其主体定位进一步细化。其中,家庭关系的伦理性特质为农户成员提供了特殊的结合因素,集体土地资源的保障功能对农户成员施加了特殊的限定因素。家庭共同体形态的恒久性和农地特殊保障性功能的耦合共同塑成了农户的地域性家庭合伙定位。(见图5-1)

---

① 参见王利明、周友军:《论我国农村土地权利制度的完善》,载《中国法学》2012年第1期。

② 例如,根据2018年施行的《上海市农村集体资产监督管理条例》(已修改)第8条和第10条的规定,集体经营性资产应当以份额形式量化到本集体经济组织成员,且该份额应当以"户"为单位记载;除农村集体经济组织章程另有规定外,户内总份额一般不随户内人口增减而调整。据此,这一集体经济组织成员名单及其份额也已经被赋予划断效力和确定效力,以至于此后的人口变动,也不能改变前述成员资格确定的效力。参见李凤章:《宅基地资格权的判定和实现——以上海实践为基础的考察》,载《广东社会科学》2019年第1期。

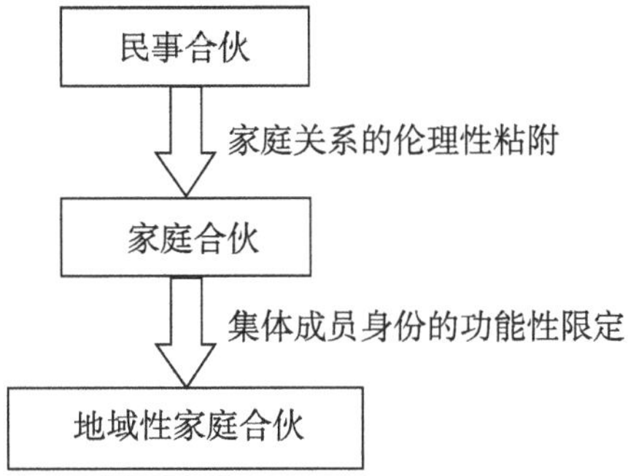

图 5-1　农户的地域性家庭合伙定位示意

第三节　农户具有"内部分配与外部赋权"的嵌套式主体构造

一、农户主体嵌套式构造的具体表现

为映衬农户以土地资源为基础的地域性家庭合伙的民事主体性质定位,应当引入农户与成员彼此互嵌的主体构造形态,即不能拘泥于形式主义,关注农户、成员之间法律人格的僵化边界问题,而应取向于农地关系稳定的政策需求、家庭关系互助性特质探寻促进二者互利联结的具体形态。在权利的生成逻辑上,农地用益物权派生于集体土地所有权。依据此权利派生原理,农户主体具有"内部分配"和"外部赋权"的复合构造,同时这一复合构造在实际运行中以彼此嵌套的方式存在。

农户主体"内部分配"和"外部赋权"的复合构造具体体现如下。

1."内部分配"是指在集体土地所有权范畴内确定具有集体经济组织成员身份的人员,此即享有土地承包经营权和宅基地使用权分配资格的人员范围。"对农村土地之所以采取集体所有的形式,就是为了保障每一个成员平等地获得生存保障的资源。这是集体所有制土地的基本功能。”①集体土地是负载保障功能的资源性财产。在这一阶段，贯彻的是“人人有份”的成员权平等价值。有学者形象地将成员对承包地和宅基地的分配资格比作“权利能力”。② 对此，《农村土地承包法》规定了集体经济组织成员承包权利不受剥夺和非法限制、承包权利男女平等等基本原则。在地方，安徽省再次申明了成员不分年龄、性别、民族、劳动能力、宗教信仰等享有平等的土地承包经营权，发包方应当按照集体经济组织成员人数平均分配。③这一土地均分倾向构成了以按份共有解释农户内部成员之间法律关系的直接依据。非限于此，在妇女结婚、离婚或丧偶的情况下，《农村土地承包法》中关于不得收回其原承包地的规范表述表明妇女承包利益具有个体性，指向具体的承包地。伴随土地承包经营权确权登记颁证工作的推进，有的地方采取“确份额确地到户”方式，即以现有股东和所持有股份份额为基础，以股权固化的人口作为土地确权的对象，集体经济组织根据全部股权份额对承包地块总面积进行平均量化，确定每股对应承包土地的面积，各户籍家庭按照所占的股份总额计算土地承包面积，以户籍家庭为单位确权到户。④ 以上述法规政策为依据，有学者忽视农户中家庭关系之于共有权行使的规范效力，转而重视成员权的个体化属性。因土地承包经营权具有“人人有份”的成员权性质，家庭成员间的土地承包经营权既可集合于农户之中实行家庭生产经营，也可分离出来独立支配或流转以实现家庭成员个人权利，避免家庭成为个人权利实现的桎梏。⑤ 在权利存续期间，农户成

---

① 韩松：《论成员集体与集体成员——集体所有权的主体》，载《法学》2005 年第 8 期。

② 参见王立争：《农户主体地位的法政策学辨思》，载《中南大学学报（社会科学版）》2015 年第 2 期。

③ 参见 2005 年《安徽省实施〈中华人民共和国农村土地承包法〉办法》第 9 条。

④ 参见《中山市人民政府办公室印发中山市农村土地承包经营权确权登记颁证》，载魏都区社区集体财务公开平台 2017 年 11 月 28 日，http://www.wdqjjw.gov.cn/home/info? id=8。

⑤ 参见白呈明：《“农户”内部法律关系解析》，载《法学论坛》2003 年第 5 期。

员得比照按份共有的财产分割原则,将其份额分出或转让。①

实践中,有的集体经济组织存在以年龄、性别、劳动能力剥夺成员资格的做法。例如,《湖北省农村集体经济组织管理办法》将具有户籍且年满16周岁作为成员资格的认定标准。这一做法增设与权利实际行使关联的额外标准,实际上违背了集体土地所有权保障功能所蕴含的平等价值,侵犯了集体经济组织成员享有的成员权。

2."外部赋权"是指具备集体经济组织成员资格人员以所在农户为单位向集体作出承包及获得宅基地的意思表示,由集体经济组织向农户进行整体性赋权。成员资格的配给是人人有份的,但成员之间的行使能力并不一致。农户作为具体的权利行使主体,其规范意义在于兼顾团体权利的行使效率与个体成员的利益保障。虽然法律宣称集体土地权益的享有奉行无差别原则,但家庭成员在年龄、劳动能力等方面的现实差异使欠缺及丧失民事行为能力的成员不能现实地享有土地承包经营权。诸如凭借出生事实即获得成员资格的新生儿、因年老丧失劳动能力的老人均无法切实自主行使土地耕作的权利。囿于此种行为能力的限制,法律同时规定了以成员所在农户为单位进行土地权利的行使。在自然人所参与的诸多类型的团体中,农户是基于家庭关系天然形成的共同体,农户作为具体的权利主体,能够有效弥补成员个体行为能力的不足。对于这类群体的权利实现,民法上设置了监护制度以及家庭成员的互助等倡导性规定。这些规则的适用均依赖于家庭共同体的整体保护需要。以农户为具体的权利归属主体,能够在农户家庭内部消解成员资格的实现障碍。

上述从"内部成员分配资格"到"外部农户权利行使"的复合式递进构造系源于法理层面的构想,即确定集体经济组织成员个人的分配资格与成员以"户"为基本单位切实取得土地承包经营权和宅基地使用权是前后相

① 参见温世扬、梅维佳:《土地承包经营权主体制度的困境与出路》,载《江西社会科学》2018年第7期。

继的延展过程。据此,农户是具体的权利归属主体,农户成员享有抽象的权益分配资格。但是,农户主体构造的实然样态并非纯粹的概念演绎或逻辑推演,而受到法律、政策、自治等综合因素的交互作用。

实际运行中,“内部分配”与“外部赋权”的复合构造并非相互区隔,而是彼此互相牵涉的嵌套式存在,具体体现如下。一方面,集体经济组织在确定成员资格时并非严格按照个体化配置逻辑,而是已经预先以“户”为单位进行份额的预留性配给。实践中,学者调研指出,在同一村中,有的组在土地分配中即预先考虑到了未来分户的可能,明确 22 岁以上的未婚男青年可以分到两个人的土地。有的组按照 3%—5% 的比例预留了集体机动地,原因是考虑到未来十几年内农民因为结婚、生育等新增的人口对于土地的需要。另一方面,在农户成为权利主体后,事实上依赖该农户权利客体所保障的成员范围并未固定。当成员丧失集体经济组织成员身份时,其所享有的土地权益仍概括地留在农户。当农户所在的家庭有新增成员时,其针对农户现有承包地和宅基地进行土地权益主张。

二、农户主体嵌套式构造的形成理据

农户主体的上述嵌套式构造展现了其作为地域性家庭合伙的民事主体特质,体现了对农户家庭因应成员范围伸缩性的互助共济功能的法律保护。因此,农户财产只落实到家庭层面,户内成员之间是概括且模糊的权利关系,成员拥有的份额并不清晰。[①] 地方实践中,嵌套式构造在“确地到社、量份到户”的确权确地实践中得到最充分的体现。通过将土地承包经营权以份额占有形式长久固化到家庭中,明确每户承包土地份额。具体操作上,按照均地均分原则,统一设定集体经济组织成员享有的土地承包经

① 参见鲁晓明:《从家户并立到家庭统摄——我国民事法上家户制度的问题与出路》,载《法商研究》2018 年第 5 期。

营权份数，再以“户”为单位计算户内集体经济组织成员总人数、总份数，每户所占土地承包经营权份额总数长久不变。在宅基地使用权制度中，则体现为以“户”为单位固化资格分配权。① 解释上，上述实践模式基本契合于共同共有的权利运行原理，但同时因农户所在家庭成员的伸缩变化性而显现总有制度的部分特点。新增家庭成员被自动赋予土地承包经营权，一旦成员失去成员资格，其原有的权利“份额”自动被其他成员概括性地所有，②即以个体在团体内的特定地位为权利的得与丧设定身份性依据。个体农民脱离农户则丧失相应权益，进入农户则自动取得相应权益。这与共同共有的主要差异体现在依据共同共有关系界定农户成员关系，则无论是土地承包经营权还是宅基地使用权，均是权利设定时家庭成员共同共有的土地权利，即离开家庭的成员不自动丧失权利，而进入家庭的人不自动取得权利。③ 在总有关系构造的土地权利下，农户内部成员的权利不具有独立性，实际依赖土地受益的权利主体范围亦存在变动性。

这一嵌套式构造看似有违农户成员范围及权益持分清晰且明确的民法要求，但因可以缓和成员范围动态变化所导致的土地频繁调整弊端而具有内在合理性。

1. 对于农户内新增成员而言，其基于成员权所享有的承包地或宅基地分配请求权面临实现困境。具体来说，首先，基于“增人不增地、减人不减地”的土地稳定利用要求，土地具体落实到了农民家庭或者个人身上。这种情况下的“农民集体”演化为具体农户或农民具有特定财产权益份额的集体。特别是对于经济发达的“名村”而言，集体经济组织的财产利益已经

---

① 参见刘守英、熊雪锋：《产权与管制——中国宅基地制度演进与改革》，载《中国经济问题》2019 年第 6 期。

② 参见王金堂：《农户视阈下的土地承包经营权归属问题研究》，载《青岛科技大学学报（社会科学版）》2015 年第 4 期。

③ 参见袁震：《论“户”的主体构造及相关土地承包经营权益冲突》，载《河北法学》2013 年第 9 期。

量化到现有成员，以股权的固化限制了成员权主体，排除了新成员对集体财产利益的分享。① 其次，土地承包经营权的财产属性强化后，削弱了集体经济组织对承包地的回复预期和能力。这不仅体现在伴随承包期限的延长使得承包权利成为农民的“恒产”，而且《农村土地承包法》改变了成员在与集体经济组织失去实质联系后应交回或收回承包地的规定，确立了农民有权保留土地承包经营权的“带地入城”规则。由此带来的结果是，集体经济组织所有的、可用于对新增成员分配的土地越来越少。最后，基于家庭所蕴含的利他性和互助共济属性，在承包期内，新增成员分享现存承包地权益不会遭到现有成员的抵制。对此，2005 年北京市高级人民法院《关于审理农村土地承包纠纷案件若干问题的指导意见（试行）》第 5 条规定，对于家庭内部就农村土地承包经营权所提起的纠纷，应当以承包合同或土地确权证所确认的土地面积为限，按照现有人口平均分割，而不得再向村集体经济组织要求增加承包地面积。2016 年中共中央、国务院《关于稳步推进农村集体产权制度改革的意见》第 10 条从倡导性规范的角度，提倡农村集体经济组织成员家庭今后的新增人口，通过分享家庭内拥有的集体资产权益的办法，按章程获得集体资产份额和集体成员身份。2021 年农业农村部《对李叶红代表意见建议的答复》中提出：“但承包期内，作为本集体经济组织成员的农户家庭成员共同享有对承包地的占有、使用、收益权利，不存在新增家庭成员无地问题。按照家庭人员变化调整承包地，不符合国家农村土地承包法律政策，不利于保持土地承包关系稳定。”就现有规则而言，其基本倾向于认可新增人口在农户内通过分享既定的土地承包经营权而享有土地权益。

2. 对于农户内消减成员而言，出于生产及生活关系的稳定性考量，其土地权益份额概括地留在户内。在户内某一成员死亡时，虽然个体成员的

① 参见孙宪忠：《中国农民“带地入城”的理论思考和实践调查》，载《苏州大学学报（哲学社会科学版）》2014 年第 3 期。

土地承包权益是否可以继承存在理论和实践争议,但在否定继承性的观点下,死亡成员所拥有的承包地或宅基地潜在份额仍保留在户内;在肯定继承性的观点下,由本户成员或外部主体作为继承人获得相应的权利份额。二者的后果均是并非由集体经济组织针对土地权益份额进行实际核减。

3. 就因应人员变化而动态调整土地的实施成本角度而言,农户对承包地或宅基地得以行使的首要权能是占有。农户凭借土地承包经营权或宅基地使用权的行使获得了长期使用土地的预期,从而有可能从事土地改良等增值活动以提高土地利用效率。例如,通过土地平整的开发活动形成土地增值,为实现利用土地的目的建造建筑物或其他附属设施设备。但是,当因应成员变化进行调整时,增值行为需要得到评估及补偿,破坏了土地利用的连续性信赖预期。

这表明家庭的互助共济功能对农户的主体构造具有深远的作用空间,即以“户”为单位配置权利并通过家庭内部的财产共享机制,将成员变动对集体经济组织造成的土地调整压力在一定程度和一定范围内转换到农户内部予以解决。但是这一功能的实现依赖于一个前提性问题的释明,即土地用益物权存续期间,集体经济组织成员资格丧失后的利益归属是无偿交回或有偿交回集体经济组织、让与他人抑或保留在户内。无偿交回集体似乎与土地承包经营权和宅基地使用权不断强化的用益物权属性有所抵牾。但是如果采纳有偿交回或转让的观点,实际上是将土地承包经营权和宅基地使用权比照私人财产权对待,则集体经济组织可用于调整与分配的土地将越发紧张,新增成员的利益保障缺失财产基础并且加重集体经济组织的经济负担。当前阶段,受制于集体土地所有权的保障功能,无论是土地承包经营权还是宅基地使用权均应定位于保障功能前提下的有限财产功能实现。循此为进,原成员因死亡、进入城市并获得保障、出嫁等丧失成员资格后,其原享有的权利份额不应继续保有。但是,至于归还集体经济组织还是留在农户内,其实不再单纯是法理层面的规范分析问题:若归属集体,则集体经济组织应有能力确保当该农户新增成员时,亦能获得新分配的土地;若归属农户,则主要依赖家庭内部的互济来进行增减平衡。归属农户这一法律解决方案的正外部性在于,就承包地而言,维持了农户承包地在地块实物形态上的完整性和聚合性,避免了个体的频繁变动导致农地形态或面积上的细碎化调整。这一调整就宅基地而言,因其上存在已建成房屋,则实施成本更大。

第六章　农户民事主体法律制度的规范表达

认识到家庭单位在中国经济和社会中所占的特殊地位，才有可能想象一个与现代西方不同的中国的过去与未来。

——黄宗智

第一节　进路选择：农户民事主体法律制度的规范路径

一、解释论路径：《民法典》中农户民事主体地位的解释空间

《民法典》颁行后，解释论层面的教义学研究成为民法理论探讨和实务工作的重心。[①] 在当前《民法典》没有明确将农户界定为土地承包经营权和宅基地使用权权利主体的情况下，需要运用体系解释方法，结合《农村土地承包法》的

---

① 参见郭洁、佟彤：《〈民法典〉推进国家治理现代化的法理阐释》，载《政法论丛》2020年第4期。

农户相关规定，在民事主体的层面挖掘既定总则编中“农村承包经营户”法律条款的规范意涵。

1. 基于民事主体的范围扩张趋势，特别是“两户”制度在《民法典》总则编的立法保留，应当采纳民事主体的宽松解释观点。《民法典》总则编的民事主体规范经历了从“二元论”到“三元论”的民事主体结构变化，同时借道自然人部分的主体规范，预留了农村承包经营户的主体性研判空间。这表明我国的民事主体范围设定并非局限于僵化封闭的“三元论”模式，而是存在基于特殊国情和社会发展需要的主体形态。就此而言，《民法典》总则编所确立的主体实际包括自然人、法人、非法人组织、“两户”，这实际是“多元论”的民事主体立法模式。① 在此种解释路径下，该编的民事主体制度为农户民事主体地位的确立提供了解释论层面的规范依据。

2. 《民法典》总则编规定的农村承包经营户应解释为土地承包经营权的权利主体。在规范布局上，农村承包经营户虽与个体工商户共同构成中国特色的“两户”制度，但是二者在主体性质方面具有显著差异。就文义而言，农村承包经营户同时具有民事主体和商事主体的属性。它既以家庭承包方式获得集体经济组织土地的初始分配，又可以从事商品经营。然而，倘若同时结合《农村土地承包法》中关于“家庭承包的承包方是本集体经济组织的农户”这一规定，为保持现行法对农户规范评价的一致和融贯，农户作为法定物权中的主体应当视为民事主体，其所从事的商品经营行为具有偶然性和附带性。更为直接的依据是，对农村承包经营户不适用主体性的商事登记，而个体工商户的典型主体特征是自然人经登记方可成为个体工商户，且必须从事工商业经营。如果不进行登记，则无从创设个体工商户这一主体形态。对此，除《民法典》外，国务院颁布的《个体工商户条例》（已失效）和原国家工商行政管理总局颁布的《个体工商户登记管理办法》（已失效）均对个体工商户的主体资格取得作出了具体规定。就此而言，农

① 参见李永军：《我国未来民法典中主体制度的设计思考》，载《法学论坛》2016 年第 2 期。

村承包经营户与个体工商户虽被一并规定为自然人、法人和非法人组织之外的特殊民事主体，但并不意味着立法对二者主体性质的同等定位。

3. 基于农户的地域性家庭合伙性质定位，农户内部成员针对土地承包经营权和宅基地使用权成立准共同共有关系，可以准用所有权的共同共有法律规范。具体包括：(1)适用《民法典》第 308 条关于共有人具有家庭关系的，成立法定的共同共有的规定，将农户成员定位为共同共有而非按份共有关系。(2)在主体规范的层面，将《农村土地承包法》和《土地管理法》中以“户”为单位配置承包地和宅基地的规范解释为确定了农户为土地承包经营权和宅基地使用权的权利主体。在此基础上，根据《民法典》第 310 条“两个以上组织、个人共同享有用益物权、担保物权的，参照适用本章的有关规定”，将农户成员共有的土地承包经营权及宅基地使用权纳入农户财产的法定范围。这既包括两项权利本身，也包括权利存续期间应得的承包收益、侵权赔偿以及行政征收或集体经济组织提前收回时价值形态的经济补偿。(3)适用《民法典》第 300 条、第 301 条、第 302 条规定，针对农户财产权行使过程中的相关事项形成团体意思。但是，考虑到农户土地财产权设权的目的主要在于保障内部成员的基本生活，应根据权利功能的特殊性确立一般性共同共有制度的适用范围和限度，[①]在土地承包经营权分割的事由和方式等方面确立特别限制。

二、立法论路径：民事特别法对农户民事主体法律制度的立法构建

在《民法典》本身所供给的解释空间相对有限和规则粗疏的情况下，有必要重视法典内引致条款对民事特别法的链接效力，通过立法论层面的规则构建，形成农户民事主体规范的体系化立法表达。不同于其他团体主

---

① 参见彭诚信、畅冰蕾：《论农村土地承包经营权的主体》，载《山东社会科学》2016 年第 11 期。

体,农户是因应特定的功能预设和价值判断而形成的主体形态,具有统摄法律关系的限定性和法定性。既定的团体性民事主体所遵行的立法技术是对经验世界形态各异的团体依据某一评价观点实施规范性剪裁,并据此创设法人和非法人组织;在此基础上,通过涵摄技术确保分散的团体经过立法筛选而被统一到预先设定的抽象化主体结构之中。但是,农户作为社会生活中实际存在的团体形态,农户主体的价值偏好性与其他团体主体的技术中立性存在抵牾。农户主体介入民事主体法律规范在一定程度上折损了《民法典》的形式理性。因此,不能在《民法典》总则编的主体规范中对其予以过度规范,否则将损及《民法典》的原则法地位。

民事特别法是《民法典》之外调整某一特定部门或特定功能领域的民事单行法或散见于其他法域中的民事法律规范,依其功能可分为补充型、政策型和行政型特别民法。① 目前,物权法律规范夹杂了很多公法规范,呈现了规范的过度杂糅。②《民法典》内部的物权规范可以采用更为抽象、中立的概念术语,同时为特别民法留下补充余地。具体的进路如下。

1. 农户成员资格以集体经济组织成员资格为前提性限定要件。《民法典》第 99 条“农村集体经济组织依法取得法人资格。法律、行政法规对农村集体经济组织有规定的,依照其规定”对集体经济组织作出了立法授权。2018 年 9 月十三届全国人大常委会立法规划已将农村集体经济组织法列为第三类立法项目。③ 伴随《民法典》对集体经济组织特别法人的主体地位确立,集体经济组织的主体立法中应当对成员资格的认定依据、认定标准、集体经济组织成员与农户成员之间的关联关系等问题作出规定。

2. 对于农户主体不适用单独的商事登记制度,应在土地承包经营权和宅基地使用权物权登记项下进行权利主体的相应登记。在整合《不动产登

---

① 参见谢鸿飞:《民法典与特别民法关系的建构》,载《中国社会科学》2013 年第 2 期。

② 参见孙宪忠:《制定民法典的主要难题》,载《法学》2003 年第 5 期。

③ 参见郭洁:《论农村集体经济组织的营利法人地位及立法路径》,载《当代法学》2019 年第 5 期。

记暂行条例》及 2024 年自然资源部《实施细则》等登记规范的基础上，从物权登记的效力、农户主体登记的具体事项设置等方面进行规则完善。

3.《民法典》中物权法律规范通过引致的方式为农村土地财产权配置规则容留了制度空间，但本身并不纳入具体的规范内容。一方面，在土地承包经营权法律规范中，使用"依照农村土地承包的法律规定"或"依照法律规定"的引致条款，指向以《农村土地承包法》为核心的民事特别法。[①]另一方面，宅基地使用权法律规范中，更是直接规定"宅基地使用权的取得、行使和转让，适用土地管理的法律和国家有关规定"。据此，在《农村土地承包法》和《土地管理法》分别于 2018 年和 2019 年完成立法修正的情况下，应在上述法律实施条例的制定中，以及地方层面的实施细则和办法、宅基地管理办法的配套修改中，具体规定农户代表人的确定及权限、分户限制、承包经营权益的继承等农户民事主体规范。

第二节　范围厘定：完善农户成员资格的认定制度

农户民事主体地位得以落实的制度前提是统一农村承包户、居住户等相关概念的使用并在农地用益物权主体的意义上界定其法律地位。农户有别于农村自然户。后者是农村家庭，是自然人的联合，其存在和范围是社会经验层面的事实判断。作为民事主体的农户应当对其成员有实质的认定标准。此外，明确农户的民事主体地位，才能以此为前提，对特定领域内以经营为目标的农户（如专业大户、家庭农场）进行商事主体的拟制。2016 年中共中央办公厅、国务院办公厅《关于引导农村土地经营权有序流转发展农业适度规模经营的意见》作出了"在今后相当长时期内，普通农户仍占大多数"的总体判断，同时在以下两个方面提出农业经营主体的创新要求：一是将普通农户改造后的家庭农场作为发展适度规模经营和现代农

---

① 参见《民法典》第 332 条、第 334 条、第 337 条。

业的重点培育对象。二是鼓励承包农户通过共同使用农业机械、开展联合营销等方式发展联户经营。这均有赖于对农户民事主体地位的认可，以农户为一般性的初始主体形态。

一、确立“法律设定与决议自治”结合的集体经济组织成员资格认定模式

集体经济组织成员资格是确认农户成员资格无法绕开的前置性问题。集体经济组织成员资格的认定过程交织着地域因素、政策因素、身份因素、权利因素，陷入公法管控思维与私法保障思维的矛盾之中。具体地，当前存在依据户籍、出生及婚姻、居住事实、依赖集体提供保障等单一或组合性的认定要素。在认定依据上，因目前为止尚缺乏全国范围内统一适用的高位阶规范指引，实践中多以各省市级的政府规章及行政规范性文件进行规定。司法救济中，当事人的成员资格认定诉求仅能在集体成员权益诉求中附带提起及审理，且司法认定限于“一案一决”的个别化效力而无法产生普遍约束力。① 因此，有必要以立法方式统一成员资格的认定依据，采取“法定与自治”相结合的方式确定成员资格的具体认定标准。

之所以采取“法定与自治”相结合的方式，主要原因如下。第一，资格认定是集体经济组织成员享有成员权、界定土地承包和宅基地分配资格的逻辑起点。土地承包经营权和宅基地使用权作为农村社会最重要的用益物权类型，属于《立法法》列举的适用法律绝对保留原则的民事基本制度范畴。由法律列举成员资格取得和丧失的基本情形，能够防止集体经济组织不当侵害成员的正当权益。第二，在成员资格认定上，除法律设定外，应当肯定集体经济组织的自治能力。对一个独立的民事主体完全排除集体的

---

① 参见江晓华：《农村集体经济组织成员资格的司法认定——基于 372 份裁判文书的整理与研究》，载《中国农村观察》2017 年第 6 期。

自治能力,无异于剥夺了其意思表达的权利。[①] 一方面,集体经济组织对于法定标准之外的特殊情形有权通过集体决议的方式进行认定。例如,与集体经济组织成员同居的人员资格、再婚配偶所带来子女的资格、与集体经济组织成员离婚后但并没有迁出本集体的人员资格认定等可交由集体经济组织以决议的方式自行解决。另一方面,对于需要特别保护的个体利益,可作为法定标准的例外进行具体考量,接受或排除某一个人的成员身份,但该标准不能产生普遍效力。此外,伴随集体资产股份合作制改革推进,因原集体经济组织成员向外部主体转让资产份额而产生了协议认定资格的需求。集体经济组织有权通过协商和自治的方式,决定成员资格的赋予并同时在成员共益权行使等方面附加限制条件。第三,应当明确赋予集体经济组织成员针对以自治方式侵夺其成员资格及附随权益等决议进行司法救济的权利。实践中,有的法院将涉及集体成员权、土地承包经营权及宅基地使用权取得或丧失的决议和村规民约排除在司法审查之外。例如,在"钱甲、柯某、钱乙与浙江省金华市金东区孝顺镇新后项村村民委员会宅基地使用权纠纷案"中,钱甲父亲的老房属于"一户多宅"情况,原告未支持配合村委拆违工作,至今未拆除老宅。被告遂依据 2011 年 12 月 26 日实施的后项村规民约相关内容,取消其镇村两级福利待遇,收回 B8 宅基地(120 平方米)重新用于分配安置。法院认为,原告钱甲、柯某、钱乙对该处置决定不服,实际是对新后项村村民代表会议通过的决议和新后项村村规民约提出异议,由此产生的纠纷并非一般意义上的民事主体之间的财产纠纷,不属于人民法院民事案件的受案范围。[②] 该案中,原告基于成员资格享有的宅基地使用权受到村民委员会的决议剥夺,法院应当对剥夺行为是否对权利人造成无正当关联的非必要侵害进行司法判断。

---

① 参见戴威、陈晓君:《论农村集体经济组织成员权利的实现——基于法律的角度》,载《人民论坛》2012 年第 2 期。

② 参见浙江省金华市金东区人民法院民事裁定书,(2019)浙 0703 民初 5204 号。

二、取消户籍标准对农户成员资格的直接认定效果

户籍标准在成员资格认定中的重要性已经降低。修正后的《农村土地承包法》改变了“承包期内,承包方全家迁入设区的市,转为非农业户口的,应当将承包的耕地和草地交回发包方”的强制性规则,而是规定“国家保护进城农户的土地承包经营权。不得以退出土地承包经营权作为农户进城落户的条件。承包期内,承包农户进城落户的,引导支持其按照自愿有偿原则依法在本集体经济组织内转让土地承包经营权或者将承包地交回发包方,也可以鼓励其流转土地经营权。”2024 年通过、即将于 2025 年生效的《农村集体经济组织法》第 11 条在户籍标准之外,引入了权利义务关系、基本生活保障等复合标准。性质上,户籍标准属于外在形式标准。在古代,“户”具有公私复合的法律属性,既是国家的管理单位(征税),也是财产权主体。当今社会中,家庭产生、变更和终止所需履行的法定登记手续是户口登记。户口的迁出或迁入作为有章可循、有据可查的行政行为,增强了资格认定的可操作性和客观性。但是,依据户籍标准认定成员资格的实质合理性和正当性越发不足。作为民事主体的判断标准,不应依赖或以户籍登记为必要前提。户籍管理意义上的公法性登记已经无法满足农户成员确认的实质功能。

户籍具有身份标签作用,所对应的主体形态是村民,即具有农业户口的本村村民,是地域性的概念。村民与集体经济组织成员具有不同的主体属性。村民是社会治理范畴的自治性管理主体,而集体经济组织成员是集体土地所有权范畴的私法性财产权主体。户籍登记具有法定性,并未准确反映农民生产空间与生活空间的变动情况。在集体经济组织成员资格的确定标准复合化且引入自治标准后,单一的户籍标准在成员身份识别中的重要性已经降低。“空挂户”“爬户口”“捐资购买城镇户口”等情况的存在体现了单一户籍标准的局限性。其中,空挂户是指原非农村集体经济组织成员,出于就业、就学等需要将户口挂靠在农村集体经济组织。对于空挂

户而言，除了户籍登记外，与特定集体经济组织并不存在保障或财产关系的实质关联。对于此类人员，其成员资格的取得可以通过民主议定程序决定。捐资购买城市户口的人员，如果仍在户口迁出地的集体经济组织生产、生活，应认定具有该集体经济组织成员资格。此外，因违反计划生育政策出生而无法获得户籍登记的，不能就此否定其成员资格，应当结合出生及居住事实对其资格予以认定。

三、设定“出生（收养、抚养）/婚姻＋共同居住”为农户成员资格的法定标准

集体土地所有权的功能定位存在政策性保障因素与经济性财产因素的双重制约。一方面，集体经济组织承担的保障功能短时间内无法涤除。就形成的历史轨迹而言，集体经济组织是国家政权基础的经济表现形式。人民公社化运动后，我国实行“三级所有、队为基础”的经营管理体制。人民公社具有基层政权和生产单位的双重属性，政经不分导致特定地域的村民与集体经济组织成员的范围界线不明，甚至以农地的社会保障功能转嫁政府责任于集体经济组织。[①] 据此，地方实践中形成了替代性保障、主要生活来源、户籍等体现公法属性和职能的认定标准。依据保障的基本原理，国家对农民提供社会保障应具备一定的财产基础，针对农地或农村集体经济组织经营收益进行征税是重要途径。[②] 伴随集体经营性建设用地入市及承包地、宅基地“三权分置”改革的渐进式推进，国家将不断丰富对农民提供保障的财产基础，但这一目标不能一蹴而就。另一方面，回顾集体经济组织的产生及发展进程，集体土地所有权生成于农民以土地的入社。根据

① 参见高圣平：《农地金融化的法律困境及出路》，载《中国社会科学》2014 年第 8 期。

② 参见胡鞍钢：《利国利民、长治久安的奠基石——关于建立全国统一基本社会保障制度、开征社会保障税的建议》，载《改革》2001 年第 4 期。

1956年《高级农业生产合作社示范章程》的规定,高级农业生产合作社的主要特点是社员私有的土地无代价地转归合作社集体所有。到了人民公社运动时期,通过人民公社化运动,原属于各农业合作社的土地和社员的自留地、坟地、宅基地等一切土地,连同耕畜、农具等生产资料以及一切公共财产都无偿收归公社所有。[①] 农民与农民财产权分别是农村集体经济形成的"成员要素"和"财产要素"。[②] 就此而言,集体土地所有权的保障功能和财产属性之间并非绝对排斥,而是体现互为支撑的特点。

具言之,集体土地对集体成员的保障体现为土地资源的无偿分配性,但是享有这种无偿分配权利的主体范围应当依据具有私法性质的集体与成员的关系确立。集体的土地所有权既然源自农户对土地、耕畜和大型农具的所有权让渡,那么集体土地所保障的应当是这些初始主体及其特定范围的继承人。但是,集体经济组织的存续离不开对土地的持续投入和履行行为,以劳动投入对集体资产的积累贡献为判定依据,符合现代财产权理论的正当性基础。这就需要额外加入存续性的事实状态标准,并与出生及婚姻事实进行结合。目前,这一事实状态在实践中存在"共同居住生活"和"与集体经济组织形成权利义务关系"两个标准。本书认为,采取共同生活居住标准更为合理,原因在于这与《民法典》所确立的家庭成员认定标准实现了贯通和统一适用:"权利义务关系"实际体现了对"共同生活"标准的参照,但前者更为严苛,是权利义务的实际履行结果,而后者依据协力理论,是一种推定,共同生活则推定存在贡献。[③] 对于"是否依赖集体土地提

---

① 参见董景山:《我国农村土地制度60年:回顾、启示与展望——以政策与法律制度变迁为视角》,载《江西社会科学》2009年第8期。

② 参见刘竞元:《农村集体经济组织成员资格界定的私法规范路径》,载《华东政法大学学报》2019年第6期。

③ 参见薛宁兰、许莉:《我国夫妻财产制立法若干问题探讨》,载《法学论坛》2011年第2期;贺剑:《夫妻个人财产的婚后增值归属——兼论我国婚后所得共同制的精神》,载《法学家》2015年第4期。

供保障”或“存在替代性保障”的标准,因为这一标准作为实质要件,不仅涉及事实判断,而且牵涉价值衡量,故保障性标准应当在农户成员离开集体经济组织后发挥判定作用,特定成员仍在集体经济组织居住生活时应以承包地及宅基地的现实利用推定存在保障需求。

四、引入“固化到户”的集体经济组织成员土地权益配置方式

在明确限定农户成员的资格及其范围以后,为承接农户的嵌套式主体构造形态,应选择“固化到户”的集体经济组织成员土地权益配置方式。所谓“固化到户”,指在一定期间内以农户为单位固化农民在集体经济组织中的土地权益份额。这既有法理的考量,也受到现实的局限。

乡村共同体的成员范围处于变动之中,人口的增减、迁入与迁出、土地的增加与侵蚀等,均要求地权的配置应当因应人地变动情况进行即时调整。但是,基于国家的政策精神以及长期的土地利用关系,高度稳定的人地支配状态已经形成。特别是对于宅基地上已建有房屋的情形,不能随时针对成员变动情况配给新的地块或者削减相应地块。此外,现实的土地调整能否实施还要考量集体经济组织是否存在预留的机动地可用于支配。这均要求利用家庭自身所具备的成员间互助共济属性及其延展的权益共享模式予以配合。作为落实,立法虽基于成员权平等保障的目标,按个人界定承包地或宅基地的面积,但不同于民法上按份共有的权利行使规则。无论土地承包经营权还是宅基地使用权,其分割以分户为条件,以个人名义不得行使分割请求权,并且在地方改革中分户的标准得到限制,以抑制家庭共财的分割趋势。

然而,基于公共政策因素考量的土地实物形态不予以变动,并不代表土地价值形态的权益归属模糊,这从根本上有违个人权利本位的立法理念。“固化到户”的土地权益配置的典型特征是,削减成员的土地权益留在户内,以供出现新增成员后的内部增减调剂。同时,成员变动情况作为权

利主体事项中的共有人情况予以变更登记。这时，需要运用“结平衡账”的制度原理，妥善处理土地权益的账面变动记载与土地实物现实调整之间的关系。会计学上，“结账”是在将一定时期内发生的全部经济业务登记入账的基础上，计算并记录本期发生额和期末余额后，将余额结转下期或新的账簿的会计行为。集体经济组织对一定周期内各农户内部成员变动进行统计，对增加的成员进行土地补充或者利益补偿。结平衡账机制让集体经济组织成员拥有长远的预期，从而使短期的得利或损失都能够为其所理解与接受。① 有必要指出的是，“固化到户”的土地权益配置方式与土地承包经营权益的继承问题存在联动性。基于出生事实建立的父母子女关系和基于结婚事实建立的婚姻关系，本质上均是遵循私人财产权的继承原理肯定其集体经济组织成员资格。在未采取“固化到户”而采取“量化到人”的土地利益分配模式的情况下，倘若同时肯定土地权利份额的可继承性，则相关人员因资格的重复评价获得额外的双重利益。相比之下，采取“固化到户”的模式在农户内部自行解决二次分配问题，更为合理。

第三节　外部公示：完善物权登记项下的农户权利主体登记制度

一、明确“物的编成”体例下农户的权利主体登记地位

目前，涉及农户的相关登记主要包括公法层面的户籍登记以及私法层面的物权登记。基于民法规范的私法效力，农户民事主体的地位识别应当独立于户籍这一标准，通过对《民法典》中“户”的规范性意涵进行取向物权语境中的目的解释，实现与行政法中“户”的区隔。同时，农户作为特定

---

① 参见田孟：《“结平衡账”：农户主导型农地确权模式探索》，载《西北农林科技大学学报（社会科学版）》2015 年第 6 期。

法律关系中的主体形态,不应参照个体工商户设置独立的商事主体登记规则。在"物的编成"登记体例下,农户登记被纳入以土地为主线展开的权利主体事项的登记,农户成员范围及其变动情况作为土地物权中的权利变动情况进行变更登记。

在以物权为核心的权利登记中,根据登记事项是以客体还是主体为主线展开,存在"物的编成"和"人的编成"两种登记簿的编排体例。[①] 在"物的编成"情形下,每一个登记页上记载的是某一特定不动产上的权利情况;而在"人的编成"情形下,每一个登记页上记载的是权利人在该登记机关管辖范围内的不动产权利。一般而言,"人的编成"因查询即可获知权利人所拥有的所有不动产权利,已经超出了针对特定不动产的交易安全保障需要而不利于权利人的隐私保护。我国主要采取的是"物的编成"主义。[②] 2015年原国土资源部《关于启用不动产登记簿证样式(试行)的通知》第1条第3款规定:"《不动产权证书》有单一版和集成版两个版本。单一版证书记载一个不动产单元上的一种权利或者互相兼容的一组权利。集成版证书记载同一权利人在同一登记辖区内享有的多个不动产单元上的不动产权利。目前主要采用单一版证书……"此外,无法以农户为主线展开相关事项登记的原因还在于农户并非生活意义上的农村家庭,而是法律意义上的权利主体,且作为权利主体的农户不能完全脱离于其具体成员。土地承包经营权和宅基地使用权的取得时间不完全一致,这就决定了权利取得之时的成员范围可能发生变化,客观上无法以农户为主线展开各项土地权利的登记。

农户登记时,基于农户与成员在法律人格方面的嵌套式构造,应当将农户全部成员进行登记,而非仅仅登记农户名称及农户代表人。对此,《农村土地承包法》新增土地承包经营权证或者林权证等证书应当将具有土地

① 参见程啸:《不动产登记法研究》(第2版),法律出版社2018年版,第146页。

② 参见楼建波主编:《域外不动产登记制度比较研究》,北京大学出版社2009年版,第107、117页。

承包经营权的全部家庭成员列入的规定。这一规定与2003年原农业部《农村土地承包经营权证管理办法》附件1所列的“土地承包经营权证(样本)”中的“承包方土地承包经营权共有人情况”栏目一致,从而以法律的法源形式提高了权利主体登记的立法位阶。在地方,针对宅基地使用权的登记,2017年《原州区农村宅基地使用权和房屋所有权确权登记颁证工作方案》第4条第2款规定:“宅基地使用权应按照‘一户一宅’要求,原则上确权登记到户……农村妇女作为家庭成员,其宅基地权益应记载到不动产登记簿及权属证书上。在核发的《不动产权证》上,必须有配偶双方的名字,确保不动产权为夫妻双方共有。”这体现了应对共有人进行登记的规则要求。

尤其需要注意的是,农户登记时应当将内部成员的变动情况进行登载。土地承包经营权的登记并不是对二轮承包经营权合同的简单复制,二轮承包以来的互换、转让、调整或整治及置换后的承包地空间位移变化、承包户代表人变更等均导致该权利的变更。但是,在变更登记部分,《不动产登记暂行条例实施细则》仅规定权利人的姓名或名称等事项发生变化。其侧重从权利流转角度设计变更登记事项,如“承包方”“受让方”“变更方式”“流转合同编号”等栏目,以及整体性“户”的分或合,如“因家庭关系、婚姻关系变化等原因导致土地承包经营权分割或者合并”,而没有考虑到承包户个体成员变动的情况。① 赋予农户内成员变动这一事项以登记能力尤为重要。对于因嫁入、迁入等情形落户本集体经济组织的,农户成员登记有助于公示该成员在其他集体经济组织的承包地及宅基地权益情况。在户内共享的股份化实践中,集体保障转为家庭保障,需要重视户内调剂权利份额的作用。例如,在承包地未进行实物调整的情况下,对户内成员变动进行记载,能够为新成员优先分配土地权益提供明确依据。

---

① 参见2024年《不动产登记暂行条例实施细则》第49条、第50条;2003年原农业部《农村土地承包经营权证管理办法》(已失效)第14条;《四川省政府农村土地承包经营权证登记簿(样本)》。

二、赋予农户土地用益物权登记以对抗效力

因农户是作为土地承包经营权和宅基地使用权登记中的权利主体事项予以登记的，故农户的登记效力需要在整体的土地承包经营权和宅基地使用权登记效力的研判中予以确定。基于这两类权利以保障性功能为主兼具交易性的功能定位，应当确立登记对抗的物权变动模式。相较登记生效要件的设定，其并非完全否定占有的公示效力，能够兼顾实现这两类权利的复合性功能。

一方面，土地承包经营权和宅基地使用权的权利主体总体上呈现身份性和闭合性，以占有为公示手段符合土地利用实践且具有现实需求。现行法上，对于土地承包经营权、宅基地使用权的设立，未登记的宅基地使用权的转让和消灭，以及登记的效力问题并未予以规定。土地承包经营权的设立采取债权意思主义模式，仅当土地承包经营权合同生效时设立。对于该权利的登记，亦并非奉行当事人申请主义，而是依职权主义，登记机构负有主动向土地承包经营权人发放土地承包经营权证的职责。可见，土地承包经营权的登记并非私法意义上产生物权效力的登记，而是行政法意义上的行政确权，①系国家稳定承包关系的技术手段。对于宅基地使用权，相较土地承包经营权而言，这项权利的主体更具有明显的身份属性。对此，有观点主张宅基地使用权无须登记，因宅基地使用权主体在现行法下仅限于本集体经济组织成员，彼此相识，甚至为本家乃至亲属，加之现行法严格限制宅基地使用权的流转，本村村民占有宅基地上的房屋即足以公示其对相应范围的宅基地享有使用权。② 现阶段，针对土地承包经营权和宅基地使用

---

① 参见王利明：《物权法研究》（下卷）（第4版），中国人民大学出版社2016年版，第823页。

② 参见高圣平：《不动产统一登记视野下的农村房屋登记：困境与出路》，载《当代法学》2014年第2期。

权以占有为公示手段基本能够适应这两项权利的行使要求。

另一方面,土地使用权的市场化改革增强了其财产属性,为降低交易成本,应当将土地承包经营权和宅基地使用权纳入物权登记并赋予其对抗效力。承包地“三权分置”改革入法后,土地经营权的增设激活了土地承包经营权的市场化流转空间。2015 年中共中央办公厅、国务院办公厅印发的《深化农村改革综合性实施方案》要求“明确和提升农村土地承包经营权确权登记颁证的法律效力”。对于宅基地使用权而言,根据 2011 年原国土资源部等《关于农村集体土地确权登记发证的若干意见》第 6 条第 1 款的规定,已拥有一处宅基地的本农民集体成员、非本农民集体成员的农村或城镇居民,有权继承本集体经济组织原成员的房屋。据此,在“房地一体”原则下,房屋继承产生的主体变更事实上导致该项权利向外部主体形成开放可能。此外,宅基地使用权登记并非完全服务于财产流通性考量下的交易安全保障目标,而应当兼顾实现宅基地之上的公共目的。宅基地属于建设用地范畴,本身受到农地转用的用途管制约束,且伴随宅基地使用权的财产性用益逐步放开,农户在经济驱动下可能违反宅基地面积限制的地方性规定而违法占地和超规模建房。这将导致宅基地布局散乱无序、集体建设用地资源的粗放利用以及耕地资源的占用。因此,有必要在《不动产登记暂行条例》已经从物权登记的层面将二者纳入登记范畴的基础上,赋予其登记对抗效力。

就物权登记项下的农户主体登记而言,其物权对抗效力主要体现如下。第一,对外关系上,农户代表人具有代表农户的概括授权。相对人基于对登记中载明的农户代表人的合理信赖与其进行交易。对于诸如长期土地经营权设定等需要农户成员一致同意的土地承包经营权重要处分事项,成员范围以登记为依据。根据《民法典》第 341 条的规定,流转期限为 5 年以上的土地经营权,其设立采取登记对抗效力。长期经营权的设立是农户对土地承包经营权的重大处分行为,应当取得全体农户成员的一致同意,而成员范围应当以登记确认。第二,在行政机关对农地进行征收补偿的情形下，当农户所支配的土地并未因应内部成员增减变动进行及时调整时，可能出现承包地或宅基地的"多占"或"少占"问题。此时针对土地承包经营权和宅基地使用权的用益物权补偿数额，应以登记的农户成员范围为基本依据，明确征收客体面积的确立标准。有必要指出的是，需要注意登记对抗要件中的"善意第三人"认定问题。对于土地承包经营权流转中的外部主体而言，应当以物权登记为相对人的审查范围和义务标准。但当集体经济组织为相对人时，不应适用交易领域的善意第三人规则。如果存在其他证据如土地承包经营权合同、宅基地申请审批表、集体经济组织成员名册等足以推翻登记结果，应当以实际情况进行实质认定，以防止集体经济组织对成员权益的不当侵害。

三、建立集体成员名册制度并关联农户登记

集体土地所有权的空间边界决定了农户可以在多大范围的土地上设置土地使用权，集体土地所有权的成员边界决定了土地使用权分配的受惠主体范围。农户登记应当以私法性的集体成员登记为前提，但是后者不宜直接在集体土地所有权登记的权利主体项下进行登记，而应在集体经济组织的特别法人定位下，比照社团法人的成员登记制度进行构建。通过集体经济组织成员团体身份的取得登记和变动公示，变内部确认为社会公示。[①] 同时，集体成员登记成果应当与物权登记项下的农户登记进行关联。对未能及时进行承包地和宅基地分配的新增成员，基于其成员资格记载分配请求权，并关联农户登记事项，作为在户内进行承包地和宅基地权益调剂的依据。

《民法典》物权编延续了原《物权法》对集体土地所有权主体所采取的

---

① 参见郭洁：《论农村集体经济组织的营利法人地位及立法路径》，载《当代法学》2019 年第 5 期。

"归属主体与代表行使主体"的二元构造形态。集体土地所有权的实质归属主体是一定地域范围内具备成员资格的农民所组成的集体,同时根据地域范围的不同,确立了不同的代表行使主体。根据《不动产登记暂行条例》及其实施细则的规定,集体土地所有权是具有登记能力的物权类型之一,但对于该项权利的权利主体登记事项,只规定了"代为申请主体",这并不能用于具体识别集体所涵盖的成员范围。2001 年原国土资源部《关于依法加快集体土地所有权登记发证工作的通知》规定土地所有权主体以"××村(组、乡)农民集体"表示。这本质上仍是虚化主体,无助于具体判定成员的范围。实践中,往往辅之以援引地方行政规范性文件、地方法院司法裁判指导意见或村民自治的方式一般性地界定成员资格的取得、丧失及变更要件。通常认为,集体土地所有权的成员范围不予登记的主要理由如下。(1)集体成员不仅是当下某个时点的现存人员,而且包括潜在的新成员。对集体成员进行登记的技术困境在于成员的流动性与登记的稳定性之间存在矛盾。(2)集体土地所有权的行使方式特殊,表现为成员多数决议的方式而并不要求全部成员悉数同意。此外,公有制语境中,土地所有权只能以征收的方式实现由集体向国家的单向变动,在设定他物权的情形下,主要向本集体内部成员提供,不涉及交易安全保障等问题的考量。(3)只要明确了特定的农民集体的成员资格(谁是集体成员)、明确了成员集体的团体性及其形式(何为成员集体)、明确了集体所有权行使中的集体组织与集体成员的权利义务和行为规则(成员集体如何行使所有权),就明确了集体所有权的主体。① (4)因户籍标准是成员资格认定的基本依据,故户籍登记长期以来发挥成员身份的公示功能。

为了成员权的切实实现、有效解决成员集体这一所有权主体的缺位与虚置问题,需要确定某一时点的成员具体范围。当前阶段,户籍登记可用作判定成员与集体存在关联的初步依据,同时需要结合出生及死亡事实、

① 参见韩松:《农民集体所有权主体的明确性探析》,载《政法论坛》2011 年第 1 期。

实际居住状态等对户籍登记的现有成果进行转化及完善。在集体资产股份合作制改造后,还需要在成员资格认定的基础上进一步明确其针对集体经营性财产的权益持分。对此,2020 年 11 月农业农村部印发的《农村集体经济组织示范章程(试行)》在“成员”一章规定了成员身份确认的基准日,基准日以后的成员身份取得采取法定加决议的方式进行个别认定,认定结果以“成员名册”的形式附在章程之后;成员名册产生了集体成员资格认定的确定和划断效力,实现了集体成员登记的私法目标。该试行章程在“经营性资产量化与收益分配”一章同时规定将经营性资产以份额形式量化到本社成员,作为收益分配的依据,具体设置了配股给成员个人(第 39 条)、按“户”为单位颁发证书(第 40 条)、成员份额实行户内共享(第 41 条)等制度。经由法人化的治理结构改革,集体土地所有权代表行使制度在资源性资产分配和经营性资产折股量化中均实现了一定时间内农户持分的稳定性。但是,应当设置一定年限,根据集体经济组织成员名册记录的成员变动进行户内股权份额的调整及变更记载。对此,大连市设立了一定时期(5 年、10 年、15 年)内保持成员股份稳定的规则。①

在集体经济组织成员登记中,应对基于成员资格享有的期待性利益予以记载。例如,宅基地使用权退出制度中,农户在暂时不使用宅基地时可将唯一宅基地退还给集体经济组织,将来有重新利用宅基地的需求时可依据其成员资格再次申请获得宅基地。② 对此,江西省余江县探索了以“空间换时间”的土地配置模式,即退出宅基地的农户 15 年后仍享有重新获得村庄宅基地权利。③ 有学者在“三权分置”的政策框架下将之称为“资格权的虚拟化分配”,即不具体到实地,以权利证书或权利凭证等方式

---

① 参见 2019 年《大连市农村集体经济组织示范章程(试行)》第 34 条。

② 参见孙宪忠:《农村土地“三权分置”改革亟待入法》,载《中国人大》2018 年第 15 期。

③ 参见农业农村部政策与改革司:《江西省余江县:三项机制推进宅基地制度改革试点》,载农业农村部官网 2018 年 4 月 27 日,http://www.zcggs.moa.gov.cn/ncggysyqjs/201904/t20190423_6212475.htm。

来进行确权。[①] 这一分配请求权应进行登记。此外，在成员的反悔期制度下，特定人员的成员资格回复请求权亦应登记。反悔期制度是指丧失成员资格后的特定期间，于彻底注销其农户资格之前保留其有权反悔的合理期限。农民实质意义上的城市化不是工作、居住甚至户籍迁入城市的时点即刻完成，需要一个适应的融入过程。在农户退出土地利用关系后，应当在可回复的机会利益层面，预留其将来恢复土地承包经营权和宅基地使用权的可能。有学者将这种在农民集体成员身份丧失以后暂时独立存在的成员资格回复请求权制度称作对落户城市农民放弃农民集体成员资格的反悔制度。[②] 这一建议具有借鉴意义。

四、赋予农户成员共管契约以登记能力

按照“内外有别”的农户内外法律关系区隔要求，农户内部成员的意思形成规则对外部交易主体不应产生约束力，否则将对其科以严苛的审查义务。但是倘若其进入不动产登记簿，则将产生“应当知悉”的公示效力。伴随登记介质的电子化和技术的便捷化，赋予形成农户意思的成员间共管契约以登记能力，有利于维护农户的真实意思，防止农户代表人越权代表行为的发生。

纸质的登记簿因人工记载及其正确性要求而耗费较大的登记成本，导致登记的财产权类型及内容均相对狭窄。随着信息网络技术的发展，通过链接技术、数字技术、影像技术登记的容量得到大幅扩展。只要登记制度能够负荷，整套关系的登记比起只把抽象权利抽离登记，自然更可降低产权交易的障碍。[③]《民法典》物权编规定了共有人对共有物进行管理、处

---

① 参见孙建伟：《宅基地“三权分置”中资格权、使用权定性辨析——兼与席志国副教授商榷》，载《政治与法律》2019 年第 1 期。

② 参见程秀建：《宅基地资格权的权属定位与法律制度供给》，载《政治与法律》2018 年第 8 期。

③ 参见苏永钦：《物权法定主义松动下的民事财产权体系——再探大陆民法典的可能》，载《厦门大学法律评论》2005 年第 1 期。

分、重大修缮、变更性质或用途时,共有人之间的约定具有优先于法律的适用效力。这表明僵化的物权法定无法满足现实社会中的物权行使需求。法定的只能是物权的大体框架,仍需要借助权利主体的约定进行实质填充。在涉及权利主体涵盖复数人的场合,为充分实现物尽其用的效益,法律需要引入任意性规范授权物权人以自治的方式设定物权的部分内容。作为物权法实施的配套程序规范,登记规则应当将"伴随性债的关系"纳入登记,使其成为"物上之债"并产生物权效力。[①] 特别是为了利益共同体之外的他人利益,最合适的途径就是公开利益共同体的自治结果。例如,根据《德国民法典》第1010条的规定,土地共有人对土地管理和使用的约定可记入登记簿,并因此而约束共有人的继受人。[②] 2009年我国台湾地区"民法"物权编增设第826条之1,于第1项规定:"不动产共有人间关于共有物使用、管理、分割或禁止分割之约定或依第八百二十条第一项规定所为之决定,于登记后,对于应有部分之受让人或取得物权之人,具有效力。"2010年再次增设第836条之2:"地上权人应依设定之目的及约定之使用方法,为土地之使用收益;未约定使用方法者,应依土地之性质为之,并均应保持其得永续利用。前款约定之使用方法,非经登记,不得对抗第三人。"据此,共有不动产的共管契约和地上权人的特定约定因开放登记而取得对世性的物权效力。2016年原国土资源部《不动产登记操作规范(试行)》第2.1.3条第3款第1项规定"处分按份共有的不动产,可以由占份额三分之二以上的按份共有人共同申请,但不动产登记簿记载共有人另有约定的除外"。这肯定了共有人之间就共有物处分行为所作约定的可登记性。就土地承包经营权的稳定及有效行使而言,农户内部成员针对农地具体用途、使用方法等重要管理事项,以及处分、收益分配所达成的内部约

---

① 参见苏永钦:《可登记财产利益的交易自由——从两岸民事法制的观点看物权法定原则松绑的界限》,载《南京大学法律评论》2010年第2期。

② 参见台湾大学法律学院、台大法律基金会编译:《德国民法典》,北京大学出版社2017年版,第852页。

定,应当能够在土地承包经营权登记中予以展现。

除了农户成员之间指向承包地或宅基地的共管契约外,还有一种调整成员主体间关系的内部约定,即分家协议。分家协议签订是民事法律行为,法律原则上不应当对其施加额外限制,但分家会导致承包地或宅基地的分割与重新分配,出于维持承包地利用现状、暂不具备建房条件等现实考量,客观上可能基于“分户不分地”或“分户不分宅”而出现维持土地承包经营权或宅基地使用权权属状态不变的情况。此外,分户还会影响征收补偿的补偿金额和受偿主体范围。多数地方对一定时期内的某些分户行为予以限制。例如,2015 年《衡阳市集体土地征收与房屋拆迁补偿安置办法》第 10 条第 1 款第 2 项规定:自拟征地告知书发布之日起 1 年内(国、省另有规定的除外),在拟征地范围内暂停办理户口的迁入和分户,但因出生、婚嫁、军人复转退或大中专院校学生毕业、刑满释放等依法办理的除外。此时,分家协议实际充当了共管契约,通过对分家协议进行登记,能够充分显化分家效果的外溢性,明确成员内部的权益分配,彰显土地之上的真实权利支配秩序。

在共管契约的具体登记路径方面,大体存在链接式关联登记、增设栏目、增加簿页三种主要方式。[①] 农户成员之间的约定往往内容复杂,倘若通过增设栏目的方式进行登载,会破坏登记簿的简洁布局,应当将其作为附件并对利益相关者开放查询和复制。

五、增设农户成员权利限制事项登记

(一)增设农户中非房屋所有权人的居住权登记

在宅基地之上建有房屋时,针对房地权利主体范围不一致的情况,农

---

① 参见常鹏翱:《论可登记财产权的多元化》,载《现代法学》2016 年第 6 期。

户中非房屋所有权人对宅基地的支配利益和保障性需求通过确认享有对房屋的居住权方能实现。该项权利在行使效果上构成房屋所有权人或继承人的权利限制事项。

登记能力方面,应赋予农户内非房屋所有权人针对宅基地之上房屋享有的居住权以登记能力。传统认知上,在物权法的规范体系中,法定先行、公示殿后,物权法定引导着物权公示的方向,公示的对象必须是法律明定的物权。① 我国《民法典》增设的居住权,没有规定法定设立情形以容纳上述情形。但是,除了应为法定居住权寻求实体法上的构建依据外,亦可确认此种情形下居住权的登记能力达到"程序先行及以程序倒逼实体"的效果。可登记的财产权范围不限于物权,而是呈现出多元化的特点。"物权"既包括法定的物权,也包括登记后取得绝对效力的"法定物权之外的债权",物权性权利系根据登记所产生的公示效力而产生,具有物权效力因而应当视为物权保护。② 因此,具有登记能力的财产权并非局限于法定的物权类型,非房屋所有权人的居住权因纳入登记而将获得物权性效力。

登记地位方面,非房屋所有权人的居住权应当作为房屋所有权的负担而进行他项权利登记。依据权利的层级,权利登记可分为土地所有权和使用权的登记以及土地他项权利的登记。1995 年《土地登记规则》第 2 条第 2 款规定:"本规则所称土地他项权利,是指土地使用权和土地所有权以外的土地权利,包括抵押权、承租权以及法律、行政法规规定需要登记的其他土地权利。"土地他项权利登记无须另行颁发证书,只需在原证书的"权利其他状况"一栏记载其负担事项(包括载明他项权利人、权利种类、权利范围、权利存续期间等),再给他项权利人出具一份权利证明即可。③ 在不动产统一登记制度改革的背景下,原国土资源部公布的不动产登记簿证样式

---

① 参见常鹏翱:《体系化视角中的物权法定》,载《法学研究》2006 年第 5 期。

② 参见张鹏:《物债二分体系下的物权法定》,载《中国法学》2013 年第 6 期;朱虎:《物权法自治性观念的变迁》,载《法学研究》2013 年第 1 期。

③ 参见刘禺涵:《"三权分置"下的土地经营权登记》,载《中国土地科学》2017 年第 1 期。

沿用了“不动产权证书—不动产登记证明”的构造。对于房屋登记而言,居住权不具有流动性,依附于特定主体,其本身不可能再派生并记载诸如抵押权等他项权利。因此,居住权应当作为房屋所有权上派生的他项权利,在对房屋所有权人依然颁发不动产权证书的前提下,于不动产权证书上“权利其他状况”一栏载明,并对居住权人核发居住权证明。

(二)增设农户土地利用管制事项的关联登记

农地承载的公共目标约束是证成农户主体地位的重要依据。在这个意义上,管制事项的登记虽然不是直接的权利主体事项登记,但与农户的主体地位实现存在重要关联。其明确了行政机关的监管职责和土地所有权人的管理权能,登记效力在于决定或影响了在这些限制下的农户土地承包经营权和宅基地使用权的真实权能构造和权利边界。

登记理论中,因法律强制性规定产生的法律关系和负担,无须登记。① 在德国,如因建筑基线、街道建设负担等而生的公法性法律关系与负担,不具有登记能力。② 伴随登记技术的发展,登记所容纳的事项将大幅扩充而不至于影响检索效率。在我国,管制性事项关联登记是自然资源所有权确权领域引入的。③ 根据2019年《自然资源统一确权登记暂行办法》第9条第2款的规定,自然资源登记簿应当关联国土空间规划明确的用途、划定的生态保护红线等管制要求及其他特殊保护规定等信息。此外,针对土地承包经营权登记也存在永久基本农田划定范围入证的政策性要求。④ 无论

① 参见程啸:《不动产登记法研究》(第2版),法律出版社2018年版,第159期。

② 参见[德]鲍尔、[德]施蒂尔纳:《德国物权法》(上册),张双根译,法律出版社2004年版,第294页。

③ 参见韩英夫、佟彤:《自然资源统一确权登记制度的嵌套式构造》,载《资源科学》2019年第12期。

④ 2016年原国土资源部、原农业部《关于全面划定永久基本农田实行特殊保护的通知》(已失效)第10条提出“要结合农村土地承包经营权确权登记颁证,将划定的永久基本农田记载到农村土地承包经营权证”。

是在自然资源登记簿和不动产登记簿两个登记簿的衔接等程序性问题层面，还是确定土地承包经营权人及宅基地使用权人的权利行使边界等实体问题层面，均需要以一定方式明确在不动产登记簿中管制事项的登记地位。

对于土地承包经营权而言，土地经营权流转这一取向市场化运行机制的民事法律行为需要强化行政干预，外设公法控制。外部主体在土地经营权的行使过程中存在耕地非粮化、非农化的风险隐患。工商资本租赁农地不能改变用途，应坚持土地公有制性质不改变、耕地红线不突破、农民利益不受损三条底线。[①] 对此，有学者建议在“土地承包经营权”登记栏目增设“利用方法”以明确批准的土地用途，[②]具有借鉴意义。应当通过管制事项的登记，明确土地承包经营权所指向承包地之上的土地用途及耕地保护、生态保护方面的红线约束。

就宅基地使用权而言，应当在完善村庄规划的同时，将涉及宅基地管理的规划内容在宅基地使用权中进行关联性登记，作为宅基地利用行为的限制和合法性评价依据。[③] 此外，针对农户超面积占用宅基地的行为，2011年原国土资源部、中央农村工作领导小组、财政部、原农业部《关于农村集体土地确权登记发证的若干意见》第7条规定，农村村民建房占用的宅基地，超过当地规定的面积标准的，按照实际批准面积进行确权登记；其面积超过各地规定标准的，可在土地登记簿和土地权利证书记事栏内注明超过标准的面积，待以后分户或重新建房时，按有关规定作出处理，并按照各地规定的面积标准重新进行确权登记。农户事实上占有的宅基地属于超占

① 参见2015年中央农村工作领导小组、原国土资源部、原农业部和原国家工商行政管理总局《关于加强对工商资本租赁农地监管和风险防范的意见》。

② 参见常鹏翱：《论可登记财产权的多元化》，载《现代法学》2016年第6期。

③ 2019年《关于建立国土空间规划体系并监督实施的若干意见》第6条规定：“……在城镇开发边界外的乡村地区，以一个或几个行政村为单元，由乡镇政府组织编制‘多规合一’的实用性村庄规划，作为详细规划，报上一级政府审批。”

或突破耕地红线的，应当对面积及空间四至进行如实记载，同时注明违法情况，为日后调整提供依据。

第四节 意思表达：引入农户代表人的推定制度

一、准用代表制度赋予户主农户代表权

在增加农民财产性收入，以扩权赋能方式挖掘农户资源性财产市场流转空间的改革背景下，农户主体广泛地凭借民事法律行为参与社会交往，因而有必要构建对外的意思表达制度，应当延展家庭范畴之于财产交易的规范效力，确认户主具有农户代表人的主体地位。农村在农地分配上坚持农户家庭共有制，承继了同居共财的基本特征。在同居共财制度下，家产买卖以家长（户主）为代表。[①] 户主具有民事法上的家长地位，是农户对外意思表达的当然代表人，这是家事治理的默示习惯法效力体现。

目前，在户籍登记制度中存在“户主”一栏，应运用具有民法效力的代表制度对其予以接纳。法律性质上，户主是《户口登记条例》规定的共同居住一处的主管人。需要解决的问题是，是否需要在户主之外，遵循民事代表制度的一般原理，另行规定农户代表人的选取规则。有学者主张，代表人与户主各行其是，在共有财产经济活动中，代表不受家长约束。[②] 对于农户代表人制度，法律层面的正式立法没有作出明确规定。针对共有物的处分、保存、改良、利用，《民法典》确立了共同共有的行使规则。农户成员共同享有土地承包经营权和宅基地使用权的，可参照适用上述规则。但是就

---

① 参见［日］崛敏一：《论中国古代家长制的建立和家庭形态》，周东平译，载《中国社会经济史研究》1991年第4期。

② 参见石碧波：《民法上的“家”——兼论我国民法上“家”的二元结构》，载《当代法学》2003年第7期。

法律性质而言,这些规则用于确定农户成员内部的法律关系,并不能直接约束外部交易主体。此外,就规则内容本身而言,约定优先或一致同意规则过于强调个体成员原子化设定之上的意思自治原则的贯彻,而忽视了农户成员之间的伦理性因素和户主在农户团体的自然权威。2021 年 1 月 1 日实施的《土地承包纠纷案件解释》第 4 条延续原农户代表人的确定规则:(1)土地承包经营权证等证书上记载的人;(2)未依法登记取得土地承包经营权证等证书的,为在承包合同上签名的人;(3)前两项规定的人死亡、丧失民事行为能力或者因其他原因无法进行诉讼的,为农户成员推选的人。实践中,土地承包经营权证等证书上记载的人以及承包合同上签名的人基本是该户的户主。例如,2007 年重庆市高级人民法院《关于当前民事审判若干法律问题的指导意见》第 43 条从诉讼角度明确农村土地承包合同纠纷应当以农村承包经营户为当事人,户主为诉讼代表人。2011 年《陕西省农业厅关于印发农村土地承包经营权证样式及相关表式的通知》针对"发包方与承包方"规定,家庭承包中土地承包经营权证中的承包方只写农户户主姓名。

对于户主代表农户的权利基础,从民法既有规范来看,存在"代表"和"代理"两种法律调整路径。二者均用以解决何种自然人的何种行为后果可直接归属于法人、非法人组织等团体,但二者的适用原理差异明显。代表权原则上是一种概括的、不受限制的权限,代表人与被代表人之间有较为稳定的职权基础,第三人因此对代表人的职务产生信赖。但代理人与被代理人只是偶然的外部关系,代理人进行代理活动时应依法表明代理身份和权限,第三人也相应负有程度更高的审查义务。关于户主的代表权限及行为效力,有学者主张户主的代表权不受限制,其对外代表本户所为的民事行为,一切法律后果都应由全体成员承担。[①] 与之相对,倘若适用代理原

① 参见沈文朋:《农村承包经营户:从独立民商事主体到适当的有限责任》,载《华南师范大学学报(社会科学版)》2012 年第 3 期。

理,则户主的代理权限于农户事务的日常性行使或者重要事务的个别授权。因家庭规模的小型化成为主要趋势,且家庭团体因其伦理性和私密性而具有更高程度的自治需求,立法原则上应基于户主的自然权威,适用代表制度原理,确认户主的当然代表人地位。

二、确立“概括授权 + 重要处分事项公示后例外”的户主代表权构造模式

户主的代表权确认既体现了习惯的事实效力运用,也结合了成员的意思自治因素。以户主对外代表农户从事民事活动不仅是事实层面的习惯,而且应当基于农户成员对这一默示习惯的法律确信而赋予其规范效力。对此,已有地方作出了规定。例如,江苏省高级人民法院《关于执行〈中华人民共和国农村土地承包法〉和〈最高人民法院关于审理涉及农村土地承包纠纷案件适用法律问题的解释〉若干问题的意见》第 8 条第 2 款中规定:“农民以家庭为单位取得土地承包经营权并承担义务。但家庭承包经营权由家庭全体成员共同处分并不合理,也不符合现实生活中的习惯做法。承包经营权等证书上记载、承包合同上签字的农户代表人所进行的处分,对全体家庭成员具有约束力,其处分行为有效。”然而,完全认可户主对农户的绝对代表权有失妥当。对于某些土地权利的重大处分在法定或约定登记公示后,应当产生对户主代表权的限制效果。

就法定限制而言,法律原则上仅应对涉及土地承包经营权和宅基地使用权变动的重大事项进行立法干预。除土地承包经营权转让、交回集体经济组织、设定长期土地经营权这类重大处分外,概括认可户主对农户具有代表权限。具体来说,在承包地由农户自主利用的情况下,当发生现实妨碍或阻碍农地利用的危险时,因排除妨碍或消除危险的救济措施属于对土地的增益性行为,应当认为农户代表人已经获得概括授权。当承包地由其他主体进行他主利用时,依据现行法律规范,主要是通过土地承包经营权

转让以及设立经营权的方式予以实现。转让是物权属性的承包经营权的彻底让出，是关涉农户主体利益的重大处分性事项之一，应依据一致同意的共同共有规则进行设计。就设立土地经营权的方式而言，《农村土地承包法》以经营期限的长短（5 年为界限）而非权利性质的界定对土地经营权进行法律调整。对此，针对法律设定的长期经营权，亦应比照转让的一致决规则。在这些情形中，构成对户主代表权的法定限制。除法定限制外，当农户针对财产处分达成共管契约并进行登记时，契约中所涉及的户主代表权限制亦应具有法律效力，并且约定可以限缩或扩大法定限制的事项范围。在上述法定或约定的限制情形中，如果户主越权代表农户对外实施法律行为，则构成效力待定。此外针对一致同意事项，有学者提出，当农户成员对于重大事务因无法达成一致而陷入僵局时，可由农户或重大利害关系人提交其所在农民集体，由所在农民集体以集体成员利益最大化为考虑代为行使。① 这种观点具有借鉴意义。

有必要指出的是，基于集体土地所有权运行程序的民主性，诸如承包地和宅基地分配等关涉农户重要财产权益的事项需要通过村民自治程序处理，且决议在公示后发生效力。《农村土地承包法》第 20 条规定："土地承包应当按照以下程序进行：（一）本集体经济组织成员的村民会议选举产生承包工作小组；（二）承包工作小组依照法律、法规的规定拟订并公布承包方案；（三）依法召开本集体经济组织成员的村民会议，讨论通过承包方案；（四）公开组织实施承包方案；（五）签订承包合同。"承包方案需要依次经过拟定后公布、村民自治决议程序通过、公开组织实施等公示程序，农户代表人之外的农户成员以集体土地所有权人组成成员的身份获得知悉的渠道和可能，这在很大程度上避免了对户主进行概括授权后侵害农户内部其他成员权益的问题。

---

① 参见张力、王年：《"三权分置"路径下农村宅基地资格权的制度表达》，载《农业经济问题》2019 年第 4 期。

三、构建农户土地权益纠纷的诉讼当事人确定规则

农户是依赖土地资源的保障性价值而存在的地域性家庭合伙，根据现有关于合伙的当事人确立规则，存在两种选择：一是按照非法人组织，赋予农户当事人能力；二是否定农户的当事人能力，按照必要共同诉讼规则，以全体农户成员为诉讼当事人。但是，农户获得民事主体地位的理据并非按照一般性民事主体结构所抽象的诸如独立意志、独立责任等要件进行的演绎，而是源于农地的公共性及保障性功能所施加的对成员个别处分的限制。这需要充分考虑“农户——成员”间相互套合的交互性关系。现有关于合伙的当事人确定规则并不能完全适用于农户这一特殊的家庭合伙形态。诉讼法上当事人的适格性必须以实体法上对应的主体地位实现规则为依据，并与其进行妥善衔接。在农户土地财产权益案件中，应当根据实体法及公示后的农户成员间共管协议确定诉讼当事人的具体形态和范围。

1. 对于法定的或经公示的约定一致同意事项，应当以“某农户”为当事人，同时必须载明户内全体成员。在这里，不宜单独列农户为当事人，主要原因如下。首先，农户是民法上土地承包经营权和宅基地使用权的权利主体。农户的成立及主体地位获得不需要进行独立的主体登记。进一步地，农地的资源属性决定了农户主体地位的法律实现主要通过权利的自主行使或较长时间的对外流转，而非频繁参与市场交易。“名义独立”标准在农户主体界定中的考量已经大幅弱化。其次，因应不同类型农地权利的行使要求，“某农户”在不同权利语境中对应不同的成员范围，这导致此种当事人列明方式反而会产生诉讼程序的复杂化问题。以“某农户”为当事人，实际是参照非法人组织的诉讼当事人确立规则，由农户代表人代表农户参与诉讼，其他成员不得直接实施诉讼行为，而只能被动地承受代表人行为所带来的法律后果，这极易掩盖并侵害其他成员的权益诉求。有观点主张，在合伙中如果根据全体同意的共同行为规则，每个合伙人的意志都得到充

分表达和体现，则无从形成团体意志。[①] 但是，这没有考虑到农户的特殊性。一方面，相较于其他团体而言，农户团体规模小，且成员之间因家庭关系结成高度信任的身份性联系，更易于达成支配一致。另一方面，共管协议虽源于全体成员的个人意志，但一旦协议成立并生效，则脱离成员的个人意志而有机地转化为农户的团体意志或独立意志。经过登记的共管协议不仅约束全体成员，而且能够对抗外部主体。因此，对于法定的和协议约定的共同决定事项，应当将农户成员同时作为诉讼当事人予以列明。

2. 户主在代表权限范围内得作为诉讼当事人独立行使诉讼实施权。2022 年最高人民法院《关于适用〈民事诉讼法〉的解释》第 60 条第 1 句规定，“在诉讼中，未依法登记领取营业执照的个人合伙的全体合伙人为共同诉讼人”；第 72 条规定，“共有财产权受到他人侵害，部分共有权人起诉的，其他共有权人为共同诉讼人”。上述规则将个人合伙与共有权行使作为固有的必要共同诉讼。据此，凡是基于共有关系发生的诉讼，共有人均应当共同参加诉讼。但是，在多数情况下，共同享有的权利或者共同承担的义务，无须全体共同实施，其中一人主张共同享有的权利或者履行共同义务，仍然会产生法律效果，此即传统理论中的类似必要共同诉讼。[②] 多数权利人授予其中一人实施诉讼，多数权利人可以根据选定当事人的方式实施诉讼行为。[③] 这可能基于实体法的明确规定，也可能基于共管协议的约定；针对协议中所赋予的农户代表人具有代表权限的事项清单，农户代表人得作为当事人在诉讼程序中主张权利或承受义务，其法律效果及于全体农户成员。这均构成农户代表人单独享有诉讼实施权的规范依据。但是，有必要明确的是，因此种诉讼的最终权利义务的实体承受者是农户全体成员，如果农户代表人参与诉讼会对其他未参加诉讼的成员利益造成重大侵害，或

---

① 参见江伟、王国征：《合伙不具有民事诉讼主体资格》，载《法商研究》1999 年第 1 期。

② 参见张永泉：《必要共同诉讼类型化及其理论基础》，载《中国法学》2014 年第 1 期。

③ 参见肖建华：《诉权与实体权利主体相分离的类型化分析》，载《法学评论》2002 年第 1 期。

者可能遗漏特定的请求事项,例如在征收补偿中归属特定成员的个别土地添附行为所产生的补偿利益,则应当回复为以农户为诉讼当事人的情形。

第五节　行权保障:建立农户成员财产权的限制行使制度

一、户内成员承包权益的限定继承制度

我国的农户成员财产权在土地公有制的中国语境下建立在集体土地所有权之上,这就决定了农户成员财产权至少存在以下两方面的先定性限制。一是农地所承载的公法目标,农户成员财产权的行使应当有助于提高农地的完整性和集中度。二是农地所承载的集体保障目标。就此而言,指向土地承包经营权的继承制度构建不能仅比照私产进行从己身到后代的代际传承和利益固化,而是涉及目前尚未获得分配的成员甚至未来潜在的新增集体成员的利益保障问题。因此,应当构建农户内成员承包权益的限定继承制度,原则上肯定农户内成员所享有的土地承包经营权益的可继承性,但需附加额外的限制条件。限定继承制度中的“限定”体现在继承人主体范围的限定以及继承方式的限定两个方面。

(一)建立土地承包经营权的特定主体继承制度

享有继承权的主体范围要根据集体经济组织成员身份进行限定。已归属其他集体经济组织或因进入城镇定居而丧失本集体经济组织成员资格的人,不具有继承人的主体资格。在《农村土地承包法》制定过程中,有的委员、地方和部门曾提出了该修改意见,认为对于集体经济组织内部人人有份的家庭承包,如果不是该组织的成员,就没有继承权。①

---

① 参见顾昂然:《全国人大法律委员会关于〈中华人民共和国农村土地承包法(草案)〉审议结果的报告——2002 年 8 月 23 日在第九届全国人民代表大会常务委员会第二十九次会议上》,载法律图书馆 2021 年 2 月 10 日,http://www. law-lib. com/fzdt/newshtml/20/20050822181602. htm。

基于土地承包经营权以保障性功能为主的权利定位,农户成员的土地承包经营权益不应比照私人财产权不分继承人身份而全面肯定其可继承性。继承肯定论观点的一个重要论据在于转让与继承的法律效果相同,体现为主体呈现面向集体经济组织之外成员的开放性。这从根本上源于对土地承包经营权权利定性为保障性还是财产性权利的分歧。当前,土地承包经营权与土地经营权的分立作为农村人地分离趋势的制度呈现,土地承包经营权的权利构造是取向权能完整还是在设置底线约束的基础上强化土地经营权,法律制度设计取向于后者。在承包地“三权分置”改革之前,土地承包经营权的流转方式包括转让,具体规则是:经发包方同意;向县级以上地方人民政府申请登记,且未经登记不得对抗善意第三人;转让时,在同等条件下本集体经济组织成员享有优先权。这表明土地承包经营权的受让主体不限于本集体经济组织的成员。但是2018年修正的《农村土地承包法》严格限制了土地承包经营权的转让条件。该法第34条规定:“经发包方同意,承包方可以将全部或者部分的土地承包经营权转让给本集体经济组织的其他农户,由该农户同发包方确立新的承包关系,原承包方与发包方在该土地上的承包关系即行终止。”该法删去了集体经济组织成员的优先受让权规定,而在土地经营权部分吸收了原来关于土地承包经营权的转让条件的规定。这意味着土地承包经营权仍是以成员生存保障为主的身份性权利,其财产功能主要由土地经营权承担。

有必要明确的是,继承否定论契合于“承包期内由农户内其他成员继续承包”的观点,实质等同于限定继承的法律效果。继承否定论的论据主要有二。一是无论家庭成员如何变化,承包的主体都是农户,而农户具有极强的弹性化属性。当农户中一人或几人死亡时,该成员在生前已按照“人人有份”的规则承包了土地,其在该土地之上的土地承包经营权益内化为以农户为主体的土地承包经营权的一部分。① 在其本人已死亡的前提下

① 参见王立争:《农户主体地位的法政策学辨思》,载《法学》2015年第2期。

所遗留的土地承包经营权仍应固化在该农户范围之内,由其他成员继续承包经营,不产生继承问题。二是因特定主体丧失集体经济组织成员资格,而不再具有农户的成员资格,无权再保有相关承包权益。但是,继承否定论的法律效果与在农户范围内限制继承人范围的限定继承等同,是农户内部对土地承包经营权的份额进行继承,并映衬于"变账不变地"的实践做法,即无论户内成员增加还是减少,均维持承包地利用现状不变,仅在会计账簿上进行适当变动。理论上,土地承包经营权的设定采取债权意思主义,继承在原因行为层面产生合同权利义务概括承受的效果,并在设权结果层面作为法定的物权变动事由。"继续承包"这一社会现象的法律投射正表现为对继承制度运作机理的遵循,只不过将继承人的范围限定在农户内部。

(二)继承方式的限制

域外典型国家的农地继承制度中,通过继承方式及继承权份额的限制抑制农地在物理形态上的分割可能。例如,德国为了保持良性的农业经营,限制土地分散,在吸纳农民继承习惯的继承上专门制定《农庄单独继承法》,规定了一人单独实物继承制度。其中核心思想亦是要求农庄为继承人之一人继承,而对其他继承人进行金钱补偿。① 在丹麦,一个农场的所有者只能是一对夫妇,子女只有 1/8 的继承权,7/8 的继承权归妻子,继承的财产只能以货币分割而不能分地,但父母可以把包括地产和地面建筑在内的完整企业全部卖给一个子女。② 此外,不限于继承,在农地流转中,受让主体的设置亦倾向注入身份性家庭因素的考量。例如,《瑞士农业用地法》规定了农庄农地的亲属先买权。为了完善家族经营制度体系,作为农庄农

---

① 参见[德]鲍尔、[德]施蒂尔纳:《德国物权法》(上册),张双根译,法律出版社 2004 年版,第 589～590 页。

② 参见刘传江:《世界农业经营规模:变迁、现实、政策与启示》,载《经济评论》1997 年第 5 期。

地交易的私法限制，农庄所有权人欲转让农庄时，其子女、兄弟姐妹及其子女遵行一定顺位和前提条件，可行使先买权取得农庄。① 这些限制规则对于维护农户的主体形态及稳定既有的土地支配关系具有重要的借鉴价值。

我国《民法典》第 1156 条对遗产分割的一般原则进行了规定："遗产分割应当有利于生产和生活需要，不损害遗产的效用。不宜分割的遗产，可以采取折价、适当补偿或者共有等方法处理。"土地承包经营权益的限定继承规则应当受到该条款的约束。当继承人同处一户之内时，应建立共同继承制度，即由多个继承人对家庭承包经营权作为整体进行继承，从而避免对承包地进行实际分割。当多个继承人处于不同农户时，原则上与被继承人同处一户的继承人应当进行实物继承，并对其他继承人予以折价补偿。

二、农户主体分立及土地实物分割的限制制度

农户主体的分立即分户由户籍登记这一行政行为对外表彰，但是分户同时具有农户成员共同共有关系解除以及对土地承包经营权和宅基地使用权为核心的共有财产分割的民法效果。这两类权利在农地权利体系中处于核心地位，并非依据价高者得实行竞争性配置，而是承载粮食安全、生存保障的稀缺资源。基于农地的特殊功能，应当对分户行为及其衍生的土地分割实施必要限制。

就行为本身而言，分户作为农户成员之间的多方民事法律行为，不仅伴随单独立户，而且依据农户意思对家庭共有财产进行分割，并由此产生土地承包经营权和宅基地使用权的物权变动效果。根据《不动产登记暂行条例实施细则》第 42 条及第 50 条的规定，家庭关系、婚姻关系变化

① 1991 年依据《关于农村土地权的联邦法律》第 92 条第 1 项增订第 682(a)条，自 1994 年起生效。参见《瑞士民法典》，戴永盛译，中国政法大学出版社 2016 年版，第 240 页。

导致的分家析产是土地承包经营权和宅基地使用权变更登记的基本事由。在土地承包经营权和宅基地使用权的权属分割场合,依据成员间的分户行为,部分成员以所在新户为承包方与集体经济组织重新签订承包合同,据此产生土地承包经营权变动的法律效果。同时,分户导致的物权变更登记具有对抗效力。但是,在只分户而不析产的情况下,农户成员在分户后享有期待性的指向集体经济组织的分配请求权,该项请求权的实现受到集体经济组织当时有无可供分配土地的现实因素制约。基于分户行为的土地财产权益处分效果,应当对其本身及衍生的土地分割行为实施必要限制。

1. 对分户行为应当施加法定限制。分户可能产生两个法律效果:一是遵循共有关系解除的一般原理,进行权属分割;二是在原有户内承包地或宅基地面积因新增成员应当增加而未予增加时,分户后应当从集体经济组织获得重新分配。实践中,有的地方已对分户行为设定了限制。例如,根据2013年《广西壮族自治区农村宅基地审批管理办法》第6条的规定,村集体组织成员因结婚等原因确需分户(分户后父母身边须有一个子女),分户后需要建住宅又无宅基地的,可以以"户"为单位申请农村宅基地。在江西省余江县(今鹰潭市余江区),农户儿子达到分户年龄22周岁时,享有优先在村庄中申请宅基地建房的权利;集体经济组织成员家庭中有一个儿子的只能立一户,父母原则上与儿子合并一户;有两个儿子且均满22周岁后才能立两户,可有两处宅基地;出嫁的女儿不能继承父母的宅基地,但若女婿入赘,女儿可拥有继承权。①

无论是分户所带来的权属分割还是重新分配,都会在一定程度上造成承包地或宅基地的低效利用与不当扩张。当前,分户的原则和条件缺乏明

① 参见农业农村部政策与改革司:《江西省余江县:三项机制推进宅基地制度改革试点》,载农业农村部官网2018年4月27日,http://www.zcggs.moa.gov.cn/ncggysyqjs/201904/t20190423_6212475.htm。

确的法律规则指引。在以“户”为单位的宅基地使用权无偿、无期限取得制度下，为了能够多占地，出现了“能分尽分”的无序现象。据此，应当借鉴上述地方立法经验，从以下两方面从严设定农户主体的分户标准，减少分户行为的恣意性。一是户内有达到法定结婚年龄准备结婚的成员，农户因新增人口后导致居住面积不达标的拟结婚成员可申请分户。[①] 二是为充分发挥赡养老人作用、解决生产经营实际困难，基于主干家庭在农村社会广泛存在的现实，对于只有一个子女的农户，子女原则上应与父母在一户；对于存在多个子女的家庭，应当至少有一个子女与父母在一户。

2. 增设集体经济组织对分户行为所带来的土地承包经营权及宅基地使用权分割的同意权。在以农户为单位配置土地承包经营权及宅基地使用权的主体构造下，分户是导致承包地、宅基地实物分割的基本原因。因土地资源的公共物品属性，土地分割行为受到公法管制。域外法上，意大利、葡萄牙、丹麦、法国等国家皆规定了“最小耕作单位”，以抑制地块的细碎化利用趋势。《意大利民法典》第 846 条规定：对用于耕作或适宜进行耕作的土地，在转移其所有权、分割或者以任何名义处分时，以及在其上设定或转移物权时，必须以最小耕作单位为基础操作；最小耕种单位应当理解为一个农业家庭劳作所必需的足够的土地面积。[②]《葡萄牙民法典》第 1376 条第 1 款规定：“适耕之土地不得分割面积小于国家为每一区域所定之最低耕种面积单位之地块；在此意义下，对土地设定用益权视为分割。”[③] 在法国，分割财产的权利虽被视为传统的所有权权能之一，但《法国乡村法》和国会有关文件中确认了所有权不包括自由地进行小块土地分割的权

① 参见张波：《农村土地制度改革背景下宅基地使用权申请取得制度的改革与完善》，载《中国农业资源与区划》2016 年第 3 期。

② 参见《意大利民法典(2004 年)》，费安玲等译，中国政法大学出版社 2004 年版，第 210～211 页。

③ 《葡萄牙民法典》，唐晓晴等译，北京大学出版社 2009 年版，第 236 页。

利。[①] 这就从权利客体的土地所必须维持的最小单位面积角度,对权利主体的农地处分行为施加了法定限制。分户行为是共同生产生活关系在法律上的分离,但这并不意味着原有生产空间及生活空间的必然隔离。对此,应当比照《农村土地承包法》第 34 条关于土地承包经营权的转让规则,并针对土地承包经营权和宅基地使用权分割设置发包方同意的具体情形。

集体经济组织可从以下方面,针对分户所导致的土地实物分割或新占地通过同意权施以限制。首先,分户后申请宅基地分配时,对于原所在农户使用的宅基地面积进行相应扣减或针对超出部分有偿使用,否则维持现状而不予分配新的宅基地。其次,为提高闲置宅基地及其上房屋的利用效率,通过宅基地使用权在集体经济组织内部重新分配的方式解决分户后的成员居住需求。对于宅基地及房屋的闲置,《土地管理法》作出了“鼓励农村集体经济组织及其成员盘活利用闲置宅基地和闲置住宅”的倡导性规定。未来应从明确闲置宅基地及农房的认定标准、集体经济组织对于闲置宅基地收回权的法律构造及房屋所有权人的补偿等方面进行可操作的具体规定。相似地,对于承包地,当户内部分成员长期不在原集体经济组织所在地生活从而承包地在人地关系上富余时,则在户内新增成员时应维持承包地利用现状,不进行额外的重新分配。再次,建立“最小承包地面积”制度。当分割后的承包地面积低于此最低限制时,集体经济组织对土地承包经营权的分割不予批准。最后,倡导“分户不分地”及“分户不分宅”,并由集体经济组织以决议自治方式加以贯彻落实。例如,在分户的情况下虽进行权属的变更,仅于登记簿进行相关事项的变更记载,但不进行土地的现实分割。此外,为提高宅基地的利用效率,学者提出了宅基地空间权的客体改造路径,指出现有宅基地面积限制是立法者基于宅基地使用权人建设平层建筑的考量。但是在宅基地进行空间利用的语境下,农民可建房屋

---

① 参见尹田:《法国物权法》,法律出版社 2009 年版,第 409 ~ 410 页。

面积数倍增加。即便是农户所在家庭出现新增人口,仅需就现有宅基地配置面积即可保障其居住需求,而无须靠更大面积的宅基地满足需求。[①] 这具有一定的启发意义。在村庄规划的指导下,集体经济组织应鼓励农户通过在原有宅基地之上建设高层住宅的方式,尽量减少重新申请宅基地。

三、同居家庭成员之于宅基地房屋的法定居住权制度

宅基地使用权是作为权利主体的农户成员所享有的一项具备有限财产属性的保障性权利,单独的宅基地使用权不能进行转让,亦不得作为继承权的客体。但是,当宅基地之上建有房屋时,因房屋的纯粹私权属性,会发生与宅基地使用权主体的人员范围不一致的情况。这在房屋继承中尤为明显。目前,对农房不享有所有权的农户家庭成员,其居住利益保障无从在合同、婚姻制度中获得妥适解决。对此,应当构建同居家庭成员对房屋的法定居住权制度。

之所以应当构建法定居住权制度,主要原因如下。首先,宅基地使用权的配置嵌入从“居者有其屋”到“户有所居”的时代性转变之中,为同居家庭成员设立居住权而非额外建房或分配宅基地建房,符合集约利用宅基地的政策导向。其次,设立居住权的立法考量主要在于居住利益与财产利益之间的“分量”权衡。全体同居家庭成员的整体性保障目标对宅基地房屋的处分权能产生限制效果。比较法上,非所有权人的家庭成员主要通过居住权实现对特定住房的居住目的及利益保障。例如,《法国民法典》第633条规定:“居住权仅以为其利益设定此种权利的人及其家庭成员

① 参见陶钟太朗、潘学飞:《论应还原宅基地使用权空间权属性:实然规则、应然状态及修法路径》,载《南京农业大学学报(社会科学版)》2020年第6期。

满足居住需要为限，以限制住房所有人的权利。”[①]《瑞士民法典》第354条规定：家宅在所有人死亡时终止，但若按其遗嘱将家宅转移至继承人，则家宅仍继续存在，所有权人也可在生前终止设立的家宅，但如果终止设立家宅使家庭成员稳定居住生活受到影响，家宅不得终止。[②] 宅基地使用权主体中的非房屋所有权人或所在家庭的新增成员均依赖该房屋满足生活居住需求。在农村房屋的处分限制尚未完全放开之时，房屋所有权人的财产利益仅体现为设置债权性负担或死亡时发生的继承。特别是继承人为非集体经济组织成员的，对其而言房屋表现为纯粹的财产收益，在价值权衡中劣势于含有居住保障性的人身利益。[③] 这实质上确立了家庭关系规范效力的延续优先于继承的财产法效果。尤其是在存在多个房屋继承人时，生前同居的继承人可以凭借居住权对抗其他继承人基于继承权行使而享有的对房屋进行实物分割处分的权利。最后，居住权的设立契合集体经济组织向成员分配宅基地的初衷，且符合家庭成员间扶助义务的法律与习惯渊源。

对于同居家庭成员居住权的规则设计，具体包括以下内容。

1. 这种居住权的设立应采取法定的强制方式。目前，居住权已经作为一种用益物权类型进入《民法典》。这有利于充分发挥房屋效用，一定程度上可转变过分重视土地价值而忽视房屋物权性利用的制度弊病。[④] 但设立方式只包括合同和遗嘱两种意定方式，无法涵盖享有宅基地使用权或成员性宅基地分配请求权但无房屋所有权的成员居住利益保障需求。域外法上，法定居住权已经得到确立。例如，《意大利民法典》第540条第2款规定：“有其他人参加遗产分配的，如果用作居所的房屋和家具的所有权属于

① 《法国民法典》(上册)，罗结珍译，法律出版社2005年版，第412页。

② 该条依1998年6月26日的联邦法律第14项废止，自2000年1月1日起失效。参见《瑞士民法典》，戴永盛译，中国政法大学出版社2016年版，第130页。

③ 参见张力、郑志峰：《承租人死亡时房屋租赁合同存续问题探究》，载《法学》2014年第5期。

④ 参见单平基：《〈民法典〉草案之居住权规范的检讨和完善》，载《当代法学》2019年第1期。

被继承人或者属于配偶双方,则房屋的居住权以及使用家具的权利属于配偶。”①物权法定原则所指向的“法”并非限于《民法典》中的物权法律规范,应当通过民事特别法规定法定居住权制度,从而与宅基地使用权的功能、婚姻家庭制度实现体系化的合力。有必要指出的是,此种法定居住权并非与《民法典》所规定的意定居住权完全不相容。自解释论的层面观之,在物权法定缓和的原则指引下,居住权条款应予以目的性扩张解释。与房屋所有权人同居的农户家庭成员因共同居住事实的持续性得享有默示推定的居住权。但是,更为直接的方式是立法对法定居住权制度予以明确构建。

2. 法定居住权人的范围限于农户内的原成员以及所在家庭新增的集体经济组织成员。在房屋发生继承的情形下,继承人在居住权存续期间不再负有交付宅基地使用权有偿使用费的义务,原因在于居住权主体均是所在集体经济组织的成员,房屋所在的宅基地本就应当用于满足其生活居住需求,其与被继承人于生前即已形成共同居住的事实关系。在继承人出卖房屋时,应当参照征收中的重置成本计算出卖价,且居住权人享有优先购买权,集体经济组织享有次位的购买权。

3. 就《民法典》意定居住权条款的适用,某些人员如非婚同居者可能不具有集体经济组织成员身份,但可通过与房屋所有权人或继承人协商设立意定居住权。同时,具有生活居住需求的居住权人家庭成员亦可通过意定方式享有居住权人身份。进一步地,有学者关注到了《民法典》居住权直指房屋的权利特质,指出居住权以房屋为客体,跳出了聚焦土地的法律解决方案,具有更为能动的适用空间。农户若要盘活住宅资产,可以转让房屋的居住权,而只保留虚化的房屋所有权;受让人虽不能获得房屋的所有权,但可以获得优先于所有权的居住权。② 这有利于通过房屋而非宅基地本身财产属性的赋权撬动农民住房财产权的实现,符合城乡交融期的过渡性以

① 《意大利民法典(2004 年)》,费安玲等译,中国政法大学出版社 2004 年版,第 139 页。

② 参见鲁晓明:《“居住权”之定位与规则设计》,载《中国法学》2019 年第 3 期。

及审慎推进宅基地“三权分置”政策的改革目标。

四、促进按户连片的集体经济组织农地调整制度

现行制度中,集体经济组织对农户土地承包经营权的转让享有同意权。但是总体上,基于《农村土地承包法》中承包期内发包方不得调整承包地的一般规则,集体土地所有权的管理权能存在弱化的问题,欠缺对农户农地权利行使的必要干预权。集体经济组织作为发包方,其管理权限主要集中于基于农地的公共物品属性,在农地的用途限制和资源保护方面对农户的行为进行约束。同时,集体经济组织负有不得非法变更农户土地承包经营权的义务。为了提高农地利用的效率,充分发挥其保障功能,应当赋予集体经济组织以所有权人的主体身份对农地进行调整的必要权利。

《农村土地承包法》在承包地退出规则方面进行了规范更新,针对农户的土地承包经营权只规定自愿交回模式,而未规定强制收回模式。同时该法增设了受让方擅自改变土地的农业用途、弃耕抛荒连续两年以上、给土地造成严重损害或者严重破坏土地生态环境等情形下的土地经营权收回制度。对于这一规定设定的收回条件是否应当类推适用于土地承包经营权,学者存在不同观点。① 倘若单纯依据上述行为收回承包地,有违土地承包经营权对集体经济组织成员的身份性保障功能。应结合《农村土地承包法》第 27 条及第 42 条的规定,当农户进城落户但既不交回也不转让土地承包经营权且存在土地撂荒、擅自变更农业用途等情形时,明确集体经济组织有权收回承包地,并重新分配给有耕地需求却因新增成员而面积分配不足的农户。② 除赋予集体经济组织对承包地的强制收回权以外,更为重

① 参见蔡立东:《论承包地收回的权利构造》,载《法商研究》2012 年第 3 期;张庆华:《最新土地纠纷实务处理与深度解析》,法律出版社 2014 年版,第 54 页。

② 参见刘平:《承包地退出规则之反思与重构——以〈农村土地承包法〉修改为中心》,载《华中农业大学学报(社会科学版)》2019 年第 2 期。

要的是,以“按户连片”为原则,对农户的承包地实施互换。根据《农村土地承包法》第17条、第33条的规定,农户为了方便耕种或各自需要,有权利互换土地承包经营权,并向发包方备案。土地互换系作为农户的法定权利,现行法律并没有赋予集体经济组织基于土地所有权人身份对不同农户之间的承包地进行互换的管理权能。当前农地承包经营格局的核心特征是不仅规模小而且分散程度高。成因上,耕地细碎化既源自人多地少的基本国情和地形、坡度等自然因素,也受到绝对平均主义的承包地分配原则的影响。例如,在新疆玛纳斯县,1999年二轮土地承包时,为了最大限度地以公平原则指导包产到户,按照不同灌排条件、盐渍化程度、地类、地势、位置等综合因素把耕地化整为零,尤其是把优质耕地进行条块分割,即每户都能分得村里各个条田的一块承包地,以保证各家各户分到的耕地数量质量绝对均衡。这种分配方法形成了很多“条条田”。[①] 集体土地被农户的承包经营权进行切割和固化。即使在同一户内,承包地亦可能处于零散分布的状态。根据学者2016年在江汉平原的调研,加村最小地块只有0.009亩,最大地块也不过2亩,绝大部分地块都在1亩以内;巷村的一位中年农民种了13亩地,地块却多达30块,且极为分散。他指出,“巡一次田,至少要大半天的时间;天旱时要给这些田抽水灌溉,不是在架(电)线,就是在放(水)管子,不是在收(水)管子,就是在挪泵(灌溉用的潜水泵)。这么分散,经常有顾不来的时候,就只能眼睁睁看着一些地块的秧苗旱死”[②]。分散细碎的地块布局增加了农业生产活动中劳动力、机械设备的管理成本和通勤时间成本。户均耕地面积大但地块细碎的地区,无法达到统一灌溉施肥的单位灌区要求,陷入了农户“第二次单干”的困境。

治理耕地的细碎化,仅依靠个别农户之间自发及偶然的换地行为效果

---

① 参见张蚌蚌、王数:《群众自主式土地整治模式及其效应研究——以新疆玛纳斯县三岔坪村为例》,载《经济地理》2013年第5期。

② 陈文琼、刘建平:《城市化、农民分化与“耕者有其田”——城市化视野下对农地制度改革的反思》,载《中国农村观察》2018年第6期。

极其有限,且在集体经济组织缺位时,可能面临诸如私开荒地的违法性风险。应当强化集体经济组织享有的土地所有权,通过有组织的互换并地,促进土地的按户连片。实施程序方面,根据《农村土地承包法》第28条规定的土地调整规则,集体经济组织的土地调整行为须经本集体经济组织成员的村民会议2/3以上成员或者2/3以上村民代表的同意。调整行为通过集体成员决议后,集体经济组织成立工作小组实施土地平整、土地丈量及质量评价,确定质量差的耕地与标准耕地之间的折算系数。在互换的过程中,为扩大承包地的地块面积,可以将特定范围内的亲属组织起来作为一个交换单位,促进耕地相邻。土地承包经营权的互换、转让与土地经营权流转都是实现土地适度规模经营的有效措施,对于人均耕地较少的村庄,通过上述措施的结合推进,能够有效扩大农户经营的承包地面积。

上述农户民事主体法律制度与农地物权制度呈现明显的互涉性和交织性。某种意义上,正是农户成员财产权限制的制度设置使得户内个体成员趋于紧密联合的稳定状态,抑制农户主体的离散化倾向。这种规范布局深层次源于农户主体地位的理论证立需要,并且适应农户主体的特殊构造特点。

第七章　结　　语

在法制史演进的制度脉络中，中西方分享着相似的经历，家庭无论在罗马法还是中国传统社会都扮演着社会基本单元的重要角色。现代社会对血缘和地缘关系不断超越，在个人主义的民法价值基础和方法论支配下，西方法治完成了从身份到契约、由家户到个人的主体转型，个人脱嵌于家庭成为独立的法律主体。在我国，家户制文化的历史遗迹、习惯浸润经由农地政策的侵入和强化，导致以家庭为基本构成要素的农户这一主体形态在我国具有存在并给予立法保护的必要性。诚然，伴随城镇化的推进，未来将有更多农民实现生活空间从城到乡的转换。但是，即使我国城镇化达到发达国家水平，仍旧会有四五亿农村居民留守农村。农民群体的规模化存在构成研判农户主体地位的中国语境和真实问题。这就要求中国法学理论与制度应面向中国问题，始终坚持“主体在场”，对理性经济人的民事主体理论预设保持必要的批判性反思。在我国农地权利制度安排的特定语境中，“个体——集体”这组关系所指涉的“个体”从来不是一般意义的个人，而是农户个体。农户是农地使用权体系中的基本（最小）分配单位和行动单位。从团体本位和合作主义进路出发，农户完成了集体经济组织成员身份的识别和把控,进而落实集体的生存保障功能以及防止土地因分割而过度细碎的公法管控目标。

当前农村集体经济组织存续及运行的基本特点是:集体财产权益概括地归全体成员所有而不进行份额的具体划分。某个成员死亡时,其所拥有的集体财产权益复归集体,进而为集体现存全体成员所共同享有。《民法典》增设了"特别法人"的法人类型,并对集体经济组织作出了特别法人的主体定位。依此立法框架,集体土地所有权的代表行使制度将按照法人的治理架构进行改造。但是,这并不意味着按照营利法人的构造逻辑明晰农民个体的财产权利,也不意味着完全采取个人本位的简明权利构造形态,从概念上废除农户,进而将集体经济组织成员权完全转化为以个人为单位的股权持分。这是因为股权量化的集体财产范围主要限于由集体统一经营管理的经营性资产,是成员权中直接指向集体的收益分配请求权的权益份额明确化。对于集体资源性资产,主要仍遵循"三权分置"的改革方向,以农户为单位进行实物形式的保障性初始分配。因此,在相当长的一段时期内,农户在农村土地权利体系中仍然是不可缺省的主体形态。

伴随农村土地制度改革的逐步深化,本书在以下两方面存在深入研究的空间。

1. 未来改革中,集体资源性资产的配置方式可能发生变革,在土地承包经营领域比照经营性资产推行"确权确股不确地"改革,对于成员只分配股权而不分配具体的承包地块。在宅基地使用权配置中,国土空间规划改革背景下集体成员是特定乡村地域空间的实际使用者和土地权利归属者,村庄规划的制定需要给予集体成员充分的自治权。集体成员的生活空间既包括存量宅基地,也包括新增宅基地。在形态分布上,存在如下选择:采取传统的"一户一宅"下以院落、晒场等庭院空间为中心和单元的平面延展式分散布局,农户拥有单独的宅基地及独立的封闭院落;在户有所居下比照城市高层住宅的立体空间式集约布局,按照业主建筑物区分所有权的权利构造,农户拥有独立高层楼房中的某一套房,宅基地使用权由集体成员共有的“一户一房”集约布局，最终通过集体决议行为进行决策。若采取后者，则动摇了以“户”为单位配置宅基地的制度基础。对此，上述改革本身的正当性及由此对农户主体地位问题的影响尚需深入论证。

2. 本书以现行正式立法所塑造的农户概念为研究对象，将农户主体地位的讨论放在集体土地所有权的重要实现方式——土地承包经营权和宅基地使用权法律制度中。基于集体土地所有权的派生性运行原理，以承包地和宅基地保障成员生存及发展权益，是集体所有权的价值旨归和最重要实现方式。土地承包经营权和宅基地使用权是法定的用益物权类型，在物权法定原则的制约下，其他权利或在集体土地所有权项下归入成员权范畴，或仅具有债权的权利性质。在这里，本书聚焦承包地和宅基地的配置问题，主张集体成员资格的个人性赋予与户化行使应当区分。由此需要进一步思考的是，是否可以基于目的论扩张的解释方法运用，将农户扩及为土地承包经营权和宅基地使用权之外的保障性资源配置中的主体。此外，根据国家改革对集体资产采取的经营性资产、资源性资产和公益性资产的分类，对于公益性资产的公共利用权，其权利主体应当为个人还是农户，这些未竟的问题有待继续深入研究。

参考文献

一、中文资料

▲中文著作类

[1]白凯:《中国的妇女与财产:960—1949》,上海书店出版社2007年版。

[2]常鹏翱:《物权法的展开与反思》(第2版),法律出版社2017年版。

[3]陈醇:《商法原理重述》,法律出版社2010年版。

[4]梁慧星主编、陈华彬:《物权法原理》,国家行政学院出版社1998年版。

[5]陈小君等:《农村土地法律制度研究——田野调查解读》,中国政法大学出版社2004年版。

[6]程啸:《不动产登记法研究》(第2版),法律出版社2018年版。

[7]崔建远:《物权法》(第4版),中国人民大学出版社2017年版。

[8]戴炎辉、戴东雄:《中国亲属法》,台北,三民书局1955年版。

[9]邓子恢:《邓子恢文集》,人民出版社1996年版。

[10]杜润生:《杜润生自述:中国农村体制变革重大决策纪实》,人民出版社2005年版。

[11]房绍坤主编:《民法》(第3版),中国人民大学出版社2014年版。

[12]费孝通:《江村经济——中国农民的生活》,戴可景译,江苏人民出版社1986年版。

[13]费孝通:《江村农民生活及其变迁》,敦煌文艺出版社2004年版。

[14]费孝通:《乡土中国》,上海世纪出版集团2007年版。

[15]付子堂:《法律功能论》,中国政法大学出版社1999年版。

[16]郭成伟主编:《中外法学名著指要》(第2版),中国法制出版社2011年版。

[17]何勤华:《西方法学史》,中国政法大学出版社1996年版。

[18]贺雪峰、桂华、夏柱智:《地权的逻辑Ⅲ:为什么说中国土地制度是全世界最先进的》,中国政法大学出版社2018年版。

[19]胡康生主编:《中华人民共和国农村土地承包法释义》,法律出版社2002年版。

[20]黄茂荣:《法学方法与现代民法》(第5版),法律出版社2007年版。

[21][美]黄宗智:《华北的小农经济与社会变迁》,中华书局2000年版。

[22][美]黄宗智:《中国乡村研究》(第一辑),商务印书馆2003年版。

[23]江平主编:《民法学》(第3版),中国政法大学出版社2015年版。

[24]李非:《富与德:亚当·斯密的无形之手——市场社会的架构》,天津人民出版社2001年版。

[25]梁慧星、陈华彬:《物权法》(第5版),法律出版社2010年版。

[26]梁慧星:《民法总论》,法律出版社1996年版。

[27]刘润秋:《中国农村土地流转制度研究——基于利益协调的视

角》,经济管理出版社 2012 年版。

[28]龙卫球:《民法总论》(第 2 版),中国法制出版社 2002 年版。

[29]楼建波主编、唐勇、石珩副主编:《域外不动产登记制度比较研究》,北京大学出版社 2009 年版。

[30]梅夏英:《财产权构造的基础分析》,人民法院出版社 2002 年版。

[31]孟勤国:《物权二元结构论——中国物权制度的理论重构》,人民法院出版社 2004 年版。

[32]彭万林主编:《民法学》(第 7 版),中国政法大学出版社 2011 年版。

[33]乔启明:《中国农村社会经济学》,商务印书馆 1946 年版。

[34]史尚宽:《物权法论》,中国政法大学出版社 2000 年版。

[35]苏力:《法治及其本土资源》(修订版),中国政法大学出版社 2004 年版。

[36]苏永钦:《寻找新民法》,北京大学出版社 2012 年版。

[37]苏永钦:《走入新世纪的私法自治》,中国政法大学出版社 2002 年版。

[38]苏勇主编:《当代西方管理学流派》,复旦大学出版社 2007 年版。

[39]孙宪忠编著:《物权法》,社会科学文献出版社 2005 年版。

[40]佟柔著、周大伟编:《佟柔中国民法讲稿》,北京大学出版社 2008 年版。

[41]王利明主编:《民法》(第 5 版),中国人民大学 2010 年版。

[42]王利明:《民法总则》,中国人民大学出版社 2017 年版。

[43]王利明:《物权法研究》(上卷)(第 3 版),中国人民大学出版社 2013 年版。

[44]王圣诵:《中国乡村自治问题研究》,人民出版社 2009 年版。

[45]王泽鉴:《民法物权 1:通则 · 所有权》(修订版),中国政法大学出

版社 2001 年版。

[46]王泽鉴:《民法物权》,北京大学出版社 2009 年版。

[47]习近平:《决胜全面建成小康社会　夺取新时代中国特色社会主义伟大胜利——在中国共产党第十九次全国代表大会上的报告》,人民出版社 2017 年版。

[48]夏征农主编:《辞海》,上海辞书出版社 2000 年版。

[49]谢在全:《民法物权论》(上册)(修订 5 版),中国政法大学出版社 2011 年版。

[50]姚秀兰:《户籍、身份与社会变迁——中国户籍法律史研究》,法律出版社 2004 年版。

[51]尹田:《法国物权法》,法律出版社 2009 年版。

[52]尹田:《民事主体理论与立法研究》,法律出版社 2003 年版。

[53]余能斌、马俊驹:《现代民法学》,武汉大学出版社 1995 年版。

[54]曾世雄:《民法总则之现代与未来》,中国政法大学出版社 2001 年版。

[55]詹森林:《民事法理与判决研究》,中国政法大学出版社 2002 年版。

[56]张文霞、朱冬亮:《家庭社会工作》,社会科学文献出版社 2005 年版。

[57]赵冈:《中国传统农村的地权分配》,新星出版社 2006 年版。

[58]周其仁:《城乡中国》(上),中信出版社 2013 年版。

[59]朱庆育:《民法总论》(第 2 版),北京大学出版社 2016 年版。

▲外文译著类

[1][奥]欧根・埃利希:《法社会学原理》,舒国滢译,中国大百科全书出版社 2009 年版。

[2][德]鲍尔、[德]施蒂尔纳:《德国物权法》(上册),张双根译,法律出版社2004年版。

[3][德]迪特尔·梅迪库斯:《德国民法总论》,邵建东译,法律出版社2013年版。

[4][德]斐迪南·滕尼斯:《共同体与社会》,张巍卓译,商务印书馆2019年版。

[5][德]弗朗茨·维亚克尔:《近代私法史:以德意志的发展为观察重点》(下),陈爱娥、黄建辉译,上海三联书店2006年版。

[6][德]黑格尔:《法哲学原理》,范扬等译,商务印书馆2011年版。

[7][德]卡尔·拉伦茨:《德国民法通论》(上册),王晓晔等译,法律出版社2013年版。

[8][德]卡尔·拉伦茨:《法学方法论》,陈爱娥译,商务印书馆2003年版。

[9][德]马克斯·舍勒:《价值的颠覆》,罗悌伦等译,三联书店1997年版。

[10][德]萨维尼:《当代罗马法体系Ⅰ:法律渊源·制定法解释·法律关系》,朱虎译,中国法制出版社2010年版。

[11][德]文德尔班:《哲学史教程》(下卷),罗达仁译,商务印书馆1997年版。

[12][法]涂尔干:《社会分工论》,渠东译,商务印书馆2000年版。

[13][古罗马]西塞罗:《论共和国　论法律》,王焕生译,中国政法大学出版社1997年版。

[14][古希腊]亚里士多德:《政治学》,吴寿鹏译,商务印书馆1965年版。

[15][美]刘易斯·A. 科瑟:《社会学思想名家》,石人译,中国社会科学出版社1990年版。

[16][美]麦克尼尔:《新社会契约论》,雷喜宁、潘勤译,中国政法大学

出版社 1994 年版。

[17][美]明恩溥:《中国乡村生活》,午晴、唐军译,时事出版社 1998 年版。

[18][美]伊利、[美]莫尔豪斯:《土地经济学原理》,滕维藻译,商务印书馆 1982 年版。

[19][日]池田温:《中国古代籍帐研究》,龚泽铣译,中华书局 1984 年版。

[20][日]山本敬三:《民法讲义Ⅰ:总则》,解亘译,北京大学出版社 2004 年版。

[21][日]滋贺秀三:《中国家族法原理》,张建国、李力译,法律出版社 2003 年版。

[22][英]弗兰克·艾利思:《农民经济学:农民家庭农业和农业发展》,胡景北译,上海人民出版社 2006 年版。

[23][英]弗里德利希·冯·哈耶克:《法律、立法与自由》(第 1 卷),邓正来、张宇东、李静冰译,中国大百科全书出版社 2000 年版。

[24][英]弗里德里希·奥古斯特·冯·哈耶克:《通往奴役之路》,王明毅、冯兴元译,中国社会科学出版社 1997 年版。

[25][英]卡尔·波拉尼:《大转型:我们时代的政治与经济起源》,冯钢、刘阳译,浙江人民出版社 2007 年版。

[26]《意大利民法典》(2004 年),费安玲、丁玫、张宓译,中国政法大学出版社 2004 年版。

▲期刊论文类

[1][德]托马斯·莱赛尔:《德国民法中的法人制度》,张双根、唐垒译,载《中外法学》2001 年第 1 期。

[2][日]崛敏一:《论中国古代家长制的建立和家庭形态》,周东平译,载《中国社会经济研究史》1991 年第 4 期。

[3]白呈明:《"农户"内部法律关系解析》,载《法学论坛》2003 年第 5 期。

[4]班涛:《农村声望地位的阶层确认研究——基于"结构——互动"视角的解读》,载《南京农业大学学报(社会科学版)》2018 年第 5 期。

[5]蔡科云:《我国家庭农场的商事人格与商事信用论——以家户视角切入》,载《湖北大学学报(哲学社会科学版)》2018 年第 2 期。

[6]蔡立东:《论承包地收回的权利构造》,载《法商研究》2012 年第 3 期。

[7]蔡立东:《宅基地使用权取得的法律结构》,载《吉林大学社会科学学报》2007 年第 3 期。

[8]曹贤信、李苏芃:《家庭成为民事主体的理论证成与法律协调》,载《中华女子学院学报》2017 年第 1 期。

[9]常鹏翱:《论可登记财产权的多元化》,载《现代法学》2016 年第 6 期。

[10]常鹏翱:《体系化视角中的物权法定》,载《法学研究》2006 年第 5 期。

[11]陈柏峰:《北方村庄的派性政治与日常生活》,载《开发研究》2008 年第 1 期。

[12]陈广华、罗亚文:《乡村振兴背景下宅基地资格权研究》,载《安徽大学学报(哲学社会科学版)》2019 年第 5 期。

[13]陈龙吟、侯国跃:《中国民法典民事主体立法问题研讨会会议综述》,载《西南政法大学学报》2015 年第 5 期。

[14]陈甦:《土地承包经营权继承机制及其阐释辨证》,载《清华法学》2016 年第 3 期。

[15]陈苇、姜大伟:《论婚姻家庭住房权的优先保护——与"否定说"商榷》,载《现代法学》2013 年第 6 期。

[16]陈文琼、刘建平:《城市化、农民分化与"耕者有其田"——城市化

视野下对农地制度改革的反思》,载《中国农村观察》2018 年第 6 期。

[17]陈小君:《我国农民集体成员权的立法抉择》,载《清华法学》2017 年第 2 期。

[18]程秀建:《宅基地资格权的权属定位与法律制度供给》,载《政治与法律》2018 年第 8 期。

[19]崔建远:《法律平等保护物权原则的位阶论》,载《浙江社会科学》2020 年第 12 期。

[20]戴威、陈小君:《论农村集体经济组织成员权利的实现——基于法律的角度》,载《人民论坛》2012 年第 2 期。

[21]戴威:《农村集体经济组织成员资格制度研究》,载《法商研究》2016 年第 6 期。

[22]戴永盛:《共有释论》,载《法学》2013 年第 12 期。

[23]单平基:《〈民法典〉草案之居住权规范的检讨和完善》,载《当代法学》2019 年第 1 期。

[24]丁文:《论"三权分置"中的土地承包权》,载《法商研究》2017 年第 3 期。

[25]董景山:《我国农村土地制度 60 年:回顾、启示与展望——以政策与法律制度变迁为视角》,载《江西社会科学》2009 年第 8 期。

[26]董新辉:《新中国 70 年宅基地使用权流转:制度变迁、现实困境、改革方向》,载《中国农村经济》2019 年第 6 期。

[27]董祚继:《以"三权分置"为农村宅基地改革突破口》,载《中国乡村发现》2017 年第 1 期。

[28]杜辉:《面向共治格局的法治形态及其展开》,载《法学研究》2019 年第 4 期。

[29]杜强强:《论宪法规范与刑法规范之诠释循环——以入户抢劫与住宅自由概念为例》,载《法学家》2015 年第 2 期。

[30]范志勇:《民事共有体刍议:非法人团体民事主体地位研究》,载

《西南交通大学学报(社会科学版)》2013 年第 1 期。

[31]方乐:《法律实践如何面对“家庭”?》,载《法制与社会发展》2011 年第 4 期。

[32]方流芳:《近代民法的个人权利本位思想及其文化背景》,载《法律学习与研究》1988 年第 6 期。

[33]房绍坤、张旭昕:《我国民法典编纂中的主体类型》,载《法学杂志》2016 年第 12 期。

[34]冯文生:《财产组织模式的法律演化:从共有到公司》,载《河北法学》1997 年第 6 期。

[35]高帆:《农业劳动生产率提高的国际经验与中国的选择》,载《复旦学报(社会科学版)》2015 年第 1 期。

[36]高海:《论集体土地股份化与集体土地所有权的坚持》,载《法律科学(西北政法大学学报)》2019 年第 1 期。

[37]高宽众:《我国农户法律地位初探》,载《法学研究》1984 年第 2 期。

[38]高强、刘同山、孔祥智:《家庭农场的制度解析:特征、发生机制与效应》,载《经济学家》2013 年第 6 期。

[39]高圣平、刘守英:《宅基地使用权初始取得制度研究》,载《中国土地科学》2007 年第 2 期。

[40]高圣平:《农地金融化的法律困境及出路》,载《中国社会科学》2014 年第 8 期。

[41]高圣平:《农地三权分置视野下土地承包权的重构》,载《法学家》2017 年第 5 期。

[42]葛玉娟、赵宇鸾、任红玉:《山区耕地细碎化对不同利用方式农地集约度的影响》,载《地球科学进展》2020 年第 2 期。

[43]耿卓:《家户视角下的妇女土地权利保护》,载《法学》2016 年第 1 期。

[44]关江华:《农户宅基地流转意愿差异及其驱动力研究——基于农户可持续生计视角》,载《资源科学》2013 年第 11 期。

[45]管洪彦:《农民集体成员权:中国特色的民事权利制度创新》,载《法学论坛》2016 年第 2 期。

[46]郭洁:《论农村集体经济组织的营利法人地位及立法路径》,载《当代法学》2019 年第 5 期。

[47]韩世远:《宅基地的立法问题——兼析物权法草案第十三章"宅基地使用权"》,载《政治与法律》2005 年第 5 期。

[48]韩松:《论农民集体土地所有权的管理权能》,载《中国法学》2016 年第 2 期。

[49]韩松:《论农民集体土地所有权的集体成员受益权能》,载《当代法学》2014 年第 1 期。

[50]韩松:《农民集体所有权主体的明确性探析》,载《政法论坛》2011 年第 1 期。

[51]韩松:《农民集体土地所有权的权能》,载《法学研究》2014 年第 6 期。

[52]韩志才:《土地承包经营权继承问题的若干探究》,载《科学社会主义》2007 年第 3 期。

[53]宗栋:《农村家庭承包户的法律地位》,载《农业经济》2023 年第 9 期。

[54]何丽新:《民法典应重视家庭财产的保护——从台湾地区"家"制说起》,载《中华女子学院学报》2017 年第 1 期。

[55]何松威、李建华:《民法体系语境下民事客体理论的权利思维》,载《当代法学》2019 年第 1 期。

[56]贺剑:《夫妻财产法的精神——民法典夫妻共同债务和财产规则释论》,载《法学》2020 年第 7 期。

[57]贺剑:《夫妻个人财产的婚后增值归属——兼论我国婚后所得共

同制的精神》,载《法学家》2015 年第 4 期。

[58]贺来:《“关系理性”与真实的“共同体”》,载《中国社会科学》2015 年第 6 期。

[59]贺雪峰:《取消农业税后农村的阶层及其分析》,载《社会科学》2011 年第 3 期。

[60]李永安:《家庭农场发展规模与“小农”“大农”转化逻辑——社会资本理论的分析视角》,载《农业经济》2022 年第 11 期。

[61]胡鞍钢:《利国利民、长治久安的奠基石——关于建立全国统一基本社会保障制度、开征社会保障税的建议》,载《改革》2001 年第 4 期。

[62]湖南省农业委员会农村土地确权办:《想分户的家庭承包户如何确权登记》,载《湖南农业》2017 年第 7 期。

[63]黄砺、谭荣:《中国农地产权是有意的制度模糊吗?》,载《中国农村观察》2014 年第 6 期。

[64]刘灵辉:《农地产权模糊性问题及产权清晰化的实现路径研究》,载《河北法学》2023 年第 5 期。

[65]黄祥青:《论抢劫罪情节加重犯的认定与刑法限制解释方法的运用》,载《法律适用》2005 年第 8 期。

[66][美]黄宗智:《“家庭农场”是中国农业的发展出路吗?》,载《开放时代》2014 年第 2 期。

[67][美]黄宗智:《没有无产化的资本化:中国的农业发展》,载《开放时代》2012 年第 3 期。

[68]黄祖辉、俞宁:《新型农业经营主体:现状、约束与发展思路——以浙江省为例的分析》,载《中国农村经济》2010 年第 10 期。

[69]江平:《共同经营体法律地位初探》,载《中国法学》1986 年第 1 期。

[70]江伟、王国征:《合伙不具有民事诉讼主体资格》,载《法商研究》1999 年第 1 期。

[71]江晓华:《农村集体经济组织成员资格的司法认定——基于372份裁判文书的整理与研究》,载《中国农村观察》2017年第6期。

[72]姜燕:《论民法体系的理性与经验——以萨维尼理论的历史性和体系化为视角》,载《河南社会科学》2016年第7期。

[73]蒋月:《论家庭和国家照护个体之责任》,载《江淮论坛》2014年第4期。

[74]焦富民:《"三权分置"视域下承包土地的经营权抵押制度之构建》,载《政法论坛》2016年第5期。

[75]孔有利、刘华周:《农村社区股份经济合作社产权分析——以江苏省村级集体经济组织股份合作化为例》,载《中国农学通报》2010年第23期。

[76]楼建波:《农户承包经营的农地流转的三权分置——一个功能主义的分析路径》,载《南开学报(哲学社会科学版)》2016年第4期。

[77]雷磊:《适于法治的法律体系模式》,载《法学研究》2015年第5期。

[78]李爱荣:《"户"作为集体经济组织成员权的行使主体探析》,载《当代法学》2019年第6期。

[79]李爱荣:《集体经济组织成员权中的身份问题探析》,载《南京农业大学学报(社会科学版)》2016年第4期。

[80]李凤章、赵杰:《农户宅基地资格权的规范分析》,载《行政管理改革》2018年第4期。

[81]李凤章:《宅基地资格权的判定和实现——以上海实践为基础的考察》,载《广东社会科学》2019年第1期。

[82]李海平:《论作为宪法权利的团体自治权》,载《吉林大学社会科学学报》2011年第6期。

[83]李可:《集体重构中的成员权——以江苏南通"农村集体经济组织成员数据库"为例》,载《社会发展研究》2015年第4期。

[84]李明伍:《公共性的一般类型及其若干传统模型》,载《社会学研究》1997 年第 4 期。

[85]李伟:《“家”、“户”之辨与传统法律表征》,载《政法论丛》2015 年第 6 期。

[86]李拥军:《“家”视野下的法治模式的中国面相》,载《环球法律评论》2019 年第 6 期。

[87]李永安:《农村承包经营户法律地位问题的立法探究》,载《广西政法管理干部学院学报》2010 年第 3 期。

[88]李永军:《我国未来民法典中主体制度的设计思考》,载《法学论坛》2016 年第 2 期。

[89]林辉煌:《家产制与中国家庭法律的社会适应——一种“实践的法律社会学”分析》,载《法制与社会发展》2012 年第 4 期。

[90]凌学东:《宅基地上房屋征收补偿的权源分析》,载《法学杂志》2014 年第 3 期。

[91]刘国栋:《论宅基地三权分置政策中农户资格权的法律表达》,载《法律科学(西北政法大学学报)》2019 年第 1 期。

[92]刘竞元:《农村集体经济组织成员资格界定的私法规范路径》,载《华东政法大学学报》2019 年第 6 期。

[93]刘凯湘:《法定租赁权对农村宅基地制度改革的意义与构想》,载《法学论坛》2010 年第 1 期。

[94]刘连泰、刘玉姿:《作为基本权利的集体土地所有权》,载《江苏行政学院学报》2015 年第 1 期。

[95]刘连泰:《家庭与公共生活:中国宪法文本的表达》,载《浙江学刊》2020 年第 5 期。

[96]刘敏:《土地承包经营权继承的解释论——兼评〈最高人民法院公报〉所载“李维祥诉李格梅继承权案”》,载《政治与法律》2014 年第 11 期。

[97]刘青文:《论共有的法律适用——以〈物权法〉为视角》,载《河北法学》2008 年第 9 期。

[98]刘圣欢、杨砚池:《农村宅基地“三权分置”的权利结构与实施路径——基于大理市银桥镇农村宅基地制度改革试点》,载《华中师范大学学报(人文社会科学版)》2018 年第 5 期。

[99]刘守英、熊雪锋:《产权与管制——中国宅基地制度演进与改革》,载《中国经济问题》2019 年第 6 期。

[100]刘守英:《中国土地制度改革:上半程及下半程》,载《国际经济评论》2017 年第 5 期。

[101]刘禺涵:《“三权分置”下的土地经营权登记》,载《中国土地科学》2017 年第 1 期。

[102]龙登高:《个体小农家庭经营方式的历史演变》,载《云南民族学院学报(哲学社会科学版)》1992 年第 2 期。

[103]鲁晓明:《从家户并立到家庭统摄——我国民事法上家户制度的问题与出路》,载《法商研究》2018 年第 5 期。

[104]鲁晓明:《“居住权”之定位与规则设计》,载《中国法学》2019 年第 3 期。

[105]吕晓等:《中国农地细碎化问题研究进展》,载《自然资源学报》2011 年第 3 期。

[106]罗必良:《农地确权、交易含义与农业经营方式转型——科斯定理拓展与案例研究》,载《中国农村经济》2016 年第 11 期。

[107]麻国庆:《分家:分中有继也有合——中国分家制度研究》,载《中国社会科学》1999 年第 1 期。

[108]马俊驹、丁晓强:《农村集体土地所有权的分解与保留——论农地“三权分置”的法律构造》,载《法律科学(西北政法大学学报)》2017 年第 3 期。

[109]马俊驹、宋刚:《民事主体功能论——兼论国家作为民事主体》,

载《法学家》2003 年第 6 期。

[110]孟光辉:《承包土地经营权的抵押登记问题探析》,载《中国农村经济》2016 年第 10 期。

[111]祝之舟:《农村新增集体成员土地权益实现机制的完善》,载《农村经济》2020 年第 5 期。

[112]孟丽、钟永玲、李楠:《我国新型农业经营主体功能定位及结构演变研究》,载《农业现代化研究》2015 年第 1 期。

[113]宁清同:《家庭的民事主体地位》,载《现代法学》2004 年第 6 期。

[114]彭诚信、畅冰蕾:《论农村土地承包经营权的主体》,载《山东社会科学》2016 年第 11 期。

[115]渠敬东:《探寻中国人的社会生命——以〈金翼〉的社会学研究为例》,载《中国社会科学》2019 年第 4 期。

[116]冉克平:《论意思自治在亲属身份行为中的表达及其维度》,载《比较法研究》2020 年第 6 期。

[117]申惠文:《集体土地用益物权农户主体问题研究》,载《河北法学》2020 年第 2 期。

[118]申惠文:《论农村承包经营户的死亡》,载《河南财经政法大学学报》2016 年第 2 期。

[119]申惠文:《农村村民一户一宅的法律困境》,载《理论月刊》2015 年第 8 期。

[120]沈文朋:《农村承包经营户:从独立民商事主体到适当的有限责任》,载《华南师范大学学报(社会科学版)》2012 年第 3 期。

[121]石碧波:《民法上的“家”——兼论我国民法上“家”的二元结构》,载《当代法学》2003 年第 7 期。

[122]宋志红:《宅基地“三权分置”:从产权配置目标到立法实现》,载《中国土地科学》2019 年第 6 期。

[123]苏永钦:《可登记财产利益的交易自由——从两岸民事法制的观

点看物权法定原则松绑的界限》,载《南京大学法律评论》2010 年第 2 期。

[124]苏永钦:《物权法定主义松动下的民事财产权体系——再探大陆民法典的可能性》,载《厦门大学法学评论》2005 年第 1 期。

[125]孙建伟:《宅基地“三权分置”中资格权、使用权定性辨析——兼与席志国副教授商榷》,载《政治与法律》2019 年第 1 期。

[126]孙宪忠:《农村土地“三权分置”改革亟待入法》,载《中国人大》2018 年第 15 期。

[127]孙宪忠:《中国农民“带地入城”的理论思考和实践调查》,载《苏州大学学报(哲学社会科学版)》2014 年第 3 期。

[128]孙中华:《大力培育新型农业经营主体　夯实建设现代农业的微观基础》,载《农村经营管理》2012 年第 1 期。

[129]谭启平、朱涛:《论物权主体》,载《甘肃政法学院学报》2008 年第 5 期。

[130]陶钟太朗、潘学飞:《论应还原宅基地使用权空间权属性:实然规则、应然状态及修法路径》,载《南京农业大学学报(社会科学版)》2020 年第 6 期。

[131]陶钟太朗、杨遂全:《农村土地经营权认知与物权塑造——从既有法制到未来立法》,载《南京农业大学学报(社会科学版)》2015 年第 2 期。

[132]田孟:《“结平衡账”:农户主导型农地确权模式探索》,载《西北农林科技大学学报(社会科学版)》2015 年第 6 期。

[133]汪超:《村民自治:何以失落? 以何落地? ——以家户制传统为分析线索》,载《东北师大学报(哲学社会科学版)》2020 年第 3 期。

[134]汪洋:《土地承包经营权继承问题研究——对现行规范的法构造阐释与法政策考量》,载《清华法学》2014 年第 4 期。

[135]王崇敏:《我国农村宅基地使用权取得制度的现代化构建》,载《当代法学》2012 年第 5 期。

[136]王刚:《个体工商户之主体性质与责任承担问题研究——以民事诉讼法司法解释第59条为中心展开》,载《河北法学》2020年第4期。

[137]王洪平:《权益主体视角下农户家庭成员土地承包权益研究》,载《现代法学》2020年第3期。

[138]王金堂:《农户视阈下的土地承包经营权归属问题研究》,载《青岛科技大学学报(社会科学版)》2015年第4期。

[139]王菊英:《土地家庭承包经营权继承问题论析》,载《肇庆学院学报》2010年第1期。

[140]王雷:《〈民法总则〉中决议行为法律制度的力量与弱点》,载《当代法学》2018年第5期。

[141]王立争:《农户主体地位的法政策学辨思》,载《中南大学学报(社会科学版)》2015年第2期。

[142]王利明、周友军:《论我国农村土地权利制度的完善》,载《中国法学》2012年第1期。

[143]王社坤:《自然资源产品取得权构造论》,载《法学评论》2018年第4期。

[144]王锡锌:《利益组织化、公众参与和个体权利保障》,载《东方法学》2008年第4期。

[145]王跃生:《中国当代家庭、家户和家的"分"与"合"》,载《中国社会科学》2016年第4期。

[146]魏振华:《农村承包经营户的诉讼主体地位质疑》,载《法治研究》2017年第3期。

[147]温家宝:《中国农业和农村的发展道路》,载《求是》2012年第2期。

[148]温世扬、梅维佳:《土地承包经营权主体制度的困境与出路》,载《江西社会科学》2018年第7期。

[149]吴次芳、谭荣、靳相木:《中国土地产权制度的性质和改革路径分

析》,载《浙江大学学报(人文社会科学版)》2010 年第 6 期。

[150]吴飞飞:《决议行为归属与团体法“私法评价体系”构建研究》,载《政治与法律》2016 年第 6 期。

[151]夏柱智、贺雪峰:《半工半耕与中国渐进城镇化模式》,载《中国社会科学》2017 年第 12 期。

[152]肖建华:《诉权与实体权利主体相分离的类型化分析》,载《法学评论》2002 年第 1 期。

[153]肖立梅:《我国农村土地家庭承包经营权的权利主体探究》,载《法学杂志》2012 年第 4 期。

[154]肖瑶:《石家庄市栾城区农地经营规模与农业生产效率的关系》,载《中国农业大学学报》2019 年第 2 期。

[155]肖瑛:《“家”作为方法:中国社会理论的一种尝试》,载《中国社会科学》2020 年第 11 期。

[156]谢迪、李荣娟:《小农户经营现代化背景下农村阶层重塑对村庄治理的影响》,载《中国行政管理》2020 年第 2 期。

[157]谢怀栻:《论民事权利体系》,载《法学研究》1996 年第 2 期。

[158]熊丙万:《私法的基础:从个人主义走向合作主义》,载《中国法学》2014 年第 3 期。

[159]徐国栋:《我国民法总则制定中的四个问题》,载《暨南学报(哲学社会科学版)》2017 年第 2 期。

[160]徐银波:《决议行为效力规则之构造》,载《法学研究》2015 年第 4 期。

[161]徐勇、邓大才:《社会化小农:解释当今农户的一种视角》,载《学术月刊》2006 年第 7 期。

[162]徐勇、张茜:《公平与效率:中国农村组织制度变迁的内在机理》,载《探索与争鸣》2016 年第 6 期。

[163]徐勇:《中国家户制传统与农村发展道路——以俄国、印度的村

社传统为参照》,载《中国社会科学》2013 年第 8 期。

[164]薛宁兰、许莉:《我国夫妻财产制立法若干问题探讨》,载《法学论坛》2011 年第 2 期。

[165]杨青贵:《集体土地所有权实现的困境及其出路》,载《现代法学》2015 年第 5 期。

[166]杨旭:《论共有物分割请求权的限制——“刘柯妤诉刘茂勇、周忠容共有房屋分割案”评释》,载《政治与法律》2017 年第 4 期。

[167]叶林:《私法权利的转型——一个团体法视角的观察》,载《法学家》2010 年第 4 期。

[168]易军:《个人主义方法论与私法》,载《法学研究》2006 年第 1 期。

[169]尹田:《物权主体论纲》,载《现代法学》2006 年第 2 期。

[170]于大水:《家庭财产的共有制及立法建议》,载《烟台师范学院学报(哲学社会科学版)》2002 年第 1 期。

[171]俞江:《家产制视野下的遗嘱》,载《法学》2010 年第 7 期。

[172]俞文莉:《论宅基地使用权初始取得的主体和基本方式》,载《河北法学》2011 年第 8 期。

[173]韩松:《宅基地立法政策与宅基地使用权制度改革》,载《法学研究》2019 年第 6 期。

[174]喻文莉、陈利根:《农村宅基地使用权制度嬗变的历史考察》,载《中国土地科学》2009 年第 8 期。

[175]袁震:《论“户”的主体构造及相关土地承包经营权益冲突》,载《河北法学》2013 年第 9 期。

[176]岳永兵:《宅基地“三权分置”:一个引入配给权的分析框架》,载《中国国土资源经济》2018 年第 1 期。

[177]张蚌蚌、王数:《群众自主式土地整治模式及其效应研究——以新疆玛纳斯县三岔坪村为例》,载《经济地理》2013 年第 5 期。

[178]张波:《农村土地制度改革背景下宅基地使用权申请取得制度的

改革与完善》,载《中国农业资源与区划》2016 年第 3 期。

[179]张洪松:《地权改革与农村社区集体经济组织重塑——基于成都实验的考察》,载《经济体制改革》2013 年第 4 期。

[180]张建文、李红玲:《宅基地使用权继承取得之否定——宅基地“法定租赁权”的解释路径》,载《河北法学》2016 年第 12 期。

[181]张力、王年:《“三权分置”路径下农村宅基地资格权的制度表达》,载《农业经济问题》2019 年第 4 期。

[182]张力:《法人与非法人组织的体系区隔及其突破——以“类型序列论”改造〈民法通则〉第 37 条》,载《甘肃政法学院学报》2007 年第 5 期。

[183]张鹏:《物债二分体系下的物权法定》,载《中国法学》2013 年第 6 期。

[184]张平华:《论土地承包经营合同》,载《中国农村经济》2002 年第 2 期。

[185]张双根:《共有中的两个问题——兼谈对〈物权法(草案)〉“共有”章的一点看法》,载《比较法研究》2006 年第 2 期。

[186]张晓滨、叶艳妹、靳相木:《土地家庭承包经营权主体及农户内部关系研究》,载《中国土地科学》2017 年第 3 期。

[187]张龑:《何为我们看重的生活意义——家作为法学的一个基本范畴》,载《清华法学》2016 年第 1 期。

[188]张永泉:《必要共同诉讼类型化及其理论基础》,载《中国法学》2014 年第 1 期。

[189]张志铭:《转型中国的法律体系建构》,载《中国法学》2009 年第 2 期。

[190]陈金钊:《作为法治原则之法律的体系性》,载《济南大学学报(社会科学版)》2024 年第 1 期。

[191]赵晓力:《中国家庭资本主义化的号角》,载《文化纵横》2011 年第 1 期。

［192］郑尚元:《宅基地使用权性质及农民居住权利之保障》,载《中国法学》2014 年第 2 期。

［193］郑文科:《分家与分家单研究》,载《河北法学》2007 年第 10 期。

［194］周子良:《中国传统社会中“户”的法律意义》,载《太原理工大学学报(社会科学版)》2010 年第 1 期。

［195］朱广新:《论土地承包经营权的主体、期限和继承》,载《吉林大学社会科学学报》2014 年第 4 期。

［196］朱虎:《物权法自治性观念的变迁》,载《法学研究》2013 年第 1 期。

［197］朱晓峰:《民法家庭概念论》,载《清华法学》2020 年第 5 期。

▲学位论文类

［1］王春梅:《民事主体的历史变革与当代发展》,黑龙江大学 2010 年博士学位论文。

［2］杨春禧:《合作社主体法律制度的一般原理——从民事主体功能论出发》,西南财经大学 2010 年博士学位论文。

［3］张力:《法人独立财产制研究——从历史考察到功能解析》,西南政法大学 2005 年博士学位论文。

［4］朱林方:《论中国法上的“家”——以古今家国之变为线索》,西南政法大学 2016 年博士学位论文。

▲析出文献类

［1］［德］维尔纳·弗卢梅:《合伙与合手》,金晶译,载王洪亮、张谷等主编:《中德私法研究 14:共同共有》,北京大学出版社 2016 年版。

［2］陈祖为:《当代中国儒家人权观初探》,宁宁译,载梁涛主编:《美德与权利——跨文化视域下的儒学与人权》,中国社会科学出版社 2016 年版。

［3］戴孟勇:《论共同共有的类型及其纯化》,载王洪亮等主编:《中德

私法研究14:共同共有》,北京大学出版社2016年版。

[4]高富平:《从罗马法的土地分散利用体制看中国土地使用权制度设计》,载《第二届“罗马法·中国法与民法法典化”国际研讨会论文集》,中图政法大学出版社2002年版。

[5]唐勇:《共同共有词义考》,载王洪亮等主编:《中德私法研究14:共同共有》,北京大学出版社2016年版。

[6]岳兵、姚狄英:《两户民事主体地位的再思考》,中国民法学研究会2015年年会论文。

▲电子文献类

[1]国务院第七次全国人口普查领导小组办公室:《第七次全国人口普查主要数据情况》,载国家统计局网2021年5月11日,https://www.stats.gov.cn/sj/xwfbh/fbhwd/202302/t20230203_1901080.html。

[2]韩长赋:《做好新时代“三农”工作的行动指南》,载人民网,http://politics.people.com.cn/n1/2017/1219/c1001-29715054.html。

[3]屈冬玉:《农业部副部长:全国2.6亿小农户的出路在这里》,载搜狐网2017年11月29日,https://www.sohu.com/a/207471661_282415。

[4]薛慧卿:《人大代表:建议以家庭为单位征收个人所得税》,载中新网,https://www.chinanews.com.cn/gn/2012/03-08/3728832.shtml。

▲裁判文书类

[1]北京市大兴区人民法院民事判决书,(2017)京0115民初15285号。

[2]北京市大兴区人民法院民事裁定书,(2020)京0115民初17337号。

[3]北京市房山区人民法院民事裁定书,(2020)京0111民初4914号。

[4]北京市第一中级人民法院民事判决书,(2023)京01民终

11034 号。

[5]甘肃省民勤县人民法院民事判决书,(2018)甘 0621 民初 1782 号。

[6]广东省中山市第一人民法院民事判决书,(2022)粤 2071 民初 19974 号。

[7]广西壮族自治区西林县人民法院民事判决书,(2015)西民一初字第 195 号。

[8]山东省青岛市中级人民法院民事判决书,(2023)鲁 02 民终 2346 号。

[9]河南省商丘市中级人民法院民事判决书,(2020)豫 14 民终 5792 号。

[10]黑龙江省哈尔滨市香坊区人民法院民事判决书,(2015)香幸民初字第 230 号。

[11]湖北省恩施土家族苗族自治州中级人民法院民事判决书,(2015)鄂恩施中民终字第 00531 号。

[12]湖北省武汉市中级人民法院民事判决书,(2017)鄂 01 民终 5594 号。

[13]湖南省株洲市天元区人民法院民事判决书,(2020)湘 0211 民初 44 号。

[14]湖南省张家界市永定区人民法院民事判决书,(2023)湘 0802 民初 3021 号。

[15]吉林省高级人民法院民事判决书,(2012)吉民提字第 27 号。

[16]江苏省灌云县人民法院民事裁定书,(2020)苏 0723 民初 4674 号。

[17]江苏省南京市中级人民法院民事判决书,(2013)宁民终字第 3026 号。

[18]江苏省泰州市中级人民法院民事判决书,(2020)苏 12 民终 1794 号。

[19]内蒙古自治区巴彦淖尔市(盟)中级人民法院民事判决书,(2017)内08民终1828号。

[20]四川省巴中市中级人民法院民事判决书,(2019)川19民初62号。

[21]天津市蓟县人民法院民事判决书,(2015)蓟民初字第4065号。

[22]云南省昆明市中级人民法院民事判决书,(2007)昆民二终字第138号。

[23]云南省普洱市中级人民法院民事判决书,(2016)云08民终196号。

[24]浙江省金华市金东区人民法院民事裁定书,(2019)浙0703民初5204号。

[25]浙江省衢州市中级人民法院民事判决书,(2012)浙衢民终字第174号。

[26]浙江省衢州市中级人民法院民事判决书,(2016)浙08民终639号。

[27]浙江省松阳县人民法院民事判决书,(2016)浙1124民初371号。

[28]浙江省温州市鹿城区人民法院民事判决书,(2017)浙0302民初2912号。

[29]浙江省江山市人民法院民事判决书,(2023)浙0881民初2428号。

[30]重庆市长寿区人民法院民事判决书,(2014)长法民初字第03875号。

[31]重庆市第四中级人民法院民事判决书,(2013)渝四中法民终字第01144号。

[32]重庆市江津区人民法院民事判决书,(2015)津法民初字第04467号。

[33]重庆市江津区人民法院民事裁定书,(2015)津法民初字第

09271 号。

[34]重庆市石柱土家族自治县人民法院民事判决书,(2015)石法民初字第 00068 号。

[35]最高人民法院民事判决书,(2013)民提字第 210 号。

二、外文资料

[1] A. A. Alchian & H. Demsetz, *Production, Information Costs, and Economic Organization*, 62 IEEE Engineering Management Review (1972).

[2] Giovanni Arrighi, *Adam Smith in Beijing: Lineages of the Twenty-First Century*, Verso Press, 2007.

[3] Alexander v. Chayanov, *The Theory of Peasant Economy*, University of Wisconsin Press, 1986.

[4] Aristotle, *Aristotle Politics*, Dover Publications, 2000.

[5] B. Dewiel, *Democracy: A History of Ideas*, UBC Press, 2000.

[6] Ronald Dworkin, *Taking Rights Seriously*, Harvard University Press, 1977.

[7] Hare Denise, Yang Li & Daniel Englander, *Land Management in Rural China and Its Gender Implications*, 13 Feminist Economics (2007).

[8] H. L. A. Hart, *The Concept of Law*, Oxford University Press, 1994.

[9] Yujiro Hayami & Vernon W. Ruttan, *Agricultural Development: An International Perspective*, The Johns Hopkins University Press, 1985.

[10] David Herlihy, *Medieval Households*, Harvard University Press, 1985.

[11] Martin Löhnig, *The Evolution of the Concept of Family and the Special Protection of Family and Marriage in German Law*, 10 Journal on European History of Law (2013).

[12]Matthew Gerber, *Family, the State, and Law in Early Modern and Revolutionary France*, 7 History Compass(2009).

[13]Sidney W. Mintz, *The Rural Proletariat and the Problem of Rural Proletarian Consciousness*, 3 Journal of Peasant Studies(1974).

[14]Samuel L. Popkin, *The Rational Peasant: The Political Economy of Rural Society in Vietnam*, University of California Press(1979).